KB072639

불안을 이기는 철학

불안을 이기는 철학

Reasons not to worry

브리지드 딜레이니 지음 조율리 옮김

[나를 단단하게 만드는 열네 번의 스토아 수업]

더 퀘스트

"운명이 너와 엮은 사람들을 사랑하라.
온 마음을 다해 그렇게 하라."

마르쿠스 아우렐리우스Marcus Aurelius

지적이고 이성적인 삶을 위한 태도

"정신 바짝 차려야 해!" 노트북 화면에 쏟아지는 세계 각국의 뉴스를 들여다보며 내가 매일 뱉던 말이다. 현실은 눈코 뜰 새 없이 변화했고 너무나도 참담했다. 잠시 숨을 돌릴 새도 없었다. 전 세계에 영향을 미치는 한 가지 사건이 다른 사건으로 번지는 순간을 볼 때마다 마치 위기가 영원할 것처럼 느껴졌다. 아니, 지금도 그렇게 느껴진다.

이 세상에는 혼란스러운 일들이 끊임없이 발생한다. 기후 위기와 팬데믹, 끊이지 않는 인종차별, 불평등의 심화, 치솟는 생활비, 핵무기와 전쟁위험, 늘어나는 정신건강 문제들… 그뿐인가. 번아웃, 중독, 물질 오용, 스마트폰의 노예가 되어버린 삶, SNS의 남용과 그 안에 만연한 혐오, 인간관계 단절, 상식이 통하지 않는 사회, 내 생각을 뒷받침하는 정보만 받아들이는 현상, 삶에서 의례나 공동체 의식으로 함께하는 의미가 적어지면서 생기는 실존적인 문제들도 빼놓을 수 없다. 게다가 인생 중반에 다다라 돌아본 나의 업적이 티끌처럼 느껴지고 앞날을 생각하면 숨이 턱 막히는 듯한 느낌을 받는다. 정말로 요즘에는 얼굴 바로 앞에 고압 호스를 대고 사는 것처럼 느껴진다. 바람이 너무 세서 눈을 뜨고 있기조차 힘들다.

나는 혼란스럽고 곤란한 상황에 빠질 때마다 지도가 되어줄 무언가를 찾곤 했다. 내게 주어진 상황에 새로운 의미를 부여하고, 이 위기를 어떻게 해야 가장 현명하게 헤쳐나갈 수 있을지를 고민하면서 돌파구를 찾아왔다. 그렇게만 한다면 앞으로 닥칠 폭풍이나 과거에 불었던 어떤 폭풍보다 더 강력할 것으로 예견되는 위기에도 잘 대비할 수 있으리라 생각했다.

하지만 문제가 있었다. 임기응변에 가까운 대처였기에 같은 '의미'를 그다음에 활용할 수 없었다. 그즈음 내가 어찌할 수 없는 거대한 외부 상황에 삶이 크게 흔들리게 되자, 나는 인생 전체를 관통해 따를 만한 의미가 필요하다고 생각했다. 지금 우리가 누리는 문화에서는 그것을 찾을 수 없었다. 우리가 살아가는 세속적인 사회에는 아주 복잡한 인생의 문제에 대처할 수 있게 도와주는 종교나 광범위하게 합의된 사회적·도덕적 도구가 없다. 우리는 모두 각자 알아서 고군분투하며 폭풍을 견딘다.

계속 변화하는 시대에 일관되게 적용할 의미를 찾을 수 없을까? 혼돈에 직면했을 때 낙관적인 태도를 지니고, 주체적인 행동을 하게 하는, 역경에 굴하지 않고 불안감에 휩쓸리지 않도록 돕는, 사회가 무너지는 상황에도 마음의 지반을 단단히 굳혀 삶을 지탱하게 만드는, 진정으로 선한 사람이 되고 부끄럽지 않은 삶으로 이끌어줄 불변의 지침. 나에겐 강력한 지혜가 필요했다.

더 나중의 일이지만, 나는 우연히 그동안 찾아 헤맸던 지혜를 발견했다. 그 지혜는 아주아주 먼 과거, 그리스·로마 시대의 스토아 철학에 담겨 있었다.

스토아 철학을 만나다

내가 고대의 가르침에 푹 빠지게 된 건 순전히 우연이었다. 2018년 가을, 일간지 〈가디언〉의 외신부장이자 친한 친구인 보니 말킨 Bonnie Malkin이 눈길을 끄는 기사 하나를 건넸다. '행복해지고 싶으세요? 그러면 일주일 동안 스토아 철학자처럼 살아보세요'라는 제목이었다. 영국 엑서터대학교 교수들이 진행한 온라인 실험으로, 약 7,000명이 참여하여 매일 책을 읽고 토론하며 일주일 동안 스토아 철학자처럼 살려고 노력했다. 연구진은 실험을 시작한 날과 그 주의 마지막에 참가자들의 행복 수준을 측정했다. 그럼으로써 스토아 철학에 바탕을 둔 삶의 방식이 행복감을 변화시켰는지 알아내고자 했다. 보니는 이 기사를 참고하면 재밌는 글이 나올 수도 있지 않겠느냐고 말했다.

기사에 따르면, 스토아 철학자처럼 일주일 동안 살려면 다섯 가지 원칙을 지켜야 했다. 몇 년이 지난 지금도 나는 그 원칙들을 주기적으로 떠올린다.

1. 인생에서 일어나는 많은 일을 통제할 수 없다는 점을 인정해라.

2. 나의 감정은 세상을 바라보는 내 관점의 산물이다.

3. 모든 사람에게 그러하듯, 때때로 나에게 안 좋은 일이 생길 수 있다는 사실을 받아들여라.

4. 나는 한 명의 고립된 개인이 아니다. 나를 인류의 일부 또는 자연의 한 부분으로, 즉 더 큰 전체 중 일부로 바라봐라.

5. 내가 가지고 있는 것은 내 것이 아니다. 단순히 누군가가 빌려준 것이며, 언젠가는 돌려줘야 한다.

일주일 만에 스토아 철학을 배워야 한다니, 쉽지 않은 프로젝트였다. 게다가 스토아 철학은 몇 가지 주목할 만한 예외를 제외하면, 대부분 단편적인 글이나 철학자들의 가르침을 받은 학생들의 필기 자료로만 남아 있다. 때로는 글을 이해하기조차 어려웠다. 오래된 글인 데다 번역을 거치다 보니 문장 구조가 얽혀 있었다. 그 의미를 풀어내기 위해 문장을 여러 번 큰 소리로 읽어야 했다.

나는 일주일 동안 스토아 철학자처럼 살아본 후 그 경험을 〈가디언〉에 기고했다. 스토아 철학자처럼 살기가 얼마나 어려운지, 동시에 숙취에 시달리며 스토아 철학을 실천하는 게 얼마나 스토아 철학자다운지, 동시에 이 시도가 사소하게나마 내 일상에 어떤 영향을 주었는지를 보여주는 글이었다. 하지만 일주일은 너무 짧았고 나는 스토아 철학을 빙빙 돌려 설명할 수밖에 없었다.

아쉬웠다. 칼럼 기고는 차치하고 어렴풋이 느낀 변화를 선명하게 보고 싶었다. 나는 다시 일주일 동안 스토아 철학자처럼 살아보기로 했다. 이번에는 좀 더 진지하게 임하기로 마음먹었다. 나와 함께 스토아 철학자처럼 살 친구들을 모아 그룹을 만들었다. 직접 만나거나 영상통화를 하거나 왓츠앱으로 채팅하며 매일 무엇을 읽을지, 다양한 원칙을 어떻게 적용할지 이야기를 나눴다. 그 그룹은 공인중개사, 신문기자, 정치활동가, 변호사, 견습 중인 사제 등 다양한 사람들로 구성됐고, 나이는 서른 살에서 마흔다섯 살 사이였으며, 다들 삶을 지탱할 규칙과 엄격함, 논리를 갈망했다.

스토아 철학자들은 인생에 직면하려 했고, 삶을 있는 그대로 바라보고자 했으며, 삶을 열렬히 사랑했다. 사는 동안 온갖 역경과 고난이 있었음에도 좌절하거나 지치는 일 없이 인생 자체를 사랑했다. 하지만 마지막 순간에는 후회 없이 놓아주었다. 도전의 날이 거듭될수록 우리는 이와 같은 스토아 철학의 면모를 느낄 수 있었다. 스토아 철학자들이 보여준, 절대적인 지혜와 현실에 맞서고자 하는 결단력을 발휘하는 것은 쉬운 일이 아니었지만 말이다. 그런 상태에 도달하려면 일주일, 2주일보다 더 긴 시간이 필요했다.

그렇게 다시 스토아 철학자처럼 일주일을 살아보려 했던 두 번째 시도가 끝났다. 우리는 화면 속에서 만나 각자가 느낀 변화와 소감을 나누면서 인사를 고했는데, 대부분 '다시'를 기약했다. 스토아 철학자처럼 일주일 동안 살아보니 부정적인 감정이 평균 14% 감소하고 긍정적인 감정이 평균 10% 증가했으며 삶의 만족도가 평균 13% 증가했다는 엑서터대학교의 실험이 믿어지는 순간이었다.

이대로 멈출 수 없었다. 나는 세상을 새롭게 보고 새로운 방식으로 존재하자고 마음먹었다(따지고 보면 그것은 새롭다기보다는 '아주 오래된 존재의 방식'이었지만). 이번에는 일주일에 그치고 싶지 않았다. 스토아 철학을 더 깊이 있게 배우고, 반박하고, 실험해보고 싶어졌다. 그렇다. 동료가 필요했다. 한마디로 스토아 철학자 같은 친구이자 멘토가 말이다. 운명적으로 그런 동료를 곧 만나게 되었다.

어느 날, 나는 오랜 친구인 앤드루를 만나 점심을 먹었다. 신문기자인 나와 달리 그는 비즈니스 업계에서 일하는데, 책 출간 모임에서 우연히 만난 이후 친구가 됐다. 둘 다 생각을 나누고 토론하는 걸 좋아했다. 물론 서로 반대되는 관점을 가질 때도 있다. 점심을 먹으면서 나는 스토아 철학자처럼 일주일을 살아본 경험에 관해 이야기했다. 그들의 가르침은 트위터에 시시각각 올라오는 짧은 글들과 문화를 둘러싼 논쟁에 익숙한 내가 소화하기에는 너무 엄격하고 혹독하다는 소감이었다.

그런데 내 이야기 중 어떤 부분이 앤드루의 마음을 사로잡은 듯했다. 다음에 다시 만났을 때, 그는 몇 주 동안 스토아 철학을 공부했다고 말했다. 심지어 스토아 철학을 실천해보았다고 했다. 그는 스토아 철학이 육아와 사업, 동료와의 인간관계에서 어떻게 도움이 됐는지 열정적으로 이야기했다. 앤드루는 나보다 훨씬 더 이성적이고 체계적으로 생각하는 사람이었다. 유행, 다수 의견, 권위 등에 움직이는 사람이 아니었다. 그는 스토아 철학에서 어떤 점이 마음에 와닿았는지에 관해 이렇게 이야기했다.

"지적이고 이성적인 삶을 위한 틀이 되어준다는 점에서 아주 유용하다고 생각해. 스토아 철학의 이상은 우리가 도달할 수 있는 영역에 있어. 인간으로서 강점과 약점을 깨닫는 것이거든. 애를 써야만 도달할 수 있는 이상이나 대부분 사람이 손에 넣을 수 없는 무언가를 성공이라고 정의하는 철학보다 스토아 철학의 이상은 달성하기 쉽지."

나는 고개를 끄덕였다.

다음 두 해는 토론과 논쟁, 독서로 무척 바쁜 나날을 보내면서도 내 일상생활 곳곳에서 스토아 철학을 적용해봤다. 일, 연애, 인간관계, 육아, 건강, 웰빙, 체력 단련, 사망률, 정치, 욕망, 책임, 반려동물 기르기, SNS, 정신건강, 돈, 야망 등 적용할 수 있는 분야가 많았다.

그렇게 나는 과거로 여행을 떠났다. 고대는 혼돈, 전쟁, 전염병, 역병, 배신, 부패, 불안, 지나친 탐욕과 기후변화로 종말이 다가올지 모른다는 두려움으로 가득 차 있었다. 우리가 살아가는 시대와 완전히 똑같았던 것이다. 오늘날의 우리처럼 삶의 지혜를 갈망하는 사람들이 가득했다. 그들은 의미를 찾고 서로 연결됐다는 느낌을 받고자 했다. 자신을 온전하다고 느끼고, 마음의 평온을 추구하고, 사랑하고 사랑받고 싶어 했다. 조화로운 가정생활을 영위하고, 성취감 있고 의미 있는 일을 하고, 친한 친구와 우정을 키워나가며, 공동체에 기여하고 싶어 했다. 나보다 더 위대한 무언가, 그러니까 자연의 경이로움을 구성하는 한 부분이라는 느낌을 지니고 싶어 했다. 그러면서도 결정적인 순간에 미련 없이 모든 걸 놓을 수 있길 바랐다.

"우리 여기 있어, 여기에… 언제나 여기에 있었어."

이 목소리를 따라 나는 스토아 철학자들이 살았던 2,000년 전으로 돌아갔다. 오래된 방식이 오늘날을 살아가는 우리에게 도움이 될 수 있는지 알아내기 위해서였다.

'내가 실천할 수 있는' 철학

이런 비공식적인 연구를 통해 나는 몇 가지 놀라운 점을 발견했다. 기독교가 등장하기 이전의 철학인데도 기독교보다 훨씬 더 현대적이고, 평등을 추구하며, 여성을 포용하고, 탈계층적으로 보였다. 스토아 철학자들은 시야가 좁고 절제하며 외딴섬에서 자급자족하는 사람들일 것이라는 통념과 달리, 실제로는 사회와 공동체 생활에 깊게 참여했다. 자연과 우주를 바라보며 황홀해했고, 자연과 우주에 대한 복잡하고 심오한 시각을 지니고 있었다. 실제로 그들의 글에는 정제되지 않은 상태의 무종교주의가 곳곳에 담겨 있다.

스토아 철학자는 인간이라면 기본적으로 풍겨야 하는 분위기가 있다고 주장하기도 했다. 바로 아타락시아^{ataraxia}로, '방해받지 않는 상태'라는 의미다. 즉 행복이나 기쁨, 종교적이거나 신비한 경험을 통해 도달할 수 있는 황홀경을 뜻한다. 현대 사회에서 사랑에 빠지거나 코카인에 취했을 때 느껴지는 기분 좋은 순간이 아닌, 주의를 기울여 평온함에 다다른 상태를 가리킨다. 누군가가 내 귀에 대고 세상이 망할 수도 있다고 속삭일지라도 평정심이 흐트러지지 않는, 만족스럽거나 평화로운 상태를 유지해야 한다는 것이다.

무엇보다, 내가 스토아 철학을 높게 사는 이유는 인류를 바라보는 시각이 명확해서다. 언제나 인류를 현실적으로 바라봤지만 냉소적이지는 않았다. 하늘에서 내려와 당신을 구원할 신도, 사후 세계도 없다. 우리에게는 자기 자신과 서로만이 있을 뿐이고, 모든 이에게는 결점이 있음을 인정한다. 그거면 충분하다. 최선을 다하고, 이성적으로 생각하고 행동하며, 덕목(뒤에서 자세히 다룬다)을 추구하고, 본성에 따라 살면서 형제와 자매를 대하듯이 타인에게 친절하면 된다. 이게 내가 할 수 있고, 이뤄질 수 있는 일의 전부다.

스토아 철학자들은 인간의 한계를 현실적으로 바라봤다. 내가 원하는 대로 행동하도록 타인을 설득하고 싶겠지만, 사실 타인은 내가 통제할 수 있는 범위 밖에 있다. 그러므로 사람을 바꾸기 위해 에너지를 낭비해서는 안 된다.

그들은 또한 죽음을 명확하게 바라봤다. 인간은 매일 죽어가는 존재라는 사실을 알았기에 죽음에 대해 매일 생각했다. 물론 세상을 떠난 이들을 기리는 건 중요하지만, 슬픔에 젖어 인생과 에너지를 낭비하는 일은 경계했다. 그래서 나는 친구들이 슬픔으로 가슴 아파할 때, 미지의 세계를 헤쳐나갈 수 있도록 중심을 잡아줄 무언가를 찾고 있을 때, 스토아 철학자들의 글을 읽어보라고 강력하게 권했다.

내가 완성한 의미의 지도

이 책을 쓰는 동안 스토아 철학은 더욱 강하게 내 마음을 사로잡았다. 한 번에 매혹되기보다는 천천히 스며들었다는 표현이 적절할 것이다. 나는 까다로운 상황에서 스토아 철학을 적용하기 시작했고, 그것이 내 행동뿐만 아니라 세상을 전체적으로 이해하는 데 틀이 되어준다는 걸 알게 됐다. 그래서 나는 스토아 철학을 요람에서 무덤까지, 평생 사용할 수 있는 철학이라고 생각한다. 심지어 죽는 순간에도 사용할 수 있다.

대표적인 스토아 철학자인 마르쿠스 아우렐리우스, 에픽테토스Epictetus, 세네카Seneca가 쓴 대부분 자기계발서에는 밀도 높고 중요한 이론이 담겨 있으며, 이는 힘든 시기에 이 땅에서 어떻게 살아가야 하는지 알려주는 지도 역할을 한다. 궁극적으로 나는 스토아 철학이 놀랍도록 도움이 되고 실용적이라는 사실을 깨닫게 됐다. 팬데믹이 유행하는 동안 침착함을 유지하는 데 도움이 됐을 뿐만 아니라 빵을 굽는 것 말고도 하루하루를 살아가야 할 이유를 제공했다. 더 나아가 스토아 철학은 나 자신을 변화시켰다. "철학은 개인의 완전한 실존적 변혁을 지향한다. 즉, 철학은 어떻게 살아야 할지를 가르쳐준다"라는 명언을 남긴 프랑스의 철학자 장 폴 사르트르Jean-Paul Sartre와 궤를 같이한다.

나는 스토아 철학자들의 가르침에 큰 빚을 졌다. 이 책에서 만나게 될 스토아 철학자들, 그러니까 아우렐리우스, 에픽테토스, 세네카는 거의 2,000년 전에 살았지만 여러 측면에서 우리와 매우 비슷하다. 그들의 고민이나 불안은 현대의 고민이나 불안과 맞닿아 있어 그들이 바로 옆에서 숨을 쉬는 것처럼 느껴진다. 몸을 돌리면 그들을 볼 수 있다.

그렇다고 해서 내가 스토아 철학을 완전히 신봉하는 건 아니다. 기분을 상하게 하는 가르침도 있었고, 앤드루와 만났을 때 의견 차이로 크게 부딪히기도 했다. 스토아 철학을 실천하면 행복할 수 있을까? 만족스러운 삶을 살 수 있을까? 감정이나 욕망은 어떻게 해야 할까? 어떻게 해야 이 모든 걸 통제할 수 있을까? 단지 정신력에만 달린 문제가 아니다. 호르몬이 작용하니 말이다! 신경 연결 통로와 무의식은 어떻고?

앤드루와 나는 함께 산책하면서 이야기를 나눴다. 스토아 철학을 주제로 토론했고, 스토아 철학자들의 글을 읽었다. 그리고 해답을 찾아내려고 노력했다. 몇 년 전 우리는 시드니 교외에 있는 작은 해변 마을 타마라마로 이사해 이웃이 됐다. 그리고 수시로 만나 함께 산책하면서 토론했다. 좋은 성품을 가진다는 건 무슨 뜻일까? 용기란 무엇일까? 우리는 죽으면 어디로 갈까? 분노를 어떻게 조절해야 할까? 다양한 영역에서 철학에 관한 질문을 던졌다. 두어 달을 걷고 나서야 나는 내가 하려던 일이 무엇인지 깨달았다. 바로, 잘 사는 방법을 찾는 것이었다.

죽기 전까지 도움이 될 불굴의 의지와 직관의 길잡이가 되어줄 지혜를 찾고 있다면, 사람을 대하는 법, 세상을 헤쳐나가는 법, 실망·상실·기쁨·풍요로움에 대처하는 방법을 알고 싶었던 사람이라면 내가 만난 스토아 철학이 내적 의미를 창조하고 지도가 되어줄 것이다. 도덕적 나침반이 어디를 가리키는지 알려주고, 세계적·개인적 혼돈이 가득할 때 평정심을 유지하고 용기를 내는 데 도움을 줄 것이다.

이 책 대부분은 앤드루와 나눈 토론의 산물이다. 나는 철학자도 아니고 학자도 아니다. 20년 경력의 신문기자다. 기사를 쓸 때는 독자들이 쉽게 이해할 수 있도록 복잡한 개념을 하나하나 나눈 후 풀어서 설명해야 한다. 나는 내가 스토아 철학의 전문가라고 생각하지 않는다. 스토아 철학을 더 철저하게 연구하고 학문적으로 접근해 복합적으로 안내하는 책들이 많은데, 이 책은 학문적 접근보다는 일종의 실험을 기록했다고 볼 수 있다. 21세기 삶에 스토아 철학의 주요 원리를 적용하고, 그중 어떤 원리를 받아들일지 살펴보는 실험이다.

그 과정을 기사를 쓰듯 자세히 풀어서 설명했으니, 아마도 쉽게 이해할 수 있으리라고 믿는다. 나의 삶을 바꿨듯이, 스토아 철학은 당신의 삶도 바꿔줄 것이다.

스토아 철학이란

스토아 철학에서 알아야 할 세 명의 인물

이 책에서 당신이 만날 스토아 철학자는 크게 세 명으로, 세네카 (BC 4?~AD 65), 에픽테토스(AD 50?~135?), 마르쿠스 아우렐리우스 (AD 121~180)다. 세 사람 모두 로마 스토아학파 또는 후기 스토아학파로 활동했다고 알려졌다. 그리스 시대 초기인 기원전 3세기 초에 쓰인 글은 단편적으로만 남아 있는 반면, 이 철학자들이 남긴 글은 오늘날까지 거의 온전히 내려오기 때문에 이 세 인물은 매우 중요하다.

이들은 각기 다른 교훈을 전한다. 에픽테토스의 생애 초기 환경은 척박했다. 그는 노예로 태어나 주인에게 학대당해 절름발이가 됐다. 자유의 몸이 되자 철학을 가르쳤고, 그의 학생이었던 아리안^{Arrian}이 에픽테토스의 강의 내용을 기록하여 한 권의 책으로 묶었다. 책 제목은 《엥케이리디온》으로, 그리스어 'enchiridion'은 '편람'을 뜻한다. 스토아 철학을 실천하는 데 기초를 단단히 세우게 해주는, 읽기 쉽게 쓰인 글이다.

세네카는 부를 축적하고 권력을 얻어 막후 인물로 떠올랐다. 네로Nero 황제의 교사이자 정치적 조언자인 동시에 극작가였으며, 로마 제국에서 가장 부유한 축에 속했다. 그의 글은 여러 나라에서 출판됐고 오늘날까지 많은 작품이 전해져 온다. 독재자를 위해 일하고 호화로운 생활을 한 세네카가 위선자인지 아닌지에 대해 의견이 분분하지만, 그런 논쟁은 역사가들에게 맡기자. 세네카는 뛰어난 작가였으며, 스토아 철학적 조언이 담긴 저서들을 남겼다. 그중에서도 그가 정계에서 은퇴한 후 젊은 친구 루킬리우스Lucilius에게 쓴 124통의 편지를 모은 책 《루킬리우스에게 보내는 편지Moral Letters to Lucilius》가 유명하다. 로마 시대에 그랬던 것처럼 오늘날에도 크게 공감할 수 있는 내용이며, 팬데믹 기간에 인기를 끌었다.

마지막으로 언급할 철학자는 한때 세계에서 가장 강력한 인물이었던 마르쿠스 아우렐리우스다. '철인왕哲人王'으로 불렸던 그는 어릴 때부터 세계 최고 스승들의 가르침 속에 스토아 철학을 공부했다. 그에게는 철학을 실천할 만한 기회가 충분했다. 전쟁과 역병의 시대를 살았고, 열네 명의 자녀 중 아홉 명을 먼저 떠나보내야 했다. 오랫동안 병치레를 하기도 했다. 그의 저서 《명상록》은 베스트셀러이자 스테디셀러다. 매일 스토아 철학의 경구 등을 전해주는 웹사이트 데일리 스토익Daily Stoic에 따르면, 대통령부터 미식축구 쿼터백에 이르기까지 미국 유명 인사들이 스토아 철학에서 영감을 얻었다고 한다. 다양한 기업의 CEO들, 영국의 사회주의자 비어트리스 웨브Beatrice Webb, 원자바오溫家寶 중국 전 총리도 마찬가지다. 그러나《명상록》은 출판을 염두에 두고 쓰인 책이 아니라 아우렐리스의 개인적인 일기장이었다.

스토아 철학의 시작

스토아 철학이 싹텄던 기원전 3세기 초, 아테네로 거슬러 올라가보자. 당시는 형이상학, 윤리학, 의학, 논리학이 떠오르고 혁신과 진보의 기운이 왕성한 흥미진진한 시기였다. 합리성과 이성이 시대를 지배하고 있었으나 대규모의 전염병, 노예제, 질병, 폭력적인 죽음이 평온한 삶에 끊임없이 도전장을 던졌다. 사람들은 갑작스럽게 닥친 가혹한 불행에 대처할 수 있는 지침을 찾았고, 여러 신을 믿었다. 올림포스 열두 신뿐만 아니라 티탄(그리스 신화에 등장하는 거대하고 강력한 신의 종족으로 다음 세대인 올림포스 신들이 세상을 지배하기 전 이른바 '황금시대'를 다스렸다-옮긴이)과 그 밖의 신도 존재했다. 그런 한편으로 사람들은 대처 기술과 리더십, 다른 사람에게 도덕적으로 행동하는 방법을 가르치기 위해 철학을 연구하기 시작했다.

고대 철학 학원 다수가 아테네에서 시작되었다. 플라톤Plato과 그의 학생들이 아테네에서 철학의 싹을 틔웠고, 이어 플라톤의 동료 아리스토텔레스Aristotle도 아테네에서 철학을 꽃피웠다. 고대 그리스에서는 가장 관심이 가는 학원을 선택해 학장이 진행하는 강의와 강연에 참석할 수 있었다.

기원전 약 300년경, 아리스토텔레스는 자신이 철학을 가르치는 리세움의 규모와 영향력을 점점 키워가고 있었다. 에피쿠로스는 쾌락과 공동생활을 중시하는 학원을 세웠고, 냉철함과 규율을 강조하는 견유학파도 비슷한 시기에 번창하고 있었다. 그리고 그때 키프로스의 제논^{Zeno}이 설립한 스토아 철학 학원도 아테네에 자리하고 있었다.

스토아 철학의 출발점은 상인 제논이 값진 화물을 선박에 싣고 항해했을 때로 거슬러 올라간다. 그 배에는 토가를 염색하는 데 사용되는, '티리언 퍼플'이라는 매우 희귀하고 귀중한 보라색 염료가 담겨 있었는데 배가 그만 난파되고 말았다. 그와 함께 제논의 삶도 난파되고 말았다. 돈도 없고 온전하게 남은 물건도 없었기에 그는 어찌할 바를 몰랐다. 갈피를 잡지 못한 채 아테네로 간 제논은 한 서점에 들어갔다. 서점 주인에게 어딜 가면 현명한 자를 만날 수 있느냐고 물었는데, 때마침 유명한 견유학파 철학자 크라테스^{Crates}가 서점 앞을 지나가고 있었다. 서점 주인이 저 남자를 따라가 보라고 했고, 제논은 그의 조언대로 했다.

제논은 말 그대로 크라테스를 따라갔을 뿐만 아니라 상징적으로 그의 사상도 따랐다. 그는 크라테스의 제자가 되어 몇 년간 공부한 후, 학원을 설립했다. 그리고 자신의 철학에 견유학파의 가르침 일부를 적용했다. 그는 '주랑^{stoa}'이라고 불리는 채색된 복도를 거닐며

강의했는데, 그래서 제논과 그의 추종자들은 후에 '스토아 철학자'라는 이름을 갖게 됐다. 주랑은 아고라, 즉 도시 중심가에 있는 시장의 한쪽에 마련된 공공장소였다. 누구나 주랑에 와서 인간의 본성부터 정의, 법, 교육, 시, 수사학, 윤리 등을 주제로 하는 제논의 강의를 들을 수 있었다.

제자 클레안테스Cleanthes와 크리시포스Chrysippus는 제논이 세상을 떠난 후에도 그의 가르침을 이어갔으며, 대중의 사랑을 받았던 강의는 오늘날 우리가 알고 있는 스토아 철학의 토대가 됐다. 그의 가르침은 수백 년 후에 로마로 뻗어나가 오늘날까지 전해지는 세네카, 에픽테토스, 무소니우스 루푸스Musonius Rufus, 키케로Cicero, 아우렐리우스의 글에 영향을 미쳤다.

초기 스토아 철학

초기 스토아 철학은 오늘날 사람들이 생각하는 스토아 철학과는 달랐다. 남성성이 두드러지지 않았고, 백인 남성이라는 이유로 더 높은 평가를 받지 않았으며, 불편한 진실을 대면하게 하는 〈매트릭스〉의 빨간 약도 아니었다.

그리스의 초기 스토아 철학자들은 평등에 상당히 급진적으로 접근했다. 물론 고대를 기준으로 할 때의 얘기다. 남자든 여자든, 자유민이든 노예든 모두가 평등하게 이성적으로 생각하는 능력이 있다고 믿었고 철학을 공부하라고 모두에게 권장했다. 이들은 덕목을 갖춘 모든 인간에게 평등한 시민권이 주어지는 도시가 이상적이라는 관점을 취했다. 심지어 의복으로 성별을 구분하는 관습을 없애야 한다고 주장하기도 했다. 현대적인 관점에서 스토아 철학을 바라보는 작가 마시모 피글리우치^{Massimo Pigliucci}(뉴욕시립대학교 철학 교수로, 《그리고 나는 스토아주의자가 되었다》의 저자-옮긴이)는 이렇게 말했다.

"스토아 철학자는 최초의 범세계주의자였다. 키프로스의 제논이 저술한 《공화국^{Zeno's Republic}》에는 스토아 철학자들이 상상한 이상적인 사회의 모습이 담겨 있다. (…) 그들이 그린 이상적인 사회는 현명한 남자와 여자가 조화를 이루며 살아가는 무정부적 유토피아처럼 보이는데, 이는 바로 인류의 발전을 위해 이성을 사용하는 방법을 마침내 이해했기 때문이다."

초기 스토아 철학자들은 모두가 평등해야 한다고 생각했다. 남자와 여자뿐만 아니라, 서로 다른 국적을 가진 사람들도 말이다. 에픽테토스 이야기를 다시 해보겠다. 소아시아에서 노예로 태어난 그는 열다섯 살에 쇠사슬에 묶인 채 노예 수송 마차에 실려 로마로 보내졌다. 그 여정은 참혹했다. 그는 발을 절면서 노예 경매에 나갔는데, 제대로 된 치료를 받지 못해 무릎뼈가 으스러진 채였다. 이후 자유인이 된 그는 로마 시대의 가장 영향력 있는 철학자 중 한 명이 됐다. 훌륭한 성품과 이성이 있다면, 계급이나 신체적 능력은 전혀 중요치 않음을 보여준다.

후기 스토아 철학

안타깝게도 그리스 스토아 철학자들의 작품은 단편을 제외하고는 대부분이 사라졌다. 오늘날 우리가 배우는 스토아 철학 이론은 이후 로마 스토아 철학에 뿌리를 둔다.

기원전 155년경, 스토아 철학은 아테네에서 로마로 무대를 옮겨가 엘리트 젊은이들 사이에서 인기를 끌었다. 당시 로마에서는 경직된 관습과 위계질서 때문에 남성만이 스토아 철학을 연구할 수 있었다. 하지만 스토아 철학자 무소니우스 루푸스는 여성도 스토아 철학을 배워야 한다고 주장했다. 오감과 이성, 도덕적으로 대응할 능력을 갖춘 사람은 누구나 철학을 공부해야 한다고 말이다.

그러나 기원후 180년 아우렐리우스가 사망하고 기독교가 부흥하면서 스토아 철학은 쇠퇴의 길을 걸었다. 점차 '스토익stoic'이라는 단어가 감정을 묻어두고 억누르며 절대 울지 않는 사람들을 묘사할 때 사용되면서, 본연의 의미를 잃고 말았다. 하지만 스토아 철학을 대표하는 인물들의 생애만 보아도 짐작할 수 있다. 애초에 스토아 철학자들은 그런 사람들이 전혀 아니었다. 삶을 즐기고 서로를 사랑하며 공동체의 일원으로서 살아갔다. 그들은 기쁨을 극대화하고 부정적인 생각을 최소화하고자 했다. 예상치 못한 일이 닥치고 무언가를 잃어 슬퍼한다고 할지라도, 인생의 흐름을 멈출 순 없다는 걸 알고 있었다. 그래서 자신에게 닥친 모든 일에 긍정적으로 또는 중립적으로 반응하려고 했다. 그래서 그들은 여유로웠고, 무슨 일이 일어나든 두려워하지 않았다. 스토아 철학이 평생 따를 수 있고 죽을 때까지 사용할 수 있는 하나의 틀이 되어준 것이다.

현대 스토아 철학

오늘날 스토아 철학은 제2의 전성기를 맞이하고 있다. 정통 교리와 규칙이 정해져 있는 종교와 달리 스토아 철학은 유연하다. 정통성을 지키려는 지도자도 파벌도 없다. 어떤 파벌이나 이익 단체가 이론을 창안했다고 주장하며 자기 것으로 만들 수도 없다. 세네카는 이렇게 말했다. "우리보다 먼저 이런 발견을 한 사람들은 우리의 주인이 아니라 길잡이다. 진리는 모든 사람에게 열려 있고, 한 사람이 소유한 게 아니다. 심지어 후대인들이 발견할 수 있는 진리도 수없이 많다."

스토아 철학에 빠져들 수밖에 없었다. 스토아 철학만의 타고난 유연함을 살려 나만의 것으로 만들고 싶었다.

"언제든 일어날 수 있는 일이라면, 그날이 오늘일 수도 있다."
- 세네카

"행복한 삶을 사는 데 필요한 건 거의 아무것도 없다.
비결은 모두 내면에, 그러니까 내 사고방식에 있다."
- 마르쿠스 아우렐리우스

"불행은 행운을 기대하는 사람에게 가장 크게 영향을 미친다."
- 세네카

1부 — 어떻게 살 것인가

스토아 철학은 무엇보다도 실용성이 돋보이는 철학이다. 비행기를 놓쳤을 때, 길이 막히는데 앞차가 끼어들었을 때, 무시무시한 병에 걸렸다는 진단을 받았거나 실연당했을 때 등 대부분 상황에서 유용하다.

스토아 철학은 가장 가까운 사람들부터 최악의 적에 이르기까지 모든 사람과 맺는 인간관계에 관해 가르침을 준다. 인간과 자연, 나아가 우주와의 관계도 다룬다.

스토아 철학은 내적인 삶을 다스리는 도구를 제공한다. 계속해서 닥치는 폭풍과 어둠, 욕망과 실망을 어떻게 헤쳐 나갈 수 있을까? 상실과 슬픔에 어떻게 대처해야 할까? 잘못 행동했을 때, 실패와 결점을 눈앞에 두고 끙끙거릴 때 어떻게 이겨내야 할까? 내 삶과 주변 사람들을 어떻게 하면 사랑할 수 있을까?

스토아 철학은 이 모든 주제를 다룬다. 하지만 인생의 마지막에 마주해야 하는 주제를 가장 먼저 살펴보자.

"네가 살날은 정해져 있다. 살아가는 동안에는
영혼의 창문을 해가 비치는 쪽으로 열어라.
그러지 않으면 해는 곧 지고, 너는 해와 함께 사라질 것이다."
- 마르쿠스 아우렐리우스

"사람들은 재산을 지키려고 아등바등한다.
하지만 인색해야 마땅한 자원, 즉 시간은 펑펑 쓴다."
- 세네카

죽음을 인식할 것

언젠간 죽으리란 걸 처음 본능적으로 느낀 건 스물아홉 살 때였다. 나는 낯선 도시의 이방인 신세로 구급차 뒤편에 피로 뒤덮인 채 누워 있었다. 어딘지 모르는 병원으로 홀로 이송되는 중이었다. 두개골을 강타하는 충격을 받아 머리를 크게 다쳤는데, 당시에는 내가 살 수 있을 것인가, 산다면 온전히 이전과 같은 생활을 할 수 있을 것인가 짐작조차 할 수 없이 긴박한 상황이었다.

새벽 5시쯤 클럽에서 나와 숙소로 돌아가던 길이었다. 바르셀로나 항구 뒷골목에서 소매치기가 내 지갑을 낚아챘고, 나는 바보같이 그를 쫓아갔다. 거의 잡을 뻔했는데 그가 나를 밀쳤고, 나는 뭔가가 날카롭게 삐져 나온 벽에 내동댕이쳐졌다. 오른쪽 관자놀이 위쪽으로 길쭉한 상처가 났고 벌어진 상처에서 피가 솟아 나왔다.

어슴푸레 꿈 같은 순간이 이어졌다. 멍한 채로 구급차에 실려 병원으로 향하면서 동이 터오고 있음을 느꼈다. 흥청거리며 놀던 사람들이 집으로 돌아가고 있었는데, 누군가는 휘청이며 걸었고 누군가는 벤치에 푹 쓰러지기도 했다. 신문과 꽃을 파는 가판대들이 보였고, 그 와중에 내가 미래를 위해 세운 목표들이 아른거렸다. 또 뭐가 있더라? 구급차 앞 유리의 너저분한 땟자국들, 광장을 지나 모퉁이를 돌던 장면. 그러다가 어느 순간 모든 게 회색과 황금색으로 물들어 황홀한 광경이 됐다. 순간 아픔도 고통도 모두 다른 사람의 일처럼 느껴졌다.

죽을 확률이 높다고 생각했다. 인생에서 해야 할 일이 많았고, 여전히 젊었지만 말이다. 그렇다고 죽으리라는 생각 때문에 마음이 아팠던 건 아니다. 신기하게도, 그런 확신이 들자 긴장이 풀렸다. 내가 뭘 잘못해서 죽은 게 아니라는 걸 알고 있었고, 죽어도 괜찮다는 생각이 들었다. 나는 충분히 살았다. 스물아홉 살, 그러니까 거의 30년을 살았다. 하고자 했던 모든 일을 한 건 아니지만 원하는 것을 이룰 만큼 이뤘다.

결국 죽음은 모면했다. 운 좋게도 몇 바늘을 꿰매는 것으로 마무리됐다. 그런데 불안감이 심해졌다. 모퉁이를 돌면 나오는 낯선 거리의 풍경과 가로등이 늘어서 있는 곳 사이사이의 어두운 장소, 밤에 나를 따라오는 빠른 발걸음. 이후 한동안은 이런 게 무서웠다. 시간이 더 지나 이런 것들을 인식하지 않게 될 수준에 이르자, 비로소 위기가 끝났다는 생각이 들었다.

한 달 정도 지났을까. 나는 폭행 사건 자체에 관한 생각을 멈추고 구급차 뒷좌석에 실렸을 때 나의 반응에 대해 자신에게 질문하기 시작했다. 죽음을 생각하면서 어떻게 그렇게 **여유로울 수 있었지?** 나이가 들어서도 지금과 같이 느낄까? 즉시 해답을 알아낼 방법이 있었지만, 단지 지적 호기심을 충족하려고 다시 벼랑 끝에 서고 싶지는 않았다. 나는 친한 사람들이 세상을 떠났을 때 마음이 편안하거나 덤덤하지 않았다는 사실을 분명히 알고 있다.

그로부터 몇 년 후, 바르셀로나에서 오랜 친구 한 명이 약물 과다 복용으로 세상을 떴다. 충격적이었다. 갑자기, 그리고 제멋대로 세상에서 사라질 수 있다는 사실은 나를 비롯해서 그 친구를 사랑했던 많은 이들에게 고통을 안겨줬다. 단순히 고통만 받은 게 아니었다. 화가 났다. 젊은 나이에 세상을 등졌다는 게 너무 억울했다. 세상을 움직이는 사물의 질서가, 암묵적인 계약이 깨지다니!

친구의 죽음은 내가 죽을 고비를 넘긴 것보다 나에게 훨씬 더 큰 영향을 끼쳤다. 우주는 자애로운 실체가 아니며, 영원히 살 수 있는 집이 아니라는 걸 알게 됐다. 그보다는 플레이어가 하나씩 하나씩 죽더라도 계속되는 비디오 게임에 가까웠다. 또 내가 제거될 때까지 내 근처에 있는 말이 차례차례 제거되는 체스 게임에 빗댈 수 있다. 아니, 우주가 둥글지 않고 평평해서 가장자리까지 걸어가면 추락하는 것과 비슷하다. 그냥 미끄러져서 떨어지기에 붙잡을 수 없다. 떨어지는 걸 심지어 보지도 못한다! 나는 그 사람을 다시 우주로 데려올 수 없다. 그리고 영원히 살게 할 수도 없다. 그는 영원히 사라진 것이다.

천주교식으로 치른 장례식에서, 가족을 전담하던 신부님은 우리 모두 천국에서 만날 거라고 했다. 하지만 나는 그 말을 더는 믿지 않았다. 그날 밤 술집에서 다시 모인 조문객들은 그 말에 대해 의심을 토로했고 서로를 위로해줬다. 나는 술을 너무 마신 나머지 분노가 터져나왔다. 거리에서 그 분노를 쏟아낼 수 있는 유일한 대상은 근처에 있던 쓰레기통이었다.

화가 머리끝까지 난 나는 쓰레기통을 마구 걷어찼다. 조금은 속이 풀리는 듯했다. 두 명의 여자 경찰이 출동해서 말릴 때까지 계속해서 울부짖었다. "이런, 제기랄!" 한 경찰관이 말했다. "샤르도네를 너무 많이 드셨네요." 나를 비난하는 듯했지만, 주종을 딱 집어서 이야기하는 게 이상하기도 했다. 뭐, 샤르도네? 내가 느끼는 슬픔은 어마어마했고, 평상시의 슬픔과는 달랐다. 마음이 찢어지는 것 같았다. 하지만 외부인의 눈에는 오크 향이 나는 화이트 와인을 너무 많이 마신 취객의 절규로 보였던 거다.

이 두 가지 경우 모두, 그러니까 내가 다쳤을 때와 친구가 세상을 떠났을 때 죽음에 대한 나의 반응은 본능적이었다. 아주 원시적이면서 외부의 무엇과도 섞이지 않은 순수한 반응 말이다. 나의 반응은 이성이라든지 종교 또는 철학을 생각하면서 조절되거나, 측정되거나, 필터링되지 않았다. 직감적으로 나온 반응이었으며, 아주 오래됐으면서도 보편적인 반응이었다.

어떻게 사람들은 죽음을 가까이서 계속 지켜보면서도 견뎌낼 수 있을까?

————

친구나 가족이 세상을 떠났다는 소식을 듣지 않고 평생을 살아갈 수 있는 사람은 없다. 하지만 가장 먼저 나의 죽음을 생각해봐야 한다. 그럴 때 우리는 끔찍한 출생의 비밀을 알게 된 것처럼, 어떤 변화가 일어난다.

　자기 자신은 물론 사랑하는 모든 사람이 죽으리란 사실을 깨닫는 건 충격적이면서도 자연스러운 일이다. 그런데 왜 우리가 죽으리라는 사실이 비밀인 것처럼 느껴질까? 대부분 사람이 현실을 살고 있지 않기 때문이다. 우리는 병들고 늙어가지 않고 절대 죽지 않을 것처럼 행동하는 사회에서 살고 있다. **진짜** 비밀은 우리가 죽으리라는 게 아니라, 죽지 않은 척하는 사회에서 살고 있다는 거다.

　우리가 향유하는 문화와 이 시대는 젊음의 알고리즘을 기반으로 한다. SNS 피드에는 사소한 일이나 차세대 기술들, 어리석고 피상적인 것들, 객관적이지 못한 이야기, 밈meme, 충격적인 이야기, 시대정신을 담은 동영상이 쏟아져 나온다. 나는 우리가 살고 있는 이 시대가 좋다. 따분하지 않으니까. 하지만 끊임없이 쏟아져 나오는 신선한 콘텐츠, 쉴 새 없는 페이지 새로 고침, 예전보다 더 충격적인 이야기를 찾게 된다는 단점이 있다. 그래서 죽음을 정면으로 마주할 만큼 철이 들 수가 없다.

　우리 사회에는 죽음을 정면으로 마주하는 행위, 그러니까 삶을 직시하는 행위가 부족하다. 죽음을 편히 받아들이게 할 만한 의식儀式이나 언어, 방법이 더는 없다. 스크린은 폭력적인 장면과 실제로 일어난 폭력 사건, 죽음의 상징물로 가득 차 있지만 자기 죽음을 소화할 만한 메커니즘(일테면 의식이나 시)이 없다. 이를 대변하는 거의 완벽한 예시는 미국에서 코로나19로 많은 사람이 목숨을 잃었을 때 트럼프 전 대통령이 한 발언이다. 그는 이런 죽음을 믿지 못하겠다는 듯, 죽음이 마치 어떤 '일'이라는 듯 말했다. "과거의 삶을 되찾았으면 좋겠습니다. 미국은 역사상 가장 부강한 나라였고, 사람들도 죽어 나가지 않았죠." 그는 어안이 벙벙할 정도로 천진난만하게 말했다. 아니, 이전에는 사람이 죽지 않았었나?

우리는 인생의 끝에서 몇 년을 더 살기 위해 고군분투한다. 시간을 벌려고 기술과 의약품을 사는 데 더 많은 돈을 투자한다. 하지만 그렇게 시간을 벌어 인생을 살아가는 와중에도 시간을 감사히 여길 줄 모른다. 나는 종종 가즈오 이시구로Kazuo Ishiguro의 명저 《나를 보내지 마》를 떠올린다. 표면적으로는 복제와 장기 기증에 관한 것이지만, 나는 자기 죽음을 부정하는 현상을 빗대어 설명한 이야기라고 생각하면서 읽었다. 《나를 보내지 마》의 비극은 등장인물이 죽기 위해 만들어졌다는 데 있다(인간의 장기 이식을 목적으로 복제된 클론들이다-옮긴이). 이 비극에 독자들은 크게 안타까움과 우울감을 느끼는데, 왜냐하면 어린 시절부터 죽기 위해 살아온 등장인물을 통해, 결국 인간은 모두 하나의 최후를 맞이한다는 사실을 알게 되기 때문이다.

곧이어 책을 내려놓는 즈음 되면 두 번째 깨달음을 얻는다. 이는 첫 번째 깨달음보다 충격적이다. 죽음도 우리의 운명, 그러니까 '당신'의 운명이라는 점이다!

우리는 죽기 위해 태어났고, 태어나는 것도 죽는 것도 선택한 적이 없다. 그냥 계속해서 죽지 않고 살면 왜 안 되는 걸까?

일간지 〈텔레그래프〉에 실린 서평에 이런 내용이 있었다. "《나를 보내지 마》는 죽음에 관한 비유적인 이야기다. 미래에 관한 처참한 진실을 피하기 위해 헤일섐 기숙학교 학생들은 서로에게 애처로운 이야기를 들려준다. 하지만 이미 그들은 '운명은 정해져 있다'는 사실을 알고 있다. 이는 작가가 우리에게 들려주고자 하는 말이다. 우리 모두 죽는다는 사실을 알고 있지만 진짜로 받아들인 것은 아니다."

사실 우리는 언젠가 죽게 된다는 것을 이해하지 못하고 있다. 반면 스토아 철학자들은 결국 모두 죽으리라는 사실을 이해하려고 평생 노력했다.

우리는 그저 슬퍼할 뿐이다. 페이스북에 애도 페이지를 만들거나 동네 의원에서 항우울제를 처방받는 일을 빼고는 대부분 혼자서 까무러치게 슬퍼한다. 깨진 유리 조각이 깔린 거리, 불타는 담벼락 사이, 얼어붙은 초원을 지나가는 듯 깊은 슬픔에 고통스러워한다. 이러한 고통에 어떻게 대처할 수 있을까? 스토아 철학자들은 슬픔의 문제에 대해서도 곰곰이 생각했다.

죽음을 이해한다는 것

세네카는 《인생론》에서 이렇게 말했다. "어떻게 살아가야 하는지를 배우는 데는 인생 전체라는 시간이 걸린다. (…) 어떻게 죽는지를 배우는 데에도 인생 전체라는 시간이 걸린다."

우리가 할 수 있는 건 죽음을 준비하는 것이다. 다시 말해, 현실을 직시하는 것이다. 물론 이것은 쉽지 않다. 게다가 누구도 죽음을 준비하고 싶어 하지 않는다. 여전히 마음속 깊은 곳에는 죽음을 준비하는 건 스스로 죽음을 부르는 것과 같고, 기꺼이 죽여달라는 것과 같다는 미신이 자리 잡고 있다. 그래서 죽음을 마주하지 않으면 죽지 않으리라는 마법 같은 생각에 빠져 있다.

하지만 죽음에 대비해야 한다. 매 순간 죽어가고 있기 때문이다. 이 글을 쓰면서도 나는 죽어가고 있다. 우리는 매일 죽어간다. 그리고 우리는 언제나 죽음을 준비'할 수 있기' 때문이다.

이렇듯 인생이 짧다는 것, 나뿐만 아니라 다른 사람도 죽는다는 사실을 인식하는 건 스토아 철학의 핵심이다. 이런 핵심은 또한 슬픔, 갑작스러운 죽음을 마주할 때 닥치는 혼돈을 다스리는 데에도 중요하다. 따라서 스토아 철학의 여정을 죽음에서부터 시작해야 한다.

고대 스토아 철학자들은 위험한 시대를 살았다. 출산하는 과정에서 산모와 아이가 사망하는 일이 다반사였고, 질병으로 죽는 사람도 많았다. 전염병, 극심한 불평등, 노예제도도 문제였다. 만약 세네카처럼 정계에 발을 담갔다면, 본인을 죽이려고 하거나 추방하려고 하는 적을 끊임없이 경계해야 했을 거다. 세네카는 두 번 추방됐고, 종국에는 자신을 개인 교사로 고용했던 네로 황제에게 자살하라는 명령을 받고 생을 마감했다.

한 치 앞도 내다볼 수 없는 시기에 마음의 평정을 유지하기 위해 스토아 철학자들은 현실을 직시해야 했다. 그 현실은 곧 사람은 죽기 위해 태어났으며, 언젠간 죽으리라는 점이었다.

스토아 철학자들에게 잘 죽는 건 잘 사는 것과 밀접하게 연관돼 있었다. 인생이 얼마나 짧고 제멋대로 흘러갈 수 있는지 깨닫는다면, 단 1초도 낭비하지 않게 된다. 젊든 나이가 들었든, 죽음을 피할 수 없음을 계속해서 인정해야만 인생의 마지막에 도달했을 때 마치 불멸할 것처럼 행동했던 사람들이 하는 후회를 하지 않을 것이다.

죽음이라는 충격에 대항하기 위해 스토아 철학자들은 몇 가지 도구를 갖춰놓았다. 일테면 죽음에 관해 숙고하고 미리 경험할 수 있도록 예방 접종을 하는 식이다. 백신처럼 죽음을 살짝 맛보게 함으로써 스토아 철학자들은 죽는다는 생각에 익숙해졌다. 그러면 인생의 끝에 다다랐을 때 죽음은 별로 충격적인 일이 아니게 된다. 그들은 평생에 걸쳐서 죽음을 연습했다.

가까운 이들의 죽음을 생각하면

스토아 철학자들은 사랑하는 사람들이 살아 있는 동안 슬퍼해야 한다고 믿었다. 피할 수 없는 죽음에 대비하기 위해 그들이 살아 있을 때 그들의 죽음을 자주 생각해보라고 조언했다.

세네카는 "욕심을 내서 친구들과 보내는 시간을 즐기자"라고 말했다. 자녀들과 보내는 시간도 즐겨야 한다. 세네카에 따르면, "이 특권을 언제까지 누릴 수 있을지 모르기 때문이다."

스토아 철학자들을 처음 접했을 때, 살아 있는 동안 자기 죽음을 상상한다는 점이 병적으로 들렸다. 하지만 죽음을 상상하는 건 내가 공부하는 세 명의 로마 스토아 철학자들, 즉 세네카, 에픽테토스, 아우렐리우스의 가르침에 깊이 새겨져 있었기에 한번 시도해보기로 했다.

이 연습의 목표는 친구들이 세상을 떠났을 때 애도하고 후회하기보다는 지금 이 순간에 함께해주는 친구들을 소중하게 여기는 것이다. 세네카는 "세상을 떠난 이들과의 기억을 즐거운 추억으로 바라보자"라고 했다. 그들이 살아 있을 때 그들과의 시간을 소중하게 여겼기 때문에 죽음은 마냥 슬프기만 한 일은 아니다. 그렇기에 그들이 세상을 떠났을 때 놀라거나 힘들어해서는 안 된다(스토아 철학자들은 죽음을 보고 놀라서는 안 됐다).

슬픔에 대비하기 위해 스토아 철학자들은 부정적 시각화negative visualization 기법을 연습했다. 즉, 부정적인 미래를 미리 탐구해보는 것이다. 예를 들어, 내가 사랑하는 사람이 오늘 밤 아니면 내일 죽는다고 상상한다. 그러면 내가 그 사람과 오늘 함께 보낸 시간은 그 사람이 이 지구에서 마지막으로 산 날이다. 이처럼 삶의 유한함을 인정한다면 사랑하는 사람들과 보내는 시간이 엄청나게 소중해진다.

죽기 전 친구를 마지막으로 만났던 기억이 아직도 생생하다. 친구는 해안 마을에 있는 한 카페에서 일하고 있었다. 나는 친구를 보러 카페에 들렀고, 칸막이가 있는 테이블에 앉았다. 나는 길 건너 빵집에서 소시지 빵을 사 온 참이어서 친구에게 여기서 산 음식이 아닌데 먹어도 되냐고 물었다. "당연하지." 그녀는 웃으면서 말했다. "그냥 숨어서 먹으면 돼." 나는 커피를 주문한 뒤 자리로 돌아와 몰래

들여온 소시지 빵을 들키지 않게 은밀히, 그리고 행복한 마음으로 먹었다. 처음에는 눈치채지 못했지만 친구가 손님을 응대하는 중간 잠깐씩 대화를 나눌 때, 나는 그녀가 평소답지 않게 불안해한다는 걸 알게 됐다. 나는 친구를 위로했고 기분 좋게 해주려고 노력했다.

그런 친구가 세상을 떠났다. 그러자 의구심이 들었다. 나는 그날 마지막으로 친구를 볼 수 있는 날인 것처럼 그 친구를 위로해줬을까? 아니다. 친구에게만 집중하는 시간을 보내지는 못했다. 친구가 일하고 있는 상황이었고, 카페 안이 산만한 분위기였다. 나는 말을 걸려고 노력하기는 했지만, 다음에 더 좋은, 더 많은 대화를 할 수 있으리라 생각했다. 그 순간이 특별해야 한다는 필요성이나 긴박함은 없었다.

스토아 철학자들은 누구를 만나든 언제나, 특히 나와 가까운 사람이면 오늘이 마지막인 것처럼 대해주라고 조언했을 것이다. 소화하기 힘든 조언이다. 특히 아이를 생각한다면, 그리고 그 아이가 자기 자녀라면 이런 조언은 따르기가 더더욱 어려울 것이다.

스토아 철학에서 가장 소름이 돋는 구절은 에픽테토스가 자녀의 죽음에 대해 부정적 시각화를 연습하라고 조언한 부분이다. 어쩌면 모든 문학 작품을 통틀어서 가장 소름 돋는 구절일지도 모른다.

"당신이 사랑하는 존재는 언젠간 죽을 것이다. (…) 무언가에 기쁨을 느끼는 순간, 정반대의 상황을 생각해야 한다. 어린 자녀의 볼에 뽀뽀하면서 '내일 넌 세상을 떠날 거야'라고 말하거나, 친구에게 '내일 우리 중 한 사람이 세상을 떠나면 더는 만날 수 없겠지?'라고 말해야 한다."

스토아 철학을 모른 채 그들의 글을 읽으면 마치 괴물처럼 느껴진다.

'너는 내일 죽을 것이다.'

'내일 우리 중 한 사람이 세상을 떠나면 우리는 만날 수 없게 된다.'

스토아 철학자만이 이렇게 주장한 건 아니다. 기독교에도 비슷한 의미를 담은 구절이 있다.

'이제 난 잠자리에 들려고 눕습니다. 주님께 나의 영혼을 지켜주시라고 기도합니다. 내가 깨어나기 전에 죽는다면 주님께 내 영혼을 가져가시라고 기도합니다.'

어렸을 때 유모는 나에게 이런 기도를 읊어줬다. 이 기도는 스토아 철학과 궤를 같이한다.

스토아 철학자들은 삶은 임의적이고 녹단적이며, 모든 조처를 하더라도 나쁜 일이 일어나고, 죽음이 우리 모두를 기다리고 있다고 믿었다. 세상을 떠나는 시기는 내가 선택하는 게 아니다. 질병으로 자녀가 세상을 떠날 수도 있고, 사고로 친구가 죽을 수도 있다. 아니면 머리를 강타하는 외상으로 죽음에 가까이 갈 수도 있다. 스페인에서 나의 생명을 앗아갈 수 있었던 사건처럼 말이다.

지구에서 위태로운 현실을 살아가고 불안정한 장소에 있다는 걸 인정함으로써, 스토아 철학자들은 최악의 상황이 벌어졌을 때 그 영향을 무력화할 수 있기를 희망했다.

지나치게 부정적 시각화를 하다

부정적 시각화를 하면, 죽음이 피할 수 없는 것이며 자연스러운 순서라는 걸 느끼는 데 도움이 될까? 그리고 내가 사랑하는 사람들이 살아 있을 때 그들을 더 소중하게 여기면 현재 내가 맺고 있는 관계들을 개선할 수 있을까?

부정적 시각화를 시도해보기로 했더라도 제대로 하는 건 어려울 수 있다. 음식을 요리하는 것과 같은 이치다. 지나치게 최악의 시나리오를 생각하면 불안감이 생길 수 있고, 너무 가볍게 여겼다가는 생각을 바꾸고 최악의 상황을 대비하기가 어려워진다.

앤드루와 나는 2019년 크리스마스 직후에 시드니에서 만나 스토아 철학을 얼마나 실천하고 있는지 이야기를 나눴다. 크리스마스를 비롯해 가족과 함께 보내는 시간은 언제나 스토아 철학을 유용하게 써먹을 기회였다. 그해 크리스마스도 예외가 아니었다. 나는 부정적 시각화를 연습하고 있었는데, 성공은커녕 내가 사랑하는 사람들이 죽어갈지도 모른다는 불안감만 커졌다.

그날은 부모님만이 아니라 친척들도 찾아와 모두 식탁에 둘러앉아 있었다. 나는 이 사람들 모두가 집으로 돌아가는 길에 10중 추돌 사고를 당해 목숨을 잃거나, 상한 해산물을 먹어 독이 올라 죽거나, 집에 불이 나 죽는 상상을 했다. 끔찍했다.

시드니에서 앤드루는 나에게 부정적 시각화를 아주 잠깐만 하라고 조언했다. 누군가가 죽어가고 있다는 생각이 '섬광'처럼 스쳐 지나가야지, 과도하게 생각하면 안 된다고 말이다. 앤드루는 부정적 시각화를 자주 사용했다.

"종종 어려울 수 있어. 최악의 상황을 생각하는 건 기분이 좋지 않지만, 한번 그렇게 생각해보면 어떤 결과가 됐든지 감사하게 돼."

그는 어떤 결과가 됐든 심지어 나쁜 결과일지라도 그 결과를 감수하는, 일종의 보험처럼 부정적 시각화를 사용하고 있었다.

"가족 행사를 계속해서 즐겨야지. 단, 이 모든 사람이 같은 방식으로 다시 함께하지 못할 수도 있다는 것만 기억하면 돼."

그의 충고는 앞날을 내다본 것이었다. 몇 달 후인 2020년 3월, 호주에서 팬데믹이 본격적으로 시작됐고 국경이 빠르게 폐쇄됐다. 록다운 상태에서는 집에서 5킬로미터 이상 이동하거나 다른 가족을 방문할 수 없었다. 어쩌면 2019년 크리스마스, 그러니까 내가 부정적 시각화를 했던 그 크리스마스가 정말 마지막 크리스마스가 됐을 수도 있다.

마지막은 아니었지만 모든 가족이 그렇게 운이 좋았던 것은 아니다. 내가 아는 사람 대여섯 명을 포함해 많은 이들이 지난 2년 동안 사랑하는 사람들을 떠나보냈다. 장례식에 참석하지 못하거나 세상을 떠나기 전 친척들의 얼굴을 보지 못했다.

가족과 떨어져 지내보니, 함께 보낼 수 있었던 시간이 너무나 소중했다는 걸 알게 됐다. 그런 시간이 더는 당연하지 않았기 때문이다. 나는 정기적으로 부정적 시각화를 연습했지만, 앤드루가 조언해준 바와 같이 잠깐만 사용했다. 지난 2년 동안 우리 가족은 주 경계가 폐쇄되면서 떨어져 있어야 했다. 잠시 록다운이 중단됐을 때나 부모님을 뵐 수 있었다. 부모님을 뵈러 갈 때마다 우리 중 한 명이 곧 죽게 되리라는 상상을 했다. 그러면서 함께하는 그 시간을 최대한 의미 있게 보내려고 노력했다.

스토아 철학자들의 부정적 시각화 기법이 가족 중 누군가가 록다운 기간에 세상을 떠났을 때 고통을 덜어줬을지는 알 수 없다(다행히 우리 가족은 모두 살아남았다). 시간이 지나면 알게 될 것이다. 조만간 우리 모두 세상을 떠날 테니 결국에는 답을 알게 될 것이다. 내가 먼저 죽지 않는 한 말이다. 하지만 분명한 것은 부모님과 함께 보내는 시간이 마지막일 것처럼 대하니 그 시간이 더 즐거워졌다.

나의 죽음을 자주 생각해봄으로써 두려움을 없애다

부정적 시각화를 연습할 때는 다른 사람의 죽음을 생각하는 것뿐만 아니라 내 죽음에 대해서도 생각해봐야 한다. 스토아 철학자들은 죽음의 가능성과 지상에 할당된 시간을 현실적으로 바라봤다. 그들은 죽음은 통제할 수 없지만, 죽음을 어떻게 생각할지는 **통제할 수 있다**는 걸 깨달았다. 에픽테토스는 이렇게 말했다. "죽음을 피할 수는 없지만 적어도 죽음에 대한 두려움에서는 벗어날 수 있다."

스토아 철학자들은 죽음이라는 현실을 인정함으로써 죽음에 대한 공포에서 벗어났다. 고대 로마에서는 장군이 전투에서 승리하고 영광스럽게 귀환할 때 노예가 동행했다. 그 노예는 오늘의 승리가 영원하지 않으리라는 걸 상기시켜주는 역할을 했다. "메멘토 모리 Memento mori." 노예는 장군의 귀에 속삭였다. "언젠간 당신도 세상을 떠날 것임을 잊지 마십시오."

'메멘토 모리'에 담긴 의도는 자신도 언젠가 죽으리라는 생각에 길들라는 것이다. 죽음에 대한 끊임없는 공포 속에서 살면 죽음을 제대로 생각할 수 없다. 하지만 죽으리라는 점을 주기적으로 상기하면 정말 중요한 한 가지에 집중하게 된다. 바로 현재, 그러니까 우리가 살아가는 시간이다.

세네카는 《인생론》에서 다음과 같이 말했다.

> 당신은 마치 영원히 살 사람처럼 인생을 살고 있다. 절대 노쇠하지 않을 것처럼 말이다. 이미 얼마나 많은 시간이 흘렀는지 깨닫지 못한 채 항상 시간이 차고 넘칠 것처럼 낭비한다. 하지만 그 하루하루는 내가 누군가 또는 무언가에 헌신하는 마지막 날이 될지도 모른다. 두려울 땐 언젠가 죽으리라는 점을 염두에 두고 행동하고, 무언가를 원할 때는 불멸할 사람처럼 행동하라.

세네카가 이 말을 남긴 이후에도 크게 달라진 것은 없다. 우리는 여전히 '영원히 죽지 않을 것'처럼 살고 있다. 은퇴할 때까지 정말로 하고 싶은 일을 미루거나, 어느 정도 돈을 벌어둬야만 휴식을 취할 수 있다고 생각하거나, 우아한 교외 마을에 살기 위해 엄청난 돈을 대출받아야 한다고 생각한다. 이런 생각들이 발목을 잡기에 일을 더 열심히 하게 된다. 진짜 다니기 싫은 직장인데도 30년 이상 성실히 출근한다.

고대도 지금과 똑같았다. 자기 인생을 사는 걸 시작하지 않은 사람들이 많다. 일하느라고, 돈을 버느라고 너무 바쁘다. 언젠가는 일을 멈추고, 제대로 쉬면서 호사를 누리겠다고 약속한다.

세네카는 다음과 같은 말로 직구를 날렸다.

> 당신은 많은 사람에게 이런 말을 들을 것이다. "쉰 살이 되면 은퇴하고 여가를 즐기겠어. 예순 살이 되면 공직을 내려놓을 거야." 그런데 더 산다는 보장이 있는가? 더 오래 살고 싶다고 생각하겠지만, 누가 그렇게 해줄까? 인생에 남은 일부의 시간만을 온전히 본인을 위한 시간으로 여기고, 어떤 일도 할 수 없을 때만 지혜를 얻기 위해 노력한다는 게 부끄럽지 않은가? 인생이 막을 내려야 할 때 비로소 진짜 인생이 시작된다니, 이는 너무나 늦다!

우리에겐 일을 미루는 습관이 있고, 바쁜 일상에서 자주 방향을 잃는다. 시간이 흐르고 늙어가는 동안에도 시간을 어떻게 쓰는지 거의 모르는 듯싶다. 그러나 죽음을 생각하면 우리가 가진 시간에 집중할 수밖에 없다.

시간은 가장 값진 돈이다

———

스토아 철학자들은 인간이 가진 유일하고 진정한 돈이 시간이라고 봤기 때문에 시간을 잘 관리했다. 시간은 또한 가장 민주적인 돈이기도 하다. 물질적인 부를 얼마나 가졌는지와는 상관없이 모든 사람에게 똑같은 시간이 주어진다. 돈을 낸다고 해서 추가적인 시간을 얻을 수는 없다.

나는 시간을 엄청나게 낭비한다. 매일 인터넷에 빨려 들어가 별로 중요하지 않은 일에 몇 시간을 쓰고, 며칠 지나면 기억나지도 않을 사소한 말다툼에 끼어든다. 내 일과 관련 있는 것도 아니고 의미 있는 여가도 아니다. 고대 스토아 철학자들이 이런 모습을 본다면 시간을 극도로 허비한다고 생각할 것이다. 돈뭉치를 쓰레기통에 버리는 사람은 없겠지만, 온라인에서 아무렇지도 않게 시간을 낭비하는 사람은 무수히 많다.

시간 낭비가 오늘날의 문제만은 아니었던 듯하다. 거의 2,000년 전에 세네카는 이렇게 말했다. "시간에 가격을 매기는 사람, 하루의 가치를 아는 사람, 그리고 하루하루 죽어가고 있다는 걸 인식하는 사람이 있다면 한 명이라도 내게 보여줄 수 있는가? 죽음이 미래에 닥치리라는 생각은 옳지 않다. 죽음의 많은 부분은 이미 지나갔다. 과거의 삶은 죽은 시간이기 때문이다."

살다 보면 돈은 벌 때도 있고 잃을 때도 있지만, 시간은 항상 부족하다. 시간은 빌릴 수도, 만들 수도 없다. 우리가 지금 가진 시간, 그게 전부다. 게다가 시간은 계속해서 줄어들 뿐 축적되지 않는다. 이를 진정으로 깨달으면 인생을 조직하는 방식이 달라진다. 내가 가진 것 중에서 시간을 가장 가치 있는 것으로 여긴다면, 의미 있는 결과물을 내놓지 못하는 회의로 나의 하루를 가득 채워야 한다는 책임감을 덜 수 있다. 햇볕 쨍쨍한 토요일을 숙취에 절어 침대에서 보내거나, 별로 어울리고 싶지 않은 사람들과 주말여행을 갈 확률이 낮아진다. 시간이 무제한으로 있다고 생각하기에 우리는 시간을 낭비한다. 우리 마음속 한구석에서는 영원히 살 거라고 착각한다.

물론 이건 전혀 새로운 이야기가 아니다. 지금까지 수년 동안 돈과 일, 직장에서의 지위에 대한 중독을 경계하라는 경보가 계속해서 울려왔다. 하지만 수많은 요인, 특히 자본주의 체제의 본질 탓에 우리는 이런 피곤한 꿈에 얽매이게 된다.

긱 이코노미gig economy, 그러니까 일자리에 계약직이나 프리랜서 등을 주로 채용하는 현상이 팽배한 사회에서 많은 사람은 일주일 내내 하루에 열 시간을 일한다. 그리고 다양한 앱을 활용하여 조금이라도 용돈을 벌려고 한다. 화이트칼라 세계에서는 일하고 있지 않은 시간조차 일과 함께한다. 쉬는 동안에도 일하는 머리가 계속 굴러가도록 전화와 이메일을 이용해 정신을 사무실에 묶어놓는다.

다행스럽게도, 이제 사람들은 인생을 더 잘 사는 방법이 있다는 걸 깨닫고 있다. 소득이 줄어들거나 미래가 덜 보장될지라도 그 대가로 시간을 다시 돌려받을 수 있을 것이다.

일에 대한 사고의 전환은 예전부터 이뤄졌다. 시간과 일의 관계를 재평가하는 사람들의 자랑스러운 계보는 에피쿠로스학파로 거슬러 올라간다. 에피쿠로스 철학은 초기 그리스 스토아 철학과 경쟁 관계였는데 공동생활을 하고 정원을 가꾸며 사색과 여가, 철학 공부를 하며 시간을 보내도록 추종자들을 독려했다.

1845년, 미국의 철학자이자 시인인 헨리 데이비드 소로Henry David Thoreau는 시골에서 사색하는 단순한 삶을 살기 위해 얼마나 많은 돈이 필요한지 또는 얼마나 적은 돈이 필요한지 계산해봤다. 그러고는 2년이 조금 넘는 시간 동안 매사추세츠의 숲에서 자연과 조화롭게 살기 위해 최선을 다했다. 1960년대 히피들과 파이어족FIRE(경제적 자유와 조기 은퇴를 추구하는 삶의 방식), 밴에서 사는 오늘날의 밴 라이프van life 운동이 그 뒤를 이었다. 그리고 팬데믹을 지나온 지금, 일이 우리 삶에서 차지하는 역할에 의문을 제기하는 사람이 많다.

한번 상상해보자. 만약 우리 중 더 많은 사람이 시간을 중요하게 생각하고 시간을 인생을 꾸려나가는 중심 원리로 삼는다면 어떨까? 우리가 살아가는 방식에서 총체적 혁명이 일어날 것이다! 세상의 모든 시간이 내 것인 양 살고, 은퇴할 때까지 또는 '언젠가'라는 신비한 종착점에 도달할 때까지 정말로 하고 싶은 일을 미루면서 사는 혼돈에서 깨어날 것이다. 언젠가 여행을 더 자주 가고, 더 많이 쉬고, 더 많은 책을 읽고, 책을 쓰고, 아이들과 함께 놀거나 사업을 시작하거나, 시골로 이사하거나 가정을 꾸리게 될 것이란 말. "인생이 막을 내려야 할 때 비로소 진짜 인생이 시작된다니, 이는 너무나 늦다!"라는 세네카의 말이 경종을 울린다.

최근 나는 인생에서 언제 가장 행복했는지 곰곰이 생각해봤다. 행복했던 시간들의 공통점은 내가 서두르지 않고 여유로웠다는 점이다. 부가 돈이 아닌 다른 형태를 띠었다. 시간 부자였을 때, 미취업 상태라 돈이 별로 없었다. 앞으로 취업을 못 할 수도 있겠다는 불안감도 있었다. 하지만 돌이켜보니, 은행에 돈을 많이 쌓아놓은 것보다 시간이 많은 게 더 기분이 좋았고 더 마법 같았다. 나는 그 시간을 여가와 끝없는 자투리 시간의 즐거움을 찬양하는 마크 트웨인Mark Twain의 작품에 빗대어 '허클베리 핀의 나날들'이라고 부른다. "뗏목 위에서 보내는 시간은 참 즐겁다. 우리 위에 있는 하늘은 별로 뒤덮여 있었다. 우리는 등을 대고 누워 하늘을 올려다보곤 했다. 그리고 이 하늘과 별이 어떻게 만들어진 건지, 아니면 그냥 우연인 건지에 대해 이야기를 나누었다."

허클베리 핀의 나날들. 아무 일도 하지 않은 오후와 길게 드리워진 푸른 땅거미, 베를린에서 자전거를 탔던 시간…. 나는 어디에도 소속되지 않은 채 최저 생활비로 살아가는 여행 이야기를 모으고 있긴 했지만, 시간이 너무 많았다. 내 친구들도 나처럼 돈은 없지만 시간은 많았다. 그래서 우리는 시간을 현명하게 낭비하기로 했다. 베를린에서 우리는 자전거를 타거나 도시를 걸어 다녔고, 공원에서 잠시 쉬며 탁구를 쳤다. 가끔은 가장 싼 맥주를 마시고 또 가끔은 공원의 나무 아래에서 책을 읽었다.

그다음에는 뉴욕에서 2~3개월 동안 머물렀다. 파크 슬로프, 어퍼 웨스트 사이드, 부시윅에서 저렴하게 집을 빌렸다. 있어야 할 곳도,

갈 곳도 없는 상태였기에 나는 지구상에서 가장 멋지다는 도시를 둘러봤다. 프로스펙트 파크, 헬스 키친의 벼룩시장에서 오후 시간을 보냈다. 공유 자전거 시티바이크를 타고 도로를 달리거나 격자무늬 타일이 놓여 있는 맨해튼의 길을 정처 없이 걸었다. 바에서 술도 한잔했다. 도시는 생기가 넘쳤고 온통 불빛으로 번쩍거렸다.

팬데믹 시기에도 그랬다. 정부가 첫 번째로 록다운 명령을 내렸을 때, 남동생은 나와 같이 살기 위해 멜버른에서 자동차로 80분 정도 거리에 있는 시골로 와줬다. 초가을이라 낙엽이 졌고, 우리에겐 자전거가 있었다. 모든 상점이 닫혀 있고 갈 곳이 없었기에 우리는 숲속으로 장거리 라이딩을 갔다. 작은 마을의 가게 앞에서 멈춰 음료수나 파이를 샀다. 길은 텅텅 비었고 독수리는 머리 위에서 빙빙 돌고 있었다. 새와 동물과 벌레가 사는, 덤불이 무성한 뒷길에도 들어가 봤다. 도시의 공황과 불안감에 덮여 사람들의 눈에 보이지 않는 부분이었다.

2021년 다시 한번 록다운이 시작됐을 때도 내 친구 이반과 나는 본다이 절벽 길에서 만나 오랜 산책을 했다. 가끔은 멈춰 돌 위에 앉았다. 돌고래가 뛰어노는 모습을 보기도 했다. 항구 쪽에서 시간을 보낼 때면 에르미타주를 산책했다. 산책길 중간에 있는 조그만 만에서 멈춰 수영했다. 노을을 감상하고, 로즈베이로 들어가는 길을 한 바퀴 돌아 해변 모래사장을 밟았다. 하늘은 불타는 것처럼 붉게 물들었다. 이 아름답고 즐거운 일들 모두, 그러니까 이 모든 부富가 공짜였다. 유일하게 드는 비용은 시간이었다.

일하되 의미 있는 일을 하라

허클베리 핀의 나날들도 좋았지만, 내가 사회에 이바지할 수 있는 부분과 일이 균형을 이뤄야 했다. 고대 스토아 철학자들은 열심히 일하고 하는 일에 자부심을 품어야 한다고 믿었지만, 그들에게 일은 한 부분일 뿐이었다.

로마 스토아 철학자들, 즉 세네카, 아우렐리우스, 에픽테토스는 아주 열심히 사는 사람들이었다. 그리스 스토아 철학자들은 에피쿠로스학파처럼 열심히 살아야 할 의무를 덜 강조했을지라도 말이다. 경쟁 상대인 에피쿠로스학파가 설파하는 철학은 세상과 더 동떨어져 있었다. 예컨대 아우렐리우스는 심지어 로마 황제 아니었는가! 그의 치세는 로마 제국에서 가장 안정적인 시기로 칭송받았다. 그리고 세네카는 수백 편의 수필과 희곡, 서신을 쓰며 대단히 왕성하게 활동했다. 심지어 에픽테토스는 노예 신분에서 해방되자 늦은 나이에 철학 학원을 세웠고, 아이를 입양하여 자신이 은퇴할 때까지 올바르게 키웠다. 스토아 철학자들은 세계 시민의 면모를 갖췄다. 강하고 역동적이었으며, 정치와 지역 사회에 참여했다. 도중에 그만두거나 자리에서 물러나는 건 스토아 철학자답지 않았다.

하지만 그들의 가르침을 관통하는 믿음이 있었다. 시간과 시간을 사용하는 방법은 어떤 지위를 가지고 얼마만큼의 돈을 버는지보다 훨씬 중요하다는 것이다. 스토아 철학자들에게 일이란 사회를 건설하고 아이디어를 공유하고 지역 사회에 이바지하는 것이었다. 그리고 가장 고차원적인 일의 형태는 철학을 연구하는 것이었다. 세네카는 철학과 철학의 가치에 대해 다음과 같이 말했다. "철학은 영혼을 빚고 형성한다. 철학은 우리 삶에 질서를 가져다주고, 어떻게 행동해야 하는지를 알려준다. 무엇을 해야 할지, 그냥 그대로 남겨두어야 할 일은 무엇인지를 보여준다. 철학을 모른다면 두려움 없이 살아가거나 마음의 평정심을 얻을 수 없을 것이다."

스토아 철학자들은 철학에 관한 관심을 추상적이고 학문적인 활동으로 표출하지 않았다. 세네카는 추상적인 지적 고민에 빠진 철학자들에게 이렇게 일침을 놓았다.

"말장난할 시간이 없다. 배가 난파된 자, 감옥에 갇힌 자, 병든 자, 궁핍한 자, 목이 잘리기 직전에 있는 사람들에게 도와주겠다고 약속해놓고서 지금 관심을 어디에 기울이고 있는가? 지금 뭐 하고 있는가?"

진짜 당신은 무엇을 하고 있는가?

스토아 철학자들은 인생이 짧다는 걸 알았다. 그리고 사후 세계가 없다고 믿었다. 중요한 건 이 지구상에서 우리에게 주어진 시간이었다. 세네카는 "인생에서 덕목을 얻기 위해 기도하는 건 멍청한 짓"이라고 썼다. "왜냐하면 자기 힘으로 덕목을 얻을 수 있기 때문이다."

어떻게 하면 잘 살 수 있을지, 좋은 삶이 진정으로 의미하는 바가 무엇인지 곰곰이 생각해보는 건 단 한 번만 사는 유일무이한 삶에 대한 견실한 투자였다. 아우렐리우스는 이렇게 말했다. "만년을 살 것처럼 행동하지 마라. 죽음은 바로 가까이에 있다. 살아 있는 동안에는 선한 영향력을 끼쳐라. 선한 영향력을 끼치는 건 나의 능력 범위 내에 있다."

죽음에 대한 두려움을 없애는 스토아 철학 연습

세력이 사방으로 뻗어가는 로마 제국을 다스리던 아우렐리우스는 서서히 엄습해 오는 죽음에 대한 공포를 막기 위해 자신에게 이렇게 말하곤 했다. "무슨 일을 하고 있든 상관없다. 일단 잠시 멈춘 후, 자신에게 물어보라. '더는 이 일을 할 수 없기에 죽는 것이 두려운가?'"

이 연습은 두 가지 측면을 명확히 한다. 그 일이 내가 정말 즐거워하는 활동이고 더는 그 일을 할 수 없어서 죽음이 두려운 거라면, 이는 그 활동을 음미하고 함께하는 사람들에게 감사하며 최대한 즐겨야 한다는 신호다. 집안일 또는 싫어하는 일을 하러 출근하는 것 등 지루하거나 별로 그리워하지 않을 활동이라면, 그 일을 더는 할 필요가 없기에 죽음을 두려워할 이유가 없다.

마치 오늘이 생의 마지막 날인 것처럼

세네카가 "죽음에 대한 걱정을 싹 지워버려라"라고 조언했지만, 죽음 자체를 잊어버려야 한다는 뜻은 아니었다. 죽음을 **걱정하기보**다는 **숙고해보라는** 얘기였다. 크리스마스에 부정적 시각화 연습을

직접 해본 결과, 죽음에 대한 걱정과 죽음 자체에 관한 생각 사이에는 차이가 있음을 알게 됐다. 세네카는 하루하루가 인생의 마지막 날인 것처럼 살아야 한다고 강조했다.

"인생의 끝자락에 온 것처럼 마음의 준비를 하자. 아무것도 미루지 말자. 살날이 얼마나 남았을지 날마다 생각해보자. 매일 인생을 마무리하듯 살아가는 사람들에게는 결코 시간이 부족하지 않다."

위에서 내려다보는 연습

스토아 철학자들이 죽음을 대비하는 방법 중 하나는 우주에서 자신의 위치를 떠올려보는 것이었다. 우주의 관점에서 볼 때 내가 가진 시간은 아주 짧고, 우주에서 내가 차지하는 부분은 아주 작다.

아우렐리우스는 이렇게 말했다. "헤아릴 수 없는 우주의 시간에서 각자에게 주어진 시간은 얼마나 짧은가! 영겁이 곧 모두의 삶을 덮친다. 전체에 비하면 우리는 얼마나 작은 물체인가! 우주의 영혼을 구성하는 나의 영혼은 얼마나 작은가! 내가 밟는 땅을 생각해보면 나는 작은 돌덩어리에 지나지 않는다!"

우리는 종종 삶에서 마주치는 문제에 압도당한다. 하지만 줌아웃, 그러니까 한 발짝 떨어져 하늘 위에서 지켜보면, 기나긴 시간 속에 존재하는 내가 본질적으로 얼마나 작은 존재인지 인식할 수 있다. 그리고 나의 삶은 인간 역사의 연속체에서 모래알 하나 정도만 차지한다는 것을 깨닫게 된다.

운이 좋다면 세계에서 가장 오랫동안 전해 내려오는 문화인 오스트레일리아 원주민들의 암석 예술을 보거나 이집트 피라미드를 감상하거나 캘리포니아 북부에 있는 숲에서 오래된 나무를 본 적이 있을 것이다. 시간의 마법을 보는 듯한 느낌이 들면서 저절로 겸손해졌을 것이다. 우리의 일생은 인류사에서 하나의 점 정도밖에 안 된다. 그러니 머릿속을 꽉 채우고 있는 우리의 문제들은 얼마나 사소한 것인가.

죽음을 생각하는 건 처음에는 어려울 수 있다. 하지만 내 스토아 철학 여정의 출발점은 모두가 결국에는 세상을 떠나며 매일 죽고 있다는 것, 내가 사랑하는 사람도 세상을 떠날 것이고 나도 죽을 거라는 사실을 짚고 넘어가는 것이었다. 언제 죽을지는 모르지만, 아마 그 시간은 생각보다 일찍 닥칠지도 모른다. 이런 생각을 정립한 후, 아니 적어도 이 사실을 **인정**한 후에 나는 다음 과제로 넘어갔다. 바로, 어떻게 하면 잘 살 수 있는가를 배우는 것이었다.

"세상에는 우리가 통제할 수 있는 일도 있고 통제할 수 없는 일도 있다.
통제할 수 없는 일들에 더 많은 가치를 부여할수록
그 일을 통제할 힘은 더 적어진다."
- 에픽테토스

II

중요한 것과 그렇지 않은 것을 알 것

2019년 말 몇 달 동안 분위기가 어수선했다. 시드니에는 거대한 산불이 났고, 오래된 숲에 불이 나면서 하늘이 온통 재로 뒤덮였다. 수십억 마리의 동물이 불길에 갇혀 죽었다. 대기는 갈색으로 물들었고, 그해 여름 몇 달 동안 연기 때문에 공기가 탁했다. 시내 거리에서는 연기와 오염물질을 걸러주는 새 부리 모양의 N95 마스크가 등장했으며, 아이들은 유치원이나 학교에 가지 않고 집에 머물렀다.

그해 12월, 새로운 암흑기가 도래한 것처럼 느껴지는 와중에 항구 근처 아름다운 저택에서 열린 와인 브랜드 론칭 행사에 참석했다. 하늘에서 잿더미가 와인 잔으로 우수수 떨어졌지만 나는 셀카를 찍으며 웃었다. 모두 파티용 드레스를 입고 어글리슈즈를 신고 있었다. 인스타그램용 사진을 찍기 딱 좋은 장소를 활용하기 위해 스마트폰은 미리 완충해놓았다. 다들 눈이 충혈됐지만, 기침을 안 하려고 애썼다. 나는 몇몇 게스트가 천식 스프레이를 흡입하는 걸 봤다. 그날 시드니의 공기 질은 세계 최악이었다.

디제이와 소믈리에가 있었고 셰프가 카나페에 들어간 가리비의 산지를 자세하게 설명해주던 그 저택에서, 나는 최근에 다녀온 멕시코 오악사카 여행을 떠올렸다. 영감이 넘치는 여행이었다. 그다음에는 와인 시음회가 이어졌는데, 한 모금을 입에 머금자마자 뱉을 수밖에 없었다. 산불 맛이 났기 때문이다.

디제이가 음악을 틀어줬는데 곡조에서는 불안이 묻어나왔고 심기를 거슬리는 무언가가 있었으며, 묘하게 불협화음이 났다. 연기 냄새는 화학적인 오염물질에 가까웠다. 와인 잔을 드는 사이사이 재기둥으로 변한 오래된 숲, 동물, 공기 중에 떠다니는 물질, 물과 토양에 섞여 들어간 물질들을 떠올렸다. 재 입자가 떠다니는 로제 와인을 삼키면서 친구에게 불안감이 섞인 농담을 던졌다. "세상이 멸망하려나 봐."

인플루언서들은 음울함이 드리워진 어둠 속에서, 또 수영장 옆에서 포즈를 취하며 사진을 찍었다. 붉게 타오르는 해와 탁한 갈색 하늘 등 자신을 둘러싸고 있는 것이 보이는데도 애써 외면했다. 2019년 12월은 스토아 철학을 공부하기에 딱 알맞은 시간 같았다.

기후는 수시로 돌변했고 이제는 계절을 예측하는 것도 불가능해졌다. 여기에 의구심을 제기하는 사람은 아무도 없다. 하지만 누구도 현실을 보고 싶어 하는 것 같지 않았다. 인류세(인류로 인한 지구온난화 및 생태계 침범을 특징으로 하는 현재의 지질학적 시기-옮긴이)의 위기가 우리 눈앞에서 펼쳐지고 있었다.

여름만 해도 머잖아 산불, 숨쉬기 어려운 공기, 팬데믹, 홍수 등 환경 파괴와 관련된 극적이고 삶을 송두리째 바꾸는 사건들이 줄줄이 일어나리라고는 생각지도 못했다. 갑자기 통제가 어려워진 세상이 되자, 통제할 수 있는 부분에 노력을 기울이는 것이 너무나 중요해졌다.

이 시점부터 스토아 철학 연구가 인생을 바꾼다는 사실을 체험했다. 스토아 철학은 급격히 타락하는 이 세상에서 어떻게 진실을 마주해야 할지, 변화에 맞서 어떻게 회복력을 갖출지, 그리고 변화에 대해 무엇을 할 수 있는지 가르쳐줬다.

고대 철학자들은 현실을 직시하라고 거듭 강조했다. 삶을 직면하고, 본질을 바라보며, 있는 그대로의 현실을 살아가라고 했다.

통제 테스트

모든 일에서 스토아 철학자는 행동하기 전 기본적인 테스트를 거쳤다. '통제 테스트' 또는 '통제의 이분법'이라고 불리는 이 테스트는 특정 상황에서 내가 통제할 수 있는 것과 없는 것이 무엇인지를 평가하고, 통제할 수 있는 영역에 관심을 집중하게 한다. 맨 처음 앤드루의 사무실에서 모임을 시작했을 때 살펴본 원칙이 이것이었다.

앤드루가 화이트보드에 막대 인간을 그렸다. 우리는 통제 테스트를 더 자세히 살펴보기 위해 그림에 몇 가지 질문을 써넣었다.

이 통제 테스트의 핵심은 에픽테토스가 《엥케이리디온》에서 가장 처음에 언급한 스토아 철학을 실천하는 것이다.

"세상에는 우리가 통제할 수 있는 일도 있고 통제할 수 없는 일도 있다. 통제할 수 있는 건 우리의 의견과 추구하는 가치, 욕망과 혐오다. 하지만 신체와 재산, 명성은 통제할 수 없다. 한마디로, 우리의 행동 외에 모든 것은 통제할 수 없다."

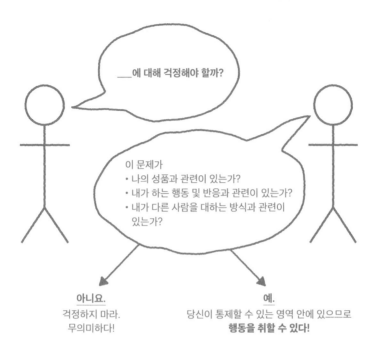

스토아 철학의 초석이 되는 진수가 담긴 구절이다. 이 구절은 우리가 통제할 수 있는 일을 정해준다. 나는 이를 나의 성품, 나의 행동과 반응, 다른 사람을 대하는 방식이라고 해석했다. 에픽테토스는 그 나머지 것들을 통제할 수 있다고 생각하지 말라고 했다. 시간과 에너지를 낭비하는 일이라면서 말이다.

그렇다고 해서 기후변화와 같이 직접적으로 통제할 수 없는 일에 노력을 기울이지 말라는 뜻은 아니다. 스토아 철학자들은 수동적인 인간이 아니었다. 행동하는 인간이었다. 정치 지도자였고, 황제였으며, 군인이었다. 하지만 그들은 열심히 훈련하고, 성실하게 행동하고, 동맹을 맺으며 엄청난 노력을 쏟아붓는다고 할지라도 결과물을 통제할 수 없음을 알고 있었다. 자신의 성품, 행동 및 반응, 다른 사람을 대하는 방식만을 통제할 수 있다는 걸 일찍이 깨달았다.

이 말을 처음 들었을 때, 스토아 철학자들은 대단한 영향력을 끼친 이들처럼 보이지 않았다. 하지만 고대 스토아 철학자들은 작게 느껴지는 영역 안에서 아주 주목할 만한 삶을 살았다. 외부에서 일어나는 많은 일을 통제하지 못한다고 해서 무력해지는 건 아니다. 오히려 그 반대다. 자신의 성품과 세상을 보는 시각, 삶을 영위하는 방식에 초점을 맞추면 진정한 의미에서의 현실적인 능력을 활용하여 변화를 불러일으킬 수 있다. 또 한편으로는 내가 통제할 수 없는 결과에 지나치게 얽매이지 않기에 평온한 마음을 유지할 수 있다.

앤드루와 모임을 시작한 지 얼마 되지 않았을 때, 그는 통제 테스트가 단지 유용한 의사 결정 도구가 아니라 매일 스토아 철학을 적용하는 데 **결정적인** 역할을 했다고 설명해줬다. 실제로 그랬다. 무언가를 조직하는 데 중심이 되어주는 통제 테스트 덕분에 모든 일을 명확히 볼 수 있었고, 의사 결정과 감정을 쏟는 일이 수월해졌다. 내가 통제할 수 있는 일부터 행하고, 그 일에 노력을 기울이며, 내가 통제할 수 없는 일에는 시간과 에너지를 낭비하지 않게 됐다. 앤드루가 말했다.

"나에게는 통제 테스트가 무척 유용했어. 내가 통제할 수 있는 일들은 매우 제한적이지. 하지만 통제 테스트는 내가 통제할 수 없는 걸 강조하려는 게 아니야. 이 복잡한 세상에서 해방감을 선사하는 도구야."

　정신적·신체적으로 혼란과 무질서가 끊이지 않는 나 같은 사람에겐 단순한 테스트를 통해 명확하게 의사 결정을 할 수 있다는 아이디어가 특히 더 매력적이었다. 통제 테스트 덕분에 운이나 뜻밖의 기쁨, 기회, 설득, 희망에 과도하게 기댔다가 결국 잘 안 풀리면 실망하는 일을 멈추게 됐다. 실망하면 평온한 마음이 무너지는데, 그런 상황을 막아준다는 측면에서도 통제 테스트는 중요했다.

　통제할 수 있는 범위가 그렇게 적은데, 어떻게 세상일이 내 마음처럼 흘러가겠는가. 사실 지금까지의 삶 대부분은 내가 통제할 수 없는 힘을 중심으로 펼쳐졌다. 시야를 넓히고자 여러 가지 목표를 세웠고, 그 목표에 도달하기 위해 정말 열심히 노력했다. 하지만 내가 통제할 수 없는 힘들이 나를 가로막아 숱한 실패를 했다. 로스쿨을 졸업하고 처음으로 취업 자리를 알아볼 때는 경기가 불황이었고, 입사 지원서를 100군데나 제출했지만 면접 보러 오라는 곳은 겨우 한 군데뿐이었다. 내가 만약 10년 후 경제 상황이 더 좋았을 때 졸업했다면 결과는 180도 바뀌었을 것이고, 나는 인생에서 완전히 다른 길을 갔을 것이다.

우리가 통제할 수 있는 것

———

　내가 해석한 스토아 철학에 따르면, 우리가 통제할 수 있는 건 단 세 가지뿐이다.

1. 자신의 성품

2. 자신의 반응(때로는 행동도 통제할 수 있지만, 그 결과는 통제하지 못한다.)

3. 다른 사람을 대하는 방식

나머지는 부분적으로 통제할 수 있거나 전혀 통제할 수 없다. 부분적으로 통제할 수 있는 일은 선박을 통제할 수는 있지만 날씨는 통제할 수 없는 선장을 예로 들 수 있다. 우리의 신체와 겉모습 역시 부분적으로만 통제할 수 있다. 먹는 것은 통제할 수 있지만 외모, 건강, 신체 유형을 결정하는 유전은 통제할 수 없다.

통제할 수 있는 것은 생각보다 훨씬 적다

심리적으로 통제는 중요하다. 통제할 때는 내가 핸들을 잡고 있고 표류하지 않는다고 느끼기 때문이다. 삶이 앞으로 나아가게 하는 추동력과 주체성이 느껴지고 선택지가 있다고 생각된다. 그래서 사람들은 많은 걸 통제할 수 있다고 생각하기 좋아한다. 나를 보는 세상의 시선, 명성, 기회, 내가 사랑하는 사람과 나를 사랑하는 사람, 살아가는 방법 등 특정한 것들을 통제할 수 있다고 생각한다. 겉모습과 신체 기능, 몸매, 옷 사이즈 등 몸을 통제할 수 있다고 생각한다. 경력과 전망, 돈, 안정, 건강을 통제할 수 있다고 믿는다. 내가 나의 명성을 주무를 수 있고 세상에 영향력을 행사할 만한 길로 자신을 인도할 수 있다고 생각한다.

선장의 비유로 돌아가 보자. 우리는 배가 어디로 갈지 정할 수 있는 배의 주인이라고 생각한다. 하지만 폭풍과 같은 기상 조건은 예측할 수 없다. 아무리 의도가 선하고 의지가 굳세며 노력을 쏟는다고 할지라도, 폭풍이 몰아치면 배가 진로를 벗어날 수 있다. 냉혹하고도 마주하기 불쾌한 진실은, 애초부터 우리가 통제할 수 있는 영역이 매우 적었다는 것이다.

통제할 수 없는 인생의 일들을 모두 생각해보라. 사고나 질병, 누구를 만날 것인지, 누구와 사랑에 빠질 것인지, 내가 주는 만큼의 사랑을 누가 줄 것인지는 통제하지 못한다. 부모나 친구의 죽음 역시 내 통제 영역 밖이다.

면접에서 뽑히는 것도 통제할 수 없으며, 상사나 동료를 선택할 수도 없다. 투자 수익 역시 마찬가지다. 데이트 상대가 나만 바라볼지, 데이팅 앱에서 내가 호감을 느낀 상대가 나에게 호감을 느낄지 어떨지는 내 통제 권한 밖에 있다. 언제 팬데믹이 닥칠지, 급격한 인플레이션이 일어날지, 경제가 붕괴할지, 전쟁이 날지, 휘발유 가격이 오를지, 금리가 상승할지, 중국산 목재가 부족해질지에 대해 나는 아무런 결정권이 없다. 일자리를 잃거나 병에 걸리거나 병에서 회복하는 것도 내가 선택할 수 없다. 이 모든 건 통제할 수 없다. 하지만 우리는 삶의 많은 부분이 나의 통제권 안에 있다고 생각한다. 그리고 이렇게 생각하기 때문에 내가 원하는 대로 흘러가지 않았을 때 문제가 되고, 화가 나며, 불행해진다.

많은 것을 통제하지 못한다는 건 두려운 일이다. 세상이 내 손 밖에 있는 것 같고 혼란스럽다.

특히 만사를 자기 뜻대로 하려는 사람들이 있다. 극성 부모들, 세세한 일까지 간섭하는 상사들, 의심 많은 연인, 언제나 모든 걸 자기 방식으로 끌고 가려는 친구들이 그 예다. 스토아 철학자들에 따르면, 이런 사람들은 궁극적으로 본인이 통제할 수 있다는 환상 속에서 행동한다. 통제하려고 노력하면 기분은 좋아지겠지만, 그렇다고 통제할 수 있는 영역이 넓어지는 건 아니다. 앞서도 말했듯이 사람은 자신의 성품, 반응 및 행동, 타인을 대하는 방법만 통제할 수 있다.

직장 내 서열 특성상 상사가 나를 통제하려 든다고 주장할 수 있지만, 그건 지극히 부분적일 뿐이다. 나는 상사가 시키는 일을 거부할 수 있고, 언제든 직장을 그만둘 수도 있다. 협상할 수 있고 노조에 이야기할 수 있다.

통제 테스트를 이론의 중심에 두었던 에픽테토스는 본래 노예였다. 어머니도 노예였다. 노예로서 그는 통제가 무엇인지 잘 알고 있었지만, 주인은 그를 완전히 통제할 수 없었다. 자기 마음대로 행동하지는 못했을지언정 그의 생각, 반응, 성품은 전적으로 자신의 것이었다. 그는 "행복에 이르는 유일한 방법은 나의 의지로 할 수 없는 일에 대한 걱정을 멈추는 것이다"라고 했다.

삶에서 마주하는 복잡한 상황들에서 통제 테스트를 적용해보기 전에, 나는 이 테스트를 경기에 빗대는 연습을 했다. 특히 내가 제일 좋아하는 테니스 경기에 빗대봤다. 연습량과 집중력, 체력, 경기에 쏟는 에너지는 내 통제하에 있지만 이기느냐 지느냐는 내가 통제할 수 없다. 하필 비가 와서 실력을 제대로 발휘하지 못할 수도 있고, 상대가 나보다 실력이 좋을 수도 있다. 아니면 생리가 시작되는 바람에 몸이 축축 늘어질 수도 있다. 최선을 다하고 내 손에 쥐어진 요소를 통제할 뿐이다.

그다음에는 나의 일에 통제 테스트를 적용해보기 시작했다. 나는 최선을 다해 칼럼을 쓸 수 있지만, SNS에 접속한 사람들이 나의 글을 싫어할지 모른다. 부정적인 댓글로 나를 비난하고 평온함을 파괴할지도 모른다. 나의 글에 대한 사람들의 반응은 통제할 수 없다. 내가 통제할 수 있는 건 칼럼을 잘 쓰는 것(내 행동), 그리고 사람들의 반응에 대한 나의 반응을 통제하는 것(평온함을 유지하는 것)이다.

남녀 관계에도 적용해보자. 누군가가 마음에 들어서 그를 쫓아다닐 수 있지만, 그가 나를 좋아해 줄지 말지는 통제 범위 밖에 있다. 나는 다른 사람을 통제할 수 없다. 나는 나의 성품과 반응, 그를 대하는 방법에만 집중할 수 있다. 애써 고백했는데 차였다고 해도 내가 통제할 수 있는 건 이것뿐이다.

통제 테스트를 해서 결과가 만족스럽지 않을 때도 있다. 언젠가 내 팔꿈치에 염증이 생겼다. 염증 때문에 마우스를 클릭하거나 자판을 두드리는 게 고통스러웠다. 부상은 내가 통제할 수 없었지만, 치료는 통제 영역 안에 있다. 물리치료사는 병가를 내고 컴퓨터를 덜 사용하라고 조언했다. 병가는 내가 통제할 수 있는 범위 내에 있는 일이었지만, 무급 병가를 쓰면 수입이 없어질 터라 그러지는 못했다. 어쨌든 이 일화는 통제 테스트를 적용하면 현실적인 결과가 발생함을 보여준다.

오늘날에도 통제 테스트는 유용할까?
———

앤드루가 그린 막대 인간을 처음 봤을 때, 스토아 철학자들의 통제 테스트는 쓸 만한 도구가 되기에는 지나치게 쉽고 단순해 보였다. 오늘날 우리는 정보와 선택지의 홍수 속에서 살고 있다. 온라인상에서는 모든 일이 빠르게 진행되고 강렬한 감정을 내뿜는다. 위기와 정보, 혼란이 넘쳐나며 연중 쉴 새 없이 돌아가는 미디어 때문에 전 세계에서 일어나는 일들이 나에게 일어나고 있다는 느낌을 받는다. 거의 2,000년 전 에픽테토스의 《엥케이리디온》에 언급된 통제 테스트는 위기가 극심한 이 순간에도 유용할까?

앤드루와 나는 다음과 같은 대화를 했다. 내가 묻고 앤드루가 답했다.

- 나에 대한 다른 사람들의 행동을 통제할 수 있을까?
  통제할 수 없다. 나 자신만, 나의 반응과 내가 다른 사람을 대하는 방식만 통제할 수 있다.
- 사랑하는 사람을 바꿀 수 있을까?
  못 바꾼다. 하지만 그에 대한 나의 반응이나 내가 그를 대하는 방법은 바꿀 수 있다. 에픽테토스는 형제가 화를 낼 때 그의 분

노 자체보다 분노에 대한 자신의 반응에 더 신경 써야 한다고
말했다.

- 직장 내 괴롭힘처럼 개인이 처한 비참한 상황을 바꿀 수 있을
까?

행동하고 반응하는 방식을 바꿀 수 있다.

- 자녀 양육에서는 통제할 수 있는 범위가 더 넓을까?

최선을 다해 자녀를 양육할 순 있지만 자녀의 행동이나 어떤 성
인으로 자라날지에 대해서는 통제할 수 없다.

- 나를 안 좋게 대하는 주변 사람들을 바꿀 수 있을까?

진정으로 통제할 수 있는 건 다른 사람의 성품이 아니라 나의
성품이다.

- 그렇다면 사회 변화에는 어떻게 대응해야 하나?

사회를 뒤흔들어 체제와 정치에 변화를 가져올 수 있지만, 대규
모의 체제 변화는 단기적으로 개인의 통제권 밖에 있다.

- 전쟁과 같은 큰 사건은 어떻게 해야 하나?

전쟁 지역과 멀리 떨어져 사는 개인이 세계 각지에서 일어나는
전쟁 상황을 바꿀 수는 없다. 하지만 얼마나 평화로운 삶을 살
지는 스스로 조절할 수 있다. 살아가는 방식을 바꿀 수는 있지
만 주변 사람들이 살아가는 방식을 바꿀 수는 없다. 단지 올바
른 일을 하도록 설득할 수 있을 뿐이다.

우리는 상상할 수 있는 모든 상황에 통제 테스트를 적용해봤고,

언제나 해답을 찾았다. 우리가 원하던 해답 또는 완벽한 해답이 아닐지라도 말이다.

직장에서의 통제

일상에서 통제 테스트를 적용하기가 더 힘들다고 느끼는 상황들이 있었다. 특히 오랫동안 노력해온 내 커리어 부분에서 내가 원하는 만큼의 통제력이 없다는 사실과 타협하기 어려웠다.

2020년 겨울, 앤드루와 나는 시드니 교외에 있는 본다이 로드에서 브런치를 먹고 있었다. 더 많은 임금을 받아야 하는 이유를 설득력 있게 쓴 메일을 상사에게 보냈음에도 임금 인상을 거절당해서 기분이 매우 안 좋았다. 거절을 당하니 즉시 평온함이 깨졌다. 소중한 브런치 타임을 망칠 뿐 아니라 나에 대한 개념도 망가뜨리고 있었다. 급여를 올려주지 않는 건 회사에서 내 가치를 인정받지 못한다는 뜻이라고 판단했다. 메일을 보낸 후 이틀 동안이나 마음을 졸였는데 결국 거절 통지를 받자 짜증이 났다. "회사 그만둘까 봐! 그러면 알아듣겠지! 차라리 돈을 주지 말지 그래? 이 돈을 받을 바에야 차라리 안 받는 게 낫겠다!"

앤드루는 내 문제에 스토아 철학을 적용했다. 신체적 질병을 치료하기 위해 처방을 내리는 의사처럼 말이다.

"걱정할 가치가 없는 일이야. 급여를 더 받는 건 너의 통제 범위 밖이야."

앤드루는 스토아 철학의 첫 번째 원칙을 사용하여 이 사실을 나에게 상기시켰다. 그 대신 내 통제 범위 안에 있는 건 최선을 다해 내 일을 하는 것이며, 내가 더 높은 임금을 받을 자격이 있음을 상사에게 보여주는 것이라고 말했다. 즉, 내가 할 수 있는 건 최선을 다하는 것밖에 없었다. 앤드루는 내가 맡은 일을 잘 해내는 등 내가 통제할 수 있는 일에서 행복감을 느끼도록 훈련한다면, 더 많은 보상을 받느냐 아니냐와 관계없이 더 행복하고 마음이 편안해질 것이라고 조언했다. 그러고는 최선을 다해 성과를 내면 급여가 상승할 가능성이 더 크지 않겠느냐고 덧붙였다.

그건 내가 듣고 싶은 조언이 아니었다. 내가 원한 건 돈을 더 많이 받는 것이었으니까. 하지만 앤드루의 조언은 스토아 철학의 원칙에 아주 잘 부합했다. 급여 문제에서 내가 통제할 수 있는 건 없었다. 예를 들어, 나는 모르지만 지금 회사가 심각한 재정 문제를 겪고 있을 수도 있다. 다만 나는 가능한 한 최고의 아웃풋을 냄으로써 상사를 설득할 수 있고, 이는 내가 통제할 수 있는 범위 내에 있었다. 또 이번 일을 계기로 이직을 고려해보거나 노조에 연락을 취할 수 있었다. 하지만 이런 방법을 사용할 때도, 임금을 올리는 건 내가 통제할 수 있는 범위 밖에 있었다. 다른 사람이 결정하는 일이었다.

에픽테토스는 무대에서 공연하는 음악가를 예로 들었다. 음악가는 연주 실력을 통제할 수 있지만 청중의 반응은 통제할 수 없다.

"리라를 연주하는 사람을 예로 들어보겠다. 혼자 연주할 때는 전혀 긴장하지 않을 것이다. 하지만 청중 앞에서 연주할 때는 결과물이 다를 수 있다. 악기를 얼마나 잘 다루느냐는 상관이 없다. 왜 그럴까? 잘 연주하고 싶을 뿐만 아니라 청중에게 좋은 반응을 얻고 싶기 때문이다. 하지만 청중의 반응은 그가 통제할 수 없다."

> **반려동물 통제 테스트**
>
> 통제 테스트는 반려동물을 키울 때도 적용할 수 있다. 사람들은 강아지를 입양할 때, 그 녀석의 행동에 대해 이상적인 그림을 그린다. 하지만 훈련을 시켜서 행동을 일정 부분 통제할 수는 있지만, 어떤 개들은 아무리 훈련이 잘됐더라도 스트레스를 받으면 카펫에 일을 본다. 주인의 신발을 물어뜯고, 누군가가 집 앞을 지나갈 때마다 큰 소리로 짖기도 한다. 더 세심하게 훈련시키는 등 조처를 할 수는 있겠지만, 강아지의 행동은 내가 통제할 수 있는 영역 밖에 있기에 완전히 통제하는 건 불가능하다.

통제력이 부족할 때 어떻게 대처해야 하는가?

살다 보면 뜻하지 않게 나의 통제력을 크게 발휘할 수 없는 상황에 맞닥뜨리곤 한다. 그리고 통제력을 발휘할 수 없을 때 우리는 대부분 부정적인 반응을 보인다. 분노하거나 무력감에 빠지거나 절망감에 괴로워한다. 가장 최근의 일로는 팬데믹 기간에 정부가 내린 록다운 조치를 들 수 있다. 적어도 내게는 살면서 가장 크게 휘둘린 '외부의 힘'이었다.

2020년 3월 이후, 곳곳에서 사람들의 집단적인 분노와 무력감, 통제력 상실로 인한 절망감을 느낄 수 있었다. SNS도 그런 감정으로 뒤덮여 있었다. 대면이든 비대면이든 사람들은 서로를 무례하게 대했다. 친구들과의 대화에서도 분노와 무력감, 절망감이 묻어났다.

록다운 법안은 너무나 엄격했고, 갑작스럽게 도입됐으며, 경찰들의 치안 활동은 삼엄해졌다. 경제적으로도 심각한 손해를 봤다. 가게는 문을 닫아야 했고, 록다운 조치를 어긴 사람들은 벌금을 내야 했다. 모두가 제멋대로 굴면서 부조리하고 암울하게 행동하는 것처럼 보였다. 시드니와 멜버른의 부유하지 않은 지역에 거주하는 비영어권 출신 사람들은 더 큰 제약을 받았고, 거리에 더 많은 경찰이 투입됐다. 모든 사람이 자신에게 통제력과 자율성이 부족하다고 느꼈다. 새로운 현실이 너무나 갑작스럽게 찾아왔다. 너무 이상했고, 이런 변화가 일상을 덮치는 바람에 어쩔 줄을 몰랐다.

스토아 철학자들은 늘 평온을 유지하려고 노력을 기울였다. 내가 **통제할 수 없는** 것을 손에 넣으려고 애쓰면 내면이 혼란스러워질 가능성이 크다. 무언가를 원하지만 얻을 수 있다는 보장이 없을 때 갈등이 생기기 때문이다. 결과를 통제할 수 없기에 내면이 긴장되며, 내가 원하는 대로 흘러가지 않으면 화가 나거나 실망하게 된다. 긴장은 스트레스를 일으키고, 원치 않았던 결과는 불행의 원인이 될 수 있다. 통제 테스트는 내 통제권 밖에 있는 일을 걱정하지 않게 함으로써 평온을 유지하는 방법이다.

하지만 통제할 수 없는 일에 대한 걱정을 어떻게 멈출 수 있을까? 통제 테스트를 한 후 내 통제 영역 밖의 일이라면 걱정을 그만두면 된다. 물론 아주 간단한 말이지만, 실천하기는 어렵다는 걸 나도 안다. 팔꿈치에 염증이 생겼을 때나 정부가 록다운 명령을 내렸을 때뿐만 아니라 삶 전반에서 겪어봤으니 말이다.

법과 '보건 질서' 시대의 통제 테스트

커다란 외부의 힘에 휩쓸려 지내는 동안 통제 테스트는 내 인생에서 의사 결정의 핵심 도구로 자리 잡았다. 나는 통제 테스트를 더 체계적이고 자동으로 적용하게 됐다.

2020년 3월, 나는 어렵게 일궈낸 여행작가로서의 삶을 끝내게 되었다. 호주의 국경이 폐쇄되었기 때문이다. 운 좋게도 나는 지난 10년 동안 세계를 누벼왔고 그러는 동안 쓴 글 덕에 여행작가로도 활동해왔다. 넉넉진 않았지만 어딘가에 소속되어 있지 않을 때도 생계를 유지하게 해주는 고마운 일이었다. 이 자리에 오기까지 얼마나 힘들었던가. 내 글이 독자들의 호응을 전혀 받지 못하는 오랜 시기를 견뎌왔다. 인맥을 쌓기 위해 노력했으며, 쥐꼬리 같은 돈을 받고 일했다. 또 글쓰기 기술을 연마해야 했다. 그렇게 돌파구를 찾아 헤맸고, 마침내 나는 세계 곳곳을 누비며 이국적인 여행지에 관해 글을 쓰는, 종종 고급 호텔에 머무는 특권을 누리는 세계 최고의 직업을 갖게 되었다.

그해에도 이란과 유럽 미국, 레바논에 갈 예정이었다. 국경이 폐쇄되면서 모든 계획이 물거품이 됐지만. 이전 같으면 현실을 곱씹으며 괴로워했을 것이다. 그러나 스토아 철학대로 생각해보면 내가 그런 현실을 곱씹어야 할 이유는 아무것도 없었다(다시 여행작가로 돈을 벌면서 살 수 있을까? 모르는 일이다). 국경 밖으로 나갈 수 있는 사람은 거의 없었다. 출국은 극도로 까다로웠다. 출국 허가를 받았다고 해도 재입국이 배로 어려웠을 것이다. 자기 돈을 써가며 2주 동안 격리되어야 했다. 이런 법률을 만들 때 의원들이 키케로(고대 로마의 철학자이자 법률가)의 격언을 적용했던 것일까. "국민의 안전이 최상의 법률이다."

다행스럽게도 여행작가 일에 통제 테스트를 적용하기가 어렵지 않았다. 내가 국경 폐쇄를 해제할 수 있나? 없다. 내가 전 세계 여행 산업의 붕괴를 통제할 수 있나? 없다. 크루즈 여행 광고를 덜 싣는 바람에 내가 쓰던 간행물의 여행 부문이 폐지되는 걸 통제할 수 있었나? 없었다. 그래서 나는 그 일을 곱씹지 않았고 그 일이 나의 평정심을 깨뜨리지 않게 했다. 나는 그냥 미련을 버리고 다른 주제로 글을 썼다.

그 후에 호주 내 주 경계까지 폐쇄됐다. 정말 예측할 수 없었기 때문에 더 골치 아팠다. 감염자 수, 코로나19 전파 수준, 백신 접종률, 새로운 변이에 따라 여러 주의 경계가 열리거나 폐쇄됐다. 그런데 그 기준이 상당히 혼란스러웠다. 대부분 주의 경계는 빠르고 갑작스럽게 폐쇄됐고, 그러고 난 후에는 그 지역으로 들어갈 수도 거기서 나올 수도 없었다. 장례식, 예정된 수술, 재산 매각 등 모든 일이 영향을 받았다.

나는 일 때문에 시드니에서 살았지만 진짜 집은 한 시간 동안 비행기를 타고 가야 하는 빅토리아주 시골에 있었다. 갑자기 경계가 폐쇄되어 한 장소에 꼼짝없이 갇혀 있어야 했던 게 몇 번인지 헤아릴 수도 없다. 가족을 보러 갈 수도, 시드니로 돌아가 일을 할 수도 없었다.

국경과 주 경계 폐쇄는 바꿀 수 없었지만, 이런 불편함에 대한 나의 반응은 바꿀 수 있었다. 그리고 대부분의 국민이 백신을 접종할 때까지 경계 폐쇄로 골머리를 썩일 거라는 사실도 충분히 예상할 수 있었다. 이 통제 테스트를 사용한 후, 나는 시드니에 뿌리를 내렸고 시골에 있는 집은 세를 줬다. 그 덕에 주 경계를 넘으려고 애 쓸 필요가 없어졌고 평온을 유지할 수 있었다.

이후에도 주 경계는 몇 달 동안 폐쇄됐다. 새로운 법률이 제정되고 보건 명령이 내려졌으며, 내용은 수정을 거듭했다. 처음에는 집에서 10킬로미터 이내만 갈 수 있었다. 경찰이 신분증을 확인했다. 시기별로 인원이 점차 줄어들어 열 명, 네 명, 두 명, 한 명 이상의 사람들과 한데 모일 수 없었다. 운동할 때만 다른 사람을 만날 수 있었다. 초현실적인 시대를 사는 기분이었다.

이 기간 내내 내가 통제할 수 있었던 건 10킬로미터 이내에서만 움직이는 것과 재택근무를 하는 일이었다. 그러다가 10킬로미터가 5킬로미터가 됐고 나는 그 안에서 내가 즐길 만한 장소를 찾아야 했다. 이것이 내가 통제할 수 있는 일이었다.

야외 마스크 착용도 마찬가지다. 마스크를 쓰는 게 불편하긴 했지만, 지역 사회의 다른 사람들이 안전하게 지냈으면 좋겠다는 바람에서 나의 훌륭한 성품을 보여줬다.

이 무렵 아우렐리우스가 쓴 구절을 읽고 웃음이 나왔다.

"(스토아 철학은) 당신의 얼굴을 응시한다. 지금 당신이 맡은 역할만큼 철학적인 것은 없다."

2020년과 2021년에 나는 새로 생기는 법률과 이동 범위가 좁혀진 현실을 앞에 두고 하루에도 수십 번씩 통제 테스트를 적용했다. 삶에 물질적·실질적·정서적으로 직접 영향을 미치는 법률이 거의 매일 제정되고 개정되는 정말 이상한 상황에서, 내가 통제할 수 있는 일과 통제할 수 없는 일을 구분하는 도구가 내 손 안에 있었다. 통제 테스트를 적용한 후에는 급격히 변화하는 현실에 그럭저럭 적응해야 했다. 그러지 않으면 마음의 평화를 얻을 수 없었다.

통제 테스트를 사용하여 변화에 대처하기

통제 테스트를 사용했을 때의 장점 중 하나는 평온함이다. 무언가를 통제할 수 없다면, 이에 대해 걱정하거나 화를 낼 필요가 없다. 에너지 낭비일 뿐이다. 그 대신 통제할 수 있는 부분을 최대한 활용하는 데 에너지를 집중해야 한다.

현대의 스토아 철학자 윌리엄 어빈 William Irvine 은《좋은 삶을 위한 안내서》에서 이런 말을 남겼다.

"선택지가 제한됐을 때 안달복달하는 건 어리석은 일이다. 그 대신 가장 좋은 선택지를 골라 계속해서 삶을 살아가라. 이와 다르게 행동하면 시간과 에너지를 낭비할 뿐이다."

록다운 기간에 지인 미셸과 이야기를 나눈 적이 있다. 대부분 사람과 마찬가지로, 미셸은 팬데믹이 불러온 변화에 적응하지 못해 쩔쩔매고 있었다.

미셸은 서른다섯 살의 영국인으로 시드니에서 혼자 살면서 마케팅 분야에서 일했다. 팬데믹 이전, 그녀의 삶은 더할 나위 없었다. 데이팅 앱에서 만난 남성들과 가벼운 데이트를 했고, 동료들과 매주 술을 마셨으며, 두 가지 스포츠 동호회에서 활동했다. 주말이면 여행을 다니고 외식도 했다. 끝내주는 삶이었다.

하지만 외출 제한 명령이 떨어지자 그녀의 삶은 산산조각이 났다. 미셸은 정기적으로 사람들과 접촉하고 단체 활동을 할 수 있도록 공들여 삶을 꾸려놓았다. 하지만 이 모든 게 중단되니 빈자리를 채울 만한 게 아무것도 없다는 걸 깨달았다. 친구를 만나서 한 시간 산책할 때를 제외하고는 종일 아파트에 갇혀 있었다. 도심에서 가까운, 평수가 작은 아파트가 갑자기 감옥처럼 느껴졌다.

미셸은 아주 빠르게 낙담했다. 고통을 나눌 사람들이 곁에 없다는 생각에 감정적으로도 취약해졌다. 친구들과 산책 약속을 잡는 것을 그만뒀다. 너무 우울한 나머지 고향에 있는 친구들과 영상통화를 할 기분이 아니었다. 친구 없는 나라에서 오랫동안 고립돼야 했던 미셸은 자신을 호주에 머물게 한 직업을 무의식적으로 원망하며, 영상통화 중 직장 상사를 몰아세우기 시작했다.

몇 달이 지나 록다운은 해제됐지만, 미셸은 계속해서 고통스러워했다. 그녀는 당장 고국으로 돌아가야 한다고 생각했다. 록다운 기간에 너무 외로웠고, 고립돼 있었기 때문이다. 팀원들에게 툭하면 화를 내고 퉁명스럽게 구는 바람에 직장 내 인간관계도 틀어졌다. 얼마 지나지 않아 그녀는 정말로 영국으로 돌아갔다. 이 모든 경험이 의미 없다고 확신하면서 말이다.

　사실 미셸은 그럴 필요가 없었다. 통제 테스트를 적용했더라면 팬데믹 기간에 혼자 스트레스받던 시간을 좀 더 풍요로운 시간으로 바꿀 수 있었을 것이다. 첫 번째로 해야 할 일은 현실의 변화를 인정하고 적응하도록 노력하는 것이다. 잘 적응하기 위해서는 변화에 저항하지 말고, 과거를 되돌아보며 애석해하지도 말아야 한다. 변화는 삶의 일부다. 심지어 달갑지 않은 변화도 마찬가지다.

　아우렐리우스는 "우주는 변화하고, 우리의 인생을 빚어나가는 건 우리의 생각이다"라고 썼다. 이 구절을 읽었다면 미셸은 아마 이렇게 반응했을 것이다. "변화를 받아들이라니, 뭐 괜찮은 말이네. 그런데 사실 예전의 삶이 더 나았어요. 모든 부분이 나에게 맞게 설정돼 있었고, 나에게 딱 맞는 삶을 만들려고 엄청나게 노력했거든요. 인생에서 일어났던 좋은 일들이 한순간에 사라졌는데, 왜 괜찮다고 생각해야 하죠?"

　그러면 스토아 철학자는 이렇게 답했을 것이다. "새로운 상황이 만족스럽지 않을 수 있지만, 삶의 변화는 당신이 통제할 수 있는 영역 밖에 있습니다. 당신이 통제할 수 있는 건 변화에 대응하는 것뿐입니다."

　고대 스토아 철학자들은 거센 반발에 직면하거나 낯설고 자신을 반기지 않는 땅으로 추방되는 등 굴곡진 삶을 살았고, 그런 극적인 변화에 맞서야 했다. 여러모로 외출 제한 명령은 추방과 비슷하다. 집 밖이 아니라 집 안으로 추방됐다는 점만 빼고는 말이다.

　미셸은 외부 상황을 통제할 수 없었다. 외출 제한 명령, 정부가 정한 이동 범위도 통제할 수 없었다. 가게나 술집, 카페, 식당의 영업 여부도 통제할 수 없었다. 하지만 이런 명령에 대한 반응은 통제할 수 있었다. 산책을 하거나 전화를 걸고, 정부가 제한한 인원수대로 모일 약속을 잡는 등의 방법으로 시간을 통제할 수 있었다. 음주를 통제할 수 있었다. 어느 정도는 취침 시간을 조절할 수 있었다. 운동 루틴을 통제할 수 있었다.

　어려웠을 수도 있고, 지루한 산책을 하기 위해 침대에서 몸을 일으키는 게 즐겁지 않았을 수도 있다. 하지만 이성적으로 생각해보면, 스트레스가 심한 기간에 무기력하게 침대에 계속 누워 있는 것보다 운동을 함으로써 얻는 장점이 더 크다는 걸 알 수 있었을 것이다. 아우렐리우스는 다음과 같은 글을 남겼다.

　"새벽에 잠자리에서 일어나기 어려울 때는 자신에게 이렇게 말해라. 나는 일하러 가야 한다. 그게 인간다운 것이다. 나는 일을 하기 위해 세상에 태어났다. 내가 태어난 목적을 다하는 것인데 왜 불평해야 하는가? 아니면 따뜻한 이불 속에서 몸을 웅크리고 있는 게 내가 태어난 이유란 말인가?"

변화에 어떻게 정신적으로 대비할 수 있을까?

그 상황에서 무엇을 통제할 수 있고 무엇을 통제할 수 없는지 생각해봐야 한다. 우리가 완전히 통제할 수 있는 건 자신의 성품, 반응 및 행동, 타인을 대하는 방식 등 세 가지뿐임을 떠올려라. 무언가를 통제할 수 없다면 받아들여야 한다.

한번은 뉴스 프로그램에서 이 극변하는 시기에 사람들이 어떻게 대처하는 것이 좋은지 이야기를 나누는 장면을 본 적 있었다. 베테랑으로 보이는 한 기자가 "갈대처럼 구부러지는 법"을 배워야 한다고 답했다. 즉 유연하면서도 땅에 발을 단단히 붙이고 있어야 한다는 뜻이다.

그 상황을 구성하는 요소를 통제할 수 있을지도 모른다. 예를 들자면, 록다운 기간에 내 시간은 통제할 수 있다. 자리에 앉아 노트를 펴서 상황을 이성적으로 분석하고 명확하게 바라볼 수 있다. 특정 상황에서 통제할 수 있는 것과 통제할 수 없는 것을 구분하라. 만약 도움이 된다면 도표를 그려보라. 그다음 내가 통제할 수 있는 건 최대한으로 활용하고, 통제할 수 없는 건 받아들여야 한다. 통제할 수 없다는 사실을 받아들이면 변화에 저항하려는 마음을 버릴 수 있다.

말이 쉽지 실천은 어렵다고 말할지도 모른다. 하지만 스토아 철학자들은 인간은 곤경에 처하면 두려워하며 저항하기 마련이라는 사실을 알았고, 변화와 격동의 시기를 헤쳐나가려면 무엇이 필요한지도 알고 있었다. 그래서 척박한 환경에서도 성공할 수 있었다.

죽은 시간인가, 살아 있는 시간인가?

팟캐스트 진행자 겸 작가이자 스토아 철학을 열정적으로 신봉하는 팀 페리스^{Tim Ferriss}와 현대 스토아 철학을 대표하는 작가 라이언 홀리데이^{Ryan Holiday}는 '살아 있는 시간^{alive time}'과 '죽은 시간^{dead time}'이라는 개념을 정립했다. 엄밀히 말하자면 작가 로버트 그린^{Robert Greene}이 창안한 개념으로, 예전에 그린이 이들의 팟캐스트에 게스트로 나와 이에 관해 이야기한 적이 있다. 세계적인 밀리언셀러《권력의 법칙》등의 저서를 남긴 로버트 그린은 미래를 기다리고 미루고 우울해하며 불안하게 보내는 시간을 죽은 시간으로, 목표와 행동을 위해 실천하는 시간을 살아 있는 시간으로 봤다. 이 개념을 적용해보면 3주가 됐든, 3개월, 3년이 됐든 외출 제한 명령이 떨어진 때처럼 내가 어찌할 수 없는 시기를 두 가지 방법으로 보낼 수 있다. 하나는 겁을 먹고 아무것도 하지 않으면서 넷플릭스를 보거나, 대마초를 피우거나, SNS에서 화를 내는 등 소극적인 활동을 할 수 있다. 이 시간은 죽은 시간이다.

록다운 초반에 나도 죽은 시간을 보냈다. 위협적인 바이러스를 두려워하며 집에서 와인을 마셨다. 밤마다 뉴스 채널 세 개를 번갈아가며 계속 시청했다. 그리고 4시쯤 되면, 깜깜한 새벽에 집에 갇힌 채 '변함없는 아침이 또 오는구나'라고 생각했다.

그 후 몇 주가 지나서는 록다운이 단기간에 끝나지 않으리란 걸 깨달았다. 음주와 SNS, 분노 조절로 삶을 망치고 싶지 않다면 뱃머리를 돌려야 했다. 죽은 시간에서 살아 있는 시간으로.

　나는 항상 하고 싶었지만 시간이 없어서 못 했던 게 무엇인지 생각해봤다. 세 가지가 떠올랐다. 모두 인생의 다른 영역에 해당했고, 보건 명령의 제한 내에서 할 수 있는 일이었으며, 내 통제 범위 안에 있었다. 첫 번째는 테니스 실력을 키우는 것이었다. 두 번째는 소설을 쓰는 것이었고, 세 번째는 운전을 배우는 것이었다.

　테니스 실력을 키우는 건 가능했다. 보건 명령에 어긋나는 일이 아니었다. 나는 어린 시절에 잘못 들인 습관을 모두 버리도록 도와줄 코치를 찾았다. 그리고 일주일에 한 번 집 근처 테니스 코트에서 레슨을 받았다. 레스토랑과 술집에서 돈을 쓰지 못했기에 레슨비를 낼 여유가 있었다. 실력이 붙고 자신감이 커지자 친구들과 테니스 약속을 잡기 시작했다. 이 역시 보건 명령이 허용하는 범위 내에 있었다. 여러 마리의 토끼를 한 번에 잡는 격이었다. 운동을 했고 사람들도 만날 수 있었으며 테니스 실력도 향상됐다.

　소설도 썼다. 나는 매일 아침 한 시간 동안 글을 쓰려고 했다. 어떤 날은 다른 날보다 글이 더 잘 써졌다. 록다운이 끝날 무렵, 5만 단어 이상이 쌓였다. 초안치고는 정말 괜찮은 성적이었다. 이 작업을 하면서 깨달은 점 하나는 외적 상황이 어떻든, 내 상상의 세계에서는 생각을 자유롭게 펼칠 수 있다는 것이었다. 추방당한 고대 스토아 철학자들도 분명히 동의할 것이다. 마음은 5킬로미터의 이동 범위 제한을 받지 않는다. 내 생각과 집에서 편안하게 글을 쓰는 것에 대해 이러쿵저러쿵 지적하는 경찰도 없다. 글을 쓰는 게 힘겨울 수도 있지만, 소설을 쓰는 아침은 절묘할 정도로 달콤했다. 소설을 쓴 이후에는 곳곳에서 현실을 느꼈다. 골목마다 경찰이 깔려 있었고, 분수대에 앉아 도시락을 먹는 사람에게 벌금을 부과했다. 아침마다 빈 종이를 펼치고 펜을 들 때면, 마음속에서 나는 자유로웠고 나의 영혼은 내가 가고 싶은 곳으로 갈 수 있었다. 하루 한 시간이었지만 글을 쓰는 동안에는 나머지 시간보다 더 살아 있다고 느꼈다.

운전도 배웠다. 이 역시 큰 변화를 가져왔다. 나는 40대지만 부모님을 뵈러 갈 때면 부모님께서 언제나 기차역으로 데리러 와주셨다. 부끄러운 일이었다! 그 외에 평소에도 택시비로 연간 수천 달러를 쓰고 있었다. 나는 몇 년 동안 운전 연수를 미뤄왔다. 여행작가라는 직업상 끈기 있게 운전을 연습할 만큼 한 장소에 머무는 시간이 길지 않았기 때문이다. 국경과 주 경계가 폐쇄된 지금, 나는 한 장소에 갇혔고 여행을 할 수 없었다. 운전 연수를 할 시간이 충분했다는 뜻이다. 라이언 홀리데이는 《돌파력》에서 "경로에 놓인 장애물은 길을 가로막는 벽이 아니라 새로운 길이 된다. 모든 장애물에는 현재 상태를 개선할 기회가 숨어 있음을 잊지 말라"라고 했다. 아우렐리우스 역시 "마음은 행동을 방해하는 장애물을 자신의 목적에 맞게 적응시키고 전환시킨다"라는 글을 남겼다. 행동에 방해가 되는 일은 거꾸로 행동에 발전을 가져오며, 길을 가로막는 장애물은 곧 새로운 길이 된다.

내게도 장애물은 새로운 길을 내줬다. 국경과 주 경계가 폐쇄되는 바람에 운전 연수를 받을 시간이 생긴 것이다. 죽은 시간과 살아 있는 시간이라는 개념을 활용하면서, 팬데믹의 가장 부정적인 면들 덕에 가장 긍정적인 일이 일어날 수 있다는 점을 깨달았다.

설득의 기술

통제 테스트를 처음으로 소화하기 시작했을 때, 나는 성품과 타인을 대하는 방식, 그리고 행동과 반응을 통제하는 게 그렇게 큰 범위에 해당한다고 생각하지 않았다. 우리의 영향력이 그렇게 미미한가? 나와 같은 관점으로 바라보라고 사람들을 설득하면 안 되려나?

내가 상사에게 임금을 인상해달라고 이메일을 보냈듯이, 우리는 사람들을 설득할 수 있다. 설득은 중요하다. 고대에는 철학과 함께 수사학을 가르쳤는데, 수사학은 사람을 설득하거나 설득력 있게 주장하는 법을 가르치는 학문이다. 설득할 수는 있지만 궁극적으로 그 결과는 통제할 수 없다. 다른 사람의 마음과 생각을 통제할 수 없기 때문이다. 설득이 결과에 얼마만큼의 영향력을 미쳤는지 평가할 때 쓸 수 있는 게 바로 통제 테스트다.

내 삶에 통제 테스트를 적용해본 후 시간이 지나면서 나는 통제 테스트가 걱정해야 할 일과 걱정하지 않아도 될 일, 내가 손쓸 수 있는 것과 없는 것을 골라내는 실용적인 기술임을 확신하게 됐다. 나는 문제를 적은 후 그 상황에 통제 테스트를 적용했다. 내가 살고 싶은 아파트의 세를 얻는 문제가 하나의 사례다.

내가 원하는 아파트에 세를 얻을 수 있을지 아닐지는 내가 통제할 수 있는 영역 밖에 있었다. 통제 테스트를 통해 분명히 알게 됐다.

에픽테토스는 이렇게 말했다. "우리는 늘 자기 자신에게 물어야 한다. '내가 통제할 수 있는 일인가, 통제할 수 없는 일인가?'"

원하는 아파트에 세를 얻지 못했을 때, 예전에 그랬던 것처럼 기분이 나쁘지는 않았다. 이미 그 상황이 내 통제 범위 밖에 있다고 생각했기 때문이다.

나는 화가 나거나 문제에 부딪히거나 무언가를 원할 때, 어떤 게 필요하거나 목표를 이뤄야 할 때, 그리고 장애물이 나타날 때마다 에픽테토스의 원칙을 적용하려고 노력한다. 항상 쉬운 건 아니다. 의식적으로 통제 테스트를 적용해야 하고, 수고스러울 때가 있다. 하지만 내가 통제할 수 있는 것과 통제할 수 없는 걸 일찌감치 알아차리니 화날 일이 줄어들었다.

나는 하루에 여러 번 통제 테스트로 돌아가려고 한다. 돌아갈 튼튼한 기반을 갖추고 있다는 사실이 마음을 차분히 가라앉혀준다. 어떤 상황이든 참고할 수 있는 규칙인 셈이다. 일단 나의 통제 범위 안에 있는지 물어보자. 이런 과정을 거치지 않았다면 다른 세입자에게 밀려 세를 얻지 못했을 때 기분이 나빠지고, 결국 마음의 평온이 무너질 것이다. 통제 테스트를 해보자. 세를 얻느냐 못 얻느냐는 내가 통제할 수 있는 범위 밖에 있지만, 반응은 통제할 수 있다. 반응하지 않고 차분함을 유지하는 태도를 선택할 수도 있고, 반응하면서 부정적인 감정을 더 키울 수도 있다.

더 중요한 문제는 어떻게 해야 하나?

누군가와 사랑에 빠지는 것처럼 인생에서 중요한 사건에서도 통제 테스트를 해볼 수 있다. 나는 누군가가 나를 사랑하도록 통제할 수 없다. 연인이 헤어지자고 말할 때도 마찬가지로 통제 테스트를 적용해볼 수 있다. 통제 테스트는 문제를 놓아주고 앞으로 나아가는 데 소중한 도구다. 물론 그 순간에는 절대 쉽지 않다. 사랑과 상실은 약식 테스트로 해결할 수 있는 감정이 아니다(이는 뒤에서 더 자세히 다루겠다).

기후변화

기후변화나 불평등 등 구조적인 문제를 다룰 때도 통제 테스트를 적용해봤다. 그럼으로써 내 행동 범위 안에서 할 수 있는 일을 하게 됐다. 우선 비행 횟수를 줄이는 것부터 시작했다. 정부에 책임을 묻거나 기후변화를 막는 정책에 초점을 맞춘 무소속 의원에게 투표했다. 정부는 정책에 통제권을 가지고 있으며, 정책을 통해 최악으로 꼽히는 사회문제의 강도를 완화할 수 있다. 정부가 정책을 만드는 과정에 투표로 힘을 보여주면 우리가 살고 싶은 사회를 만들어나갈 수 있다.

2019년 산불이 나서 도시의 하늘이 재로 덮였을 때, 항구 끝 쪽에 있는 저택에서 열린 와인 론칭 행사에서 거무스름한 와인을 마셨을 때, 탁한 공기와 관련해서 내가 할 수 있는 일은 거의 없어 보였다.

하지만 깊이 생각해보면서 다음과 같은 것을 통제할 수 있음을 알게 됐다.

- 친구나 전문가들과 이야기를 나누면서 합리적인 조언을 따르고 정통 과학에 비추어 행동하기
- 지역 사회와 풀뿌리 행동 그룹에 참여하기
- 투표하기
- 정보를 검색해서 제대로 알기
- 이성적이고 합리적으로 생각하며 가짜 뉴스를 피하기
- 나무 심기
- 퇴직연금을 비롯한 투자 포트폴리오에서 화석 연료를 쓰는 회사는 제외하기
- 비행기를 덜 타고 대중교통을 이용하는 등 지속 가능한 발전에 한몫하기

최선을 다하라

스토아 철학자들은 수수방관하면서 "음, 내가 통제할 수 있는 범위에 없으니까 노력해봤자 소용없어"라고 말하는 사람들이 아니다. 그보단 나의 능력이 닿는 범위 내에서, 그러니까 실제로 통제할 수 있는 부분에서 최선을 다하되 결과를 통제할 수 없음을 깨달은 사람들이다.

통제 테스트를 현명하게 사용하면, 에너지를 쓰고 주의와 관심을 두는 대상이 변하게 된다. 통제 테스트의 핵심은 내가 할 수 있는 일에는 최선을 다하되, 결과는 통제할 수 없음을 깨닫는 것이다. 에너지는 처음 부분, 그러니까 할 수 있는 일에 최선을 다하는 데 집중되어야 한다. 일의 결과와 사람들의 반응 등 나의 통제 범위 밖에 있는 것에는 에너지를 쓰거나 걱정할 필요가 없다.

통제할 수 있는 일과 통제할 수 없는 일을 생각해보는 건 무척 유익했다. 내가 어찌할 수 없는 일을 더는 걱정하지 않게 됐기 때문이다. 상황을 분명하게, 있는 그대로 볼 수 있었으며 착각하지 않았다. 생각한 것보다 상황을 더 통제할 수 있으리라고 믿었던 환상의 나라에서 사는 걸 멈추니 활력이 넘쳤고 평정심을 되찾을 수 있었다. 또한 내가 원하는 대로 인생이 흘러가지 않을 때도 덜 답답했다.

준비는 통제 범위 내에 있다

나는 조직적으로 계획하는 데 서툰 사람인데, 통제 테스트는 나의 혼란스러운 삶을 바꿔놓았다. 내가 변화시킬 수 있는 것과 없는 것이 무엇인지 좀 더 분명하게 볼 수 있었기 때문이다. 또한 준비를 더 잘할 수 있게 도와줬다. '준비'는 나의 통제 범위 안에 있는 문제다. 공항에 무사히 도착하는 일이든 상사와의 미팅이든, 준비를 잘하면 당연히 결과물이 나아진다. 하루 전에 짐을 싸놓으면 야단법석을 떨지 않고 공항에 무사히 도착할 수 있으며, 메모를 하는 등 이야기할 주제를 준비해놓으면 미팅에서 더 조리 있게 발언할 수 있다. 내 동료인 벤저민이 신경 쓰이는 회의에 들어가기 전 할 말을 적어놓는 것을 봤다. 상대방이 다른 이야기로 빠지지 못하게 하고 자신이 이야기할 주제를 고수하며 회의의 목표를 확실하게 달성하기 위해서였다. 결과를 통제할 수 없다고 해서 아예 준비조차 하지 말라는 뜻은 아니다.

물론 준비한다고 해서 안 좋은 일이 덜 일어나는 건 아니다. 여전히 나는 노트북을 잃어버리고, 컴퓨터와 스마트폰에 있는 중요한 작업물이 날아가 버릴 때도 있다. 하지만 그 물건을 되찾기 위해 할 수 있는 모든 걸 했는데도 되찾을 수 없다면, 그냥 다음 일로 넘어간다.

"질병이나 전쟁으로 손을 쓰지 못하게 되거나 사고가 나서 한쪽 눈
또는 양쪽 눈을 잃은 사람은 자신에게 남겨진 신체에 만족한다.
몸이 제 기능을 하지 못하고 불구가 됐지만, 몸이 온전할 때만큼이나
즐거움을 누린다. 그럼에도 인간은 애초에 잃지 않기를 바란다."
- 세네카

"더 나은 사람이 되려면 '일을 소홀히 하면 한 푼도 벌지 못할 것이다'라거
나 '하인의 행동을 고치지 않으면 비뚤어질 것이다' 같은 추론을 해서는
안 된다. 유복하지만 마음이 불안한 삶을 사는 것보다는 근심과 두려움
없이 굶어 죽는 게 낫다. 내가 불행한 것보다는 하인이 비뚤어지는 게
낫다."
- 에픽테토스

III

위기에 의연할 것

2020년 3월 중순부터 사무실은 문을 닫았고 사람들은 재택근무를 시작했다. 나와 앤드루는 여전히 산책을 하면서 스토아 철학에 관해 이야기를 나눴다. 둘 다 타마라마 교외의 해변 마을로 이사해 한 블록 거리에서 살게 됐는데, 이는 뜻밖의 즐거움을 선사했다. 나는 길 끝까지 걸어가 코너를 돈 다음, 풀이 제멋대로 자란 도랑의 가파른 계단을 내려왔다. 알록달록한 벽오동나무를 지나가면 앤드루가 집 정문 계단에서 나를 기다리고 있었다. 우리는 가볍게 인사를 나누고 함께 해변으로 걸어 내려갔다. 햇빛이 잘 드는 곳을 따라, 왼쪽이든 오른쪽이든 방향을 바꿔 걸었다. 커피나 음식을 테이크아웃하기도 했고, 날씨가 좋으면 수영도 했다.

산책은 스토아 철학을 주제로 이야기를 나누는 데 아주 적합했다. 이런저런 이야기를 했고 걷는 속도에 대화 속도가 맞춰졌다. 우리는 나란히 걸으면서 서로 겪고 있는 문제에 스토아 철학을 어떻게 적용할 수 있을지 이야기했다. 노천 카페의 테이블에 마주 앉은 것과 달리 토론하다가 이견이 발생해도 감정이 격해지지 않았고, 어렵거나 어색한 주제를 피할 수 있었다. 이때의 경험으로 죽음이나 질병, 실직 등의 문제가 생겼을 때 푸른 지평선을 바라보며 이야기하면 대화를 좀 더 수월하게 할 수 있다는 걸 알게 됐다.

루킬리우스가 세네카에게 그랬던 것처럼, 나는 앤드루에게 회의적인 시선을 보내는 조연 역할을 했다. 그리고 어느새 그런 상호작용이 굳어졌다. 함께 탐구한 새로운 원칙들에 나는 의심의 눈길을 보냈고, 나보다 더 스토아 철학자다웠던 앤드루는 원칙을 옹호하면서 실제 생활에서 어떻게 도움이 됐는지를 강조했다. 나는 어떤 점은 반박했고, 어떤 주제에서는 열린 마음을 유지했다. 그 후 집으로 돌아와 책을 조금 더 읽으면서 그중 어떤 이론을 내 삶에 성공적으로 적용할 수 있을지 살펴봤다.

앤드루와 나는 우연히 또는 무의식적으로 로마 스토아 철학자들이 철학을 배우는 데 이상적이라고 간주했던 방법을 따르고 있었다. 즉, 대화하고 우정을 나누며 철학을 익히고 있었던 것이다. 현대 철학자 마사 누스바움^{Martha Nussbaum}은 《욕망의 치료^{The Therapy of Desire}》에서 이렇게 말했다. "서로의 성격과 상황을 세세하게 알고 있는 친구들과 차분한 대화를 나눌 때, 철학적 상호작용의 패러다임이 탄생한다."

《루킬리우스에게 보내는 편지》에서 세네카는 "대화가 글쓰기보다 심지어 친한 친구끼리 주고받는 편지보다 유용하다"라고 했다. "대화는 영혼에 조금씩 도달하기 때문이다."

세네카는 개인적인 대화와 청중 앞의 대화를 이렇게 비교했다. "청중 앞에서 미리 준비한 강의 내용을 전달할 때는 목소리는 크겠지만 친밀감이 떨어진다. 철학이란 유용하고 실질적인 조언을 건네는 도구인데, 큰 목소리로 조언을 건네는 사람은 없지 않은가."

걸으면서 나눈 대화는, 소극적이고 마음에 위로가 되는 방식으로 스토아 철학 원칙을 적용한 것 이상이었다. 단지 '유용하고 실질적인 조언'만은 아니었던 거다. 각각 다른 기질과 지적 역량을 갖추고, 다른 인생을 마주한 두 사람의 스토아 철학을 심문하는 것이기도 했다. 스토아 철학의 원칙이 개인적인 삶에 어떻게 기능하는지를 보기 위해서만이 아니었다. 고대의 스토아 철학을 2020년대로 가져왔을 때 어떤 결점이 있는지, 어떤 연결고리가 빈약한지를 훤한 불빛 아래 점검하는 일이기도 했다. 예를 들면, 스토아 철학은 교차성 intersectionality(성별, 젠더, 성정체성, 인종, 민족, 계급 따위의 정체성이 결합했을 때 원래 없던 차별이나 특권이 생기는 경우를 일컫는 개념-옮긴이) 이론에 관한 논의와는 잘 맞아떨어지지 않는다. 장애나 건강 또는 구조적 불평등 등 현재의 규범과 논의에 부합하는 것 같지도 않다. 앤드루와 나는 행동을 통해 사회 정의와 사회 변화를 이룩할 수 있다는 관점과 사회 변화는 내 통제 영역 밖에 있음을 시사하는 통제 테스트가 모순된다는 점을 어떻게 하면 깔끔하게 설명할 수 있을지 고민했다.

스토아 철학이 오늘날의 규범과 접점이 없다고 생각한 부분은 '선호하는 무심(無心)preferred indifferents'이었다. 스토아 철학자들은 성품과 덕목, 합리적 사고를 기르고 보호해야 한다고 믿는 한편, 몸에 문제가 생기거나 가난해지는 건 선호하는 무심의 영역으로 봤다. 건강하거나 돈이 많은 건 선호할 만한 일이지만 결국에는 무심하게 대해야 한다는 것이다.

'선호하는 무심' 이론을 좀더 살펴보자. 스토아 철학자들은 부, 건강, 평판 등 다양한 가치를 선호하는 무심의 영역으로 분류했다. 즉, 가지면 좋지만 갖든 갖지 못하든 이런 가치를 기본적으로는 무심하게 대해야 한다는 뜻이다. 잃어버린다고 해서 매달리거나 무너지지 않아야 한다는 뜻이기도 하다.

이보다 더 중요한 건 성품이다. 나는 선하게 행동하는가, 아니면 악하게 행동하는가? 스토아 철학자들이 '덕목'이라고 부른 정의, 중용, 지혜, 용기를 키우고 있는가? 긴장을 풀고 있는가? 내면의 자아는 평온한가? 다른 사람을 친절하게 대하는가? 분노를 조절할 수 있는가? 이런 것들은 평판이나 부를 쌓는 것보다 더 중요했다. 심지어 신체의 건강보다도 훨씬 중요했다.

스토아 철학자들은 돈을 안 좋은 일에 쓴다면 부를 덕목으로 여겨서는 안 된다고 생각했다. 즉, 마약 또는 살상 무기를 사거나 환경에 해로운 제품을 산다면 돈은 덕목이 아니다. 그렇다고 해서 돈을 악하다고 바라보지도 않았다. 자선사업에 쓰이거나 일자리를 창출할 수 있기 때문이다. 돈의 용도는 다양하기에 스토아 철학자들은 돈에 '무심해야 한다'라고 했다. 즉, 돈이 있든 없든 상관이 없다는 뜻이다. 반면 견유학파 철학자 디오게네스^{Diogenes}(BC 404?)는 재물을 가진 자는 재물 때문에 부패하게 된다며 부정적으로 봤다(디오게네스에 대해서는 뒤에서 자세히 살펴본다).

초기 스토아 철학자들은 대상에 따라 무심한 정도가 달라짐을 깨달았다. 충분한 식량을 확보하고, 따뜻하고 편안한 집에서 자고, 사람들과 교류하고, 공동체의 일원이 되길 원하는 건 정말 당연한 일이다. 그러므로 이 모든 일을 할 수 있게 해주는 재물을 가지는 것이 일을 할 수 없는 것보다 낫기 때문에 선호된다. 이런 개념이 발전해 나중에는 선호하는 무심으로 알려지기 시작했다. 생명, 건강, 기쁨, 아름다움, 힘, 부, 좋은 평판, 좋은 집안 출신으로까지 범위가 넓어졌다.

덕목을 기르는 데 방해가 되지 않는다면야 좋은 것 몇 가지는 가져도 괜찮다. 사실 세네카와 아우렐리우스 같은 몇몇 철학자는 극도로 부유했다. 오늘날 실리콘밸리에서 스토아 철학을 따르는 사람들도 정말로 부유하다. 부자가 되는 것은 괜찮지만, 모든 재물을 잃어도 괜찮다고 여기고 재물을 잃는 상황에 무심해야 한다고 여기는 것이다.

선호하지 않는 무심, 그러니까 실제로 원하지는 않지만 일반적으로 무심해야 하는 일의 범주에는 죽음, 질병, 고통, 추악함, 빈곤, 부정적인 평판, 별 볼 일 없는 집안 출신 등이 있다. 여기서 핵심은 '무심'이다. 아우렐리우스는 《명상록》에서 "무심의 범주 안에 들어가는 일에는 무심해야 한다"라고 말했다. 돈이나 좋은 평판, 건강, 좋은 집을 선호한다고 할지라도 이를 가지고 있든 잃었든 무심해야 한다는 뜻이다. 가지면 좋지만 없어도 괜찮다는 얘기다.

무심을 길러야 하는 이유는 명백하다. 건강, 부, 명성 모두가 나의 통제 영역 밖에 있기 때문이다. 잘못한 일이 없는데도 명성이나 직장을 잃고 돈을 날릴 수 있지 않은가. 심지어 결혼 생활도 파탄 날 수 있다. 나이가 들면서 외모는 빛이 바랠 것이다. 몸이 말을 안 듣거나, 인지 장애가 올 수도 있다. 갑자기 무언가를 잃고 고통스러워하지 않으려면, 애초부터 무심한 게 훨씬 낫다. 무심은 위기가 닥쳤을 때를 대비해 내적으로 불굴의 용기와 힘을 키우는 방법이다.

스토아 철학자들에게 무심의 범위는 삶과 죽음으로 자연스럽게 확장됐다. 언제 죽을지는 내가 통제할 수 없고, 미래에 세상을 떠나리라는 건 확실하기 때문이다.

자주 회자되는 바로 그 인물, 디오게네스

왜 스토아 철학자들이 이런 외부적인 요소를 잃어도 '상관없다고 여겼는지'를 설명하려면 고대의 무척 흥미로운 인물 중 한 명을 먼저 소개해야 한다. 바로 디오게네스다.

기원전 404년경, 디오게네스는 오늘날의 터키에서 태어났다. 훗날 그는 철학자가 되어 견유학파 철학 학원을 세웠다.

'stoicism(스토아 철학)'이라는 단어가 시간이 지나면서 '극기'나 '금욕'으로 오해되며 본질에서 멀어진 것처럼, 견유학파도 마찬가지다. 견유학파 철학자들은 오늘날 'cynic(견유학파)'이라는 단어가 뜻하는 바처럼 회의적이거나 냉담한 사람들이 아니었다. 그들은 계속해서 질문을 던졌고, 인습에 얽매이지 않았으며 본성과 최대한 가깝게 살기 위해 애썼다. 그 결과 물질적 성공을 거의 추구하지 않았고 놀라울 정도로 기이했다.

가장 유명한 견유학파 철학자가 디오게네스다. 엄청나게 뻔뻔한 성격 때문에 오늘날까지도 널리 회자된다. 그는 기본적으로 남의 눈을 전혀 신경 쓰지 않았다.

디오게네스에 대해 알아야 할 몇 가지가 있다. 그는 통에서 살았고(아마 오래된 와인 통이었을 것이다), 공공장소에서 자위를 하기도 했으며, 혼란스러운 상태를 좋아했다. 극단적으로 금욕을 추구했던 디오게네스는 기성 관습과 가치에 도전하는 걸 인생의 목표로 삼았다. 그는 관습과 문화가 사람들을 지나치게 지배하고 있으며, 사람들이 사물의 본질을 탐구하지 않는다고 주장했다. 아테네 시장에서 낮에 램프를 들고 다니며 정직한 사람을 찾는 중이라고 말하기도 했다. 공개 강연에 참석하면서 음식과 음료를 들고 들어가 다른 참석자들을 당황스럽게 한 일도 있다.

한 소작농의 자녀가 시냇가에서 손으로 물을 마시는 모습을 보고 디오게네스는 컵을 던져버리며 탄식했다. "불필요한 짐을 항상 가지고 다녔다니, 난 얼마나 어리석은가!" 디오게네스의 단순한 가치관과 물건을 부족하게 소유하던 모습은 사람들이 의미가 없는 것을 위해 일하면서 인생을 낭비한다는 걸 보여주기 위해서였다. 자신의 철학을 실천함으로써 그는 행복한 삶을 사는 데는 물질적인 게 전혀 필요하지 않다는 걸 증명했다. 심지어 컵조차 필요치 않았다. 아무것도 소유하지 않고 무엇도 원하지 않는다면, 내가 가진 힘을 되찾을 수 있을 것이다. 누구에게도, 무엇도 바라지 않기 때문이다. 완전히 자립한 상태이므로 어떤 위기에도 꿈쩍하지 않을 것이다. 예컨대 집이 무너지는 등 외부적 상황이 틀어질지라도 나에게는 위기가 아니다.

스토아 철학자들은 디오게네스와 견유학파의 몇 가지 사상에는 동조했지만, 돈에서는 의견이 엇갈렸다. 견유학파는 관습을 거부했으며, 기본적이고 자연에서 온 게 아니면 거부했다. 반면 스토아 철학자들은 자연이라는 범주를 확대해 법률, 제도, 경제 등 인간의 창조물을 자연에 포함했다.

두 번 상처받지 말라

왜 우리는 사회에서 가치 있다고 평가되는 것들을 선호하면서도 무심하게 바라봐야 할까? 부분적으로는 덜 고통받기 위해서다. 통제할 수 없는 것에 대한 걱정을 내려놓지 못하면, 그것을 잃었을 때 또 한 번 고통받게 된다. '선호하는 무심'의 개념은 일종의 보호 기제다. 스토아 철학자들은 두 번 상처받지 말라고 했다.

직장을 잃은 상황을 예로 들어보겠다. 첫 번째 상처는 직장을 잃으면서 받는다. 백수가 되고 급여가 끊겼으며 직업상의 위신을 잃었기 때문이다. 그다음, 실직해서 화가 나고 마음의 평온이 깨졌을 때 두 번째 상처를 받는다. 가끔 두 번째 상처, 그러니까 무언가를 잃어서 느끼는 괴로움이 첫 번째 상처보다 극복하기가 훨씬 어렵다. 내가 나에게 가한 두 번째 상처는 전형적으로 슬픔, 우울증, 쓸쓸함, 복수하고 싶은 마음이라는 부산물을 낳는다. 상사에게 화를 내거나,

여전히 직장에 잘 붙어 있는 동료들을 보며 씁쓸해하거나, 어서 취업해 생활비를 가져오라고 다그치는 배우자를 원망할 수 있다. 이 모든 연쇄 반응은 첫 번째 상처(실직) 때문에 생긴 두 번째 상처다. 두 번째 상처는 완전히 피할 수 있는 반면, 더 크게 다칠 수도 있다. 성 아우구스티누스가 말한 바와 같이 "원망이란 독을 들이키고 상대방이 죽기를 기다리는 것과 같다."

선호하는 무심의 관점을 취하고 첫 번째 상처에 그렇게 마음 아파하지 않았더라면 문제가 연달아 생기진 않았을 것이다. 직업을 잃으면 당연히 슬프겠지만, 악감정을 품는 대신 열심히 새로운 길을 찾고 좌절에 맞서 내면의 평온을 유지하기 위해 노력한다는 선택지도 있다. 그래야 첫 번째 좌절에서 훨씬 더 빨리 벗어날 수 있다.

선호하는 무심은 이론적으로는 말이 된다. 앤드루와 나는 토론을 거듭하면서, 건강과 부를 선호하는 무심의 논리에 비추어 볼 수 있다는 걸 인정했다. 결국 건강과 부는 얻을 때도 있고 잃을 때도 있으니 말이다. "길을 건너다가 버스에 치일 수도 있는 법이지!" 도로를 건너면서 나는 계속해서 되뇌었다. 교통사고를 통제할 수 있다고 생각하느냐 아니냐와는 별개의 문제다. 건강과 부를 선호하는 무심의 영역으로 바라보면, 그 지점에 문제가 생겼을 때 확실히 덜 고통받을 것이다.

하지만 또 다른 궁금증이 피어났다. 정말 철저히 준비했다고 할지라도, 인간은 고통에 무심하게 설계됐을까? 최악의 상황을 예상하도록 훈련하면, 최악의 상황이 닥쳤을 때 마음을 느긋하게 먹을 수 있을까? 아름다운 집에서 살고, 동료에게 존경받으며, 몸이 건강하기를 원하는 건 자연스러운 일 아닌가? 이런 걸 잃어버리면 세상이 무너질 것 같다는 느낌이 당연히 들지 않을까?

최악을 상상하다

산책하고 돌아온 후에는 부정적 시각화 연습을 해봤다(돌아오는 길에 차에 치이지 않도록 조심했다). 돈을 다 날리거나, 집을 압류당하거나, 평판이 바닥을 치는 상상을 해봤다. 상상 속에서 나는 SNS에서 비판이 쇄도해 사회적 지위를 잃고, 법원에 출두하며, 〈가디언〉의 칼럼을 더는 쓰지 못하게 됐다. 가족이 아팠으며, 나도 심각한 병에 걸렸다. 자유로운 영혼의 하우스메이트가 마루에서 향을 태우다가 집에 불이 나는 상상도 해봤다. 내 노트북이 불타 녹아버리는 바람에 클라우드에 백업하지 않은 작업물이 날아가 버리는 상상도 했다. 솔직히 말해서, 그런 장면을 그려보니 정말 우울해졌다.

만약 돈과 명성을 잃게 된다면 씁쓸해하고 분노하면서 나를 끌어내린 사람에게 복수를 맹세할 것이다. 모든 걸 되돌릴 계획을 세우면서 명성과 자존심을 되찾으려 할 테고, 과거 상태로 돌아갈 때까지는 절대 만족하지 못할 것이다.

이 중 상당 부분은 인간의 본성으로, 돈·지위·브랜드 등 오늘날 사회에서 가치 있게 여기는 요소들과 결합돼 있다. 미디어에서는 매일 엄청난 시간과 자본을 투자하여 선호하는 무심의 영역에 속하는 것들을 지키려는 사람들의 이야기가 흘러나온다. 누군가가 먹칠한 명예를 회복하기 위해 명예 훼손죄로 고소하여 법정에서 수년간 씨름하거나, 사치스러운 생활을 지속하고자 금융 범죄를 저지른다. 무심해야 하는 것들을 지키기 위해 도박을 하는 셈이다.

건강에 관해서는, 내가 아프면 치료를 중단하거나 다시 건강을 회복할 때까지 치료법을 찾을 수 있다. 어쩌면 내 신체의 한계를 느끼고 우울해할지도 모른다. 하지만 스토아 철학자들은 그러면 안 된다며 나에게 도전장을 던졌다.

화창한 겨울날, 앤드루와 나는 또 함께 걸었다. 이번에는 태평양이 내려다보이는 묘지를 건너 클로벨리 쪽으로 산책했다. 메멘토 모리의 의미가 문자 그대로 명백하게 드러나는 장소였다. 마치 가상의 스토아 철학자 신이 연출해놓은 장면 같았다. 묘지에 누워 있는 사람들은 흙으로 돌아갔고, 이제는 상자 속의 먼지에 불과하다. 대리석에는 태어난 날과 죽은 날이 새겨져 있었는데, 탄생과 사망 사이의 삶은 물결표로 표시돼 있었다.

언덕에 묻힌 사람 중에 얼마나 많은 이들이 죽지 않으리라고 생각했을까? 얼마나 많은 사람이 무심에 해당하는 가치들을 좇으며 인생을 살았을까? 얼마나 많은 사람이 두 연도 사이의 물결표 기간을 온전히, 목적을 가지고 살았을까? 화창한 겨울날 테이크아웃한 커피를 마시며 묘비 사이를 이리저리 돌아다니면서 많은 생각을 했다. 언젠가 나도 땅에 묻히겠지.

산책하기 전에 나는 앤드루와 논의하고 싶은 주제를 떠올려봤다. 이번 주에 있었던 골치 아픈 일이나 스토아 철학자의 시선으로 훑고 싶은 주제, 더 살펴보고 싶은 개념, 앤드루의 의견을 듣고 싶은 부분 등을 생각해봤다. 이번 산책에서는 '선호하는 무심'을 주제로 하고 싶었다. 앤드루와 함께 해안선을 따라 산책하면서 나는 최악의 시나리오를 던져봤다.

절벽의 가장자리에 가까이 앉은 후 이렇게 물었다.

"음, 바람이 분다고 쳐봐. 절벽에서 떨어져 척추가 부러지면 어떡해?"

앤드루는 선호하는 무심으로 분류된 것들은 잃어도 괜찮다고 이야기해줬다.

"런던에서 살 때는 여러 명과 한집을 같이 썼어. 내 방은 매우 작았지. 별로 불편하지 않았어."

앤드루는 어렸을 때부터 무의식적으로 선호하는 무심을 실천해왔다고 했다. 유치원 때는 간식으로 초콜릿 바를 먹으려고 가져갔다가 더 힘이 센 아이에게 뺏기는 대신, 애초에 가져가지 않는 걸 선택했다. 도둑맞아 화나는 기분을 견디는 것보다 처음부터 없는 게 낫다는 게 그의 지론이다. 오늘날 성인인 앤드루는 저렴한 와인을 즐길 수 있도록 값비싼 와인에 맛 들이지 않게 단단히 조치를 취했다. 입맛이 세련돼지면, 미각을 만족시킬 값비싼 와인이라는 수단이 없어졌을 때 좌절할 가능성이 크다는 것이다.

"값비싼 물건을 삼가라는 게 아니라 익숙해지지 말라는 뜻이야. 인생이 주는 보너스로 즐기면 되는 거야."

음식에 관해서는 이렇게 덧붙였다.

"잘 차린 저녁상은 신나게 즐겨야지. 하지만 다음 날 변변찮은 식사로 돌아갈 준비가 돼 있어야 해."

앤드루의 말처럼 값비싼 물건에 익숙해지지 않도록 주의하는 건 세네카의 《루킬리우스에게 보내는 편지》에서 볼 수 있는 오래된 스토아 철학 기법이다. 즉, 덜 풍족한 삶의 양식을 습관으로 만들기 위해 주기적으로 가진 게 없는 상황을 연습해보는 거다.

'이게 내가 두려워하던 환경인가?'

세네카는 친구 루킬리우스에게 이렇게 조언했다.

악의악식惡衣惡食(값싼 음식을 먹고 조잡하게 만든 옷을 입음-옮긴이)으로 며칠을 지낸 후 자신에게 이렇게 말해보게. '이게 내가 두려워하던 환경인가?' 더 스트레스받을 때를 대비하여 영혼을 미리 담금질해 놓으면 걱정하는 일에 대한 면역이 생긴다네. (…) 진짜로 초라한 침상을 준비하고 까슬거리는 망토를 걸치게. 빵도 딱딱해진 것만 먹게나. 한 번에 사나흘, 아니면 더 길게 이런 상황을 연습해보면 좋네. 단순한 취미가 아니라 나를 시험한다고 생각하게. 친애하는 루킬리우스, 이 연습을 한다면 약간의 음식으로도 배가 차는 기쁨을 누리게 되리라고 보장하네. 마음의 평화는 포르투나 신에게 달린 게 아니라는 걸 이해하게 될 거야. 포르투나 신은 화가 나도 인간에게 필요한 건 주시거든.

미국의 기업가 팀 페리스는 세네카의 조언을 따른다.

"주기적으로 한 달에 최소 사흘은 연속적으로 단식 연습을 합니다. 목요일 저녁부터 일요일 저녁까지 단식해요. 진짜 배고픈 감각에 나 자신을 노출하는 연습이죠."

그가 아는 사람들은 이 연습에 더 진지하게 임한다고 한다. 페리스가 '매우 성공적인 CEO이자 작가'라고 언급한 친구는 4개월에 한 번, 일주일 동안 세네카가 말한 연습을 한다.

"거실에서 캠핑하고 침낭에서 잡니다. 그리고 값싼 인스턴트커피와 오트밀만 먹어요. 아마 일주일에 들어가는 돈이 최대 15달러 정도일 거예요."

그는 이런 조건에서도 살 수 있으며, 가진 게 별로 없어도 잘 살 수 있음을 보여주기 위해 이렇게 한다고 말했다. 이 CEO는 거래를 놓치거나 손실을 볼지라도 그 결과에 더 잘 대응할 수 있다. 더 힘든 조건에서도 잘 살 수 있기 때문이다.

이런 연습에도 주의할 사항이 있다. 비자발적으로 빈곤에 부닥쳤을 때와 스토아 철학을 연습하기 위해 인위적으로 빈곤한 상황을 조성했을 때의 경험은 다를 것이다. 마음속으로는 며칠까지만 고생하면 되고 그 이후에는 편안한 생활로 돌아갈 수 있다는 걸 알고 있으니 말이다. 페리스는 이렇게 덧붙였다.

"아마 그런 경험을 마칠 즈음 예상치 못하게 정신 상태가 나아질 거고, 예전보다 삶이 더 만족스럽다고 느낄 겁니다. 정말 자유로워졌다는 느낌을 받아요."

몇 년 전 나는 극단적인 단식을 했다. 스토아 철학 여정을 시작하지 않았을 때인데 세네카가 말한, 모든 걸 빼앗기는 연습의 맛보기와 다름없었다. 2주 동안 아무것도 먹지 않고 맛이 없는 한약만 먹었다. 그다음 3주 동안은 오이와 삶은 닭고기 소량만 먹었다. 이처럼 극단적인 단식을 한 이유는 글을 쓰기 위해서였다. 호주 전 총리 맬컴 턴불Malcom Turnbull이 단식 후 극적으로 체중을 줄였기에 단식에 대한 글을 잡지에 실으려 했다.

턴불 외에도 급진적이고 제한적인 식단을 시작한 사람들이 많다. 현 호주 총리 앤서니 알바네스Anthony Albanese나 전 장관을 지냈던 빌 쇼튼Bill Shorten, 조시 프라이든버그Josh Frydenberg 등 많은 정치인이 선거 운동 전에 체중을 감량했다. 그럼으로써 국가를 이끌 만큼 자기 절제가 가능하다는 점을 증명하고자 했다. 아마도 무의식적으로 '절제'라는 스토아 철학 덕목을 드러내려 했을 것이다.

나는 국가를 이끌고 있지는 않았지만, 그전에는 다이어트를 해본 적이 전혀 없었다. 그래서 그렇게 제한적인 식단을 끝까지 고수할 수 있을지 궁금했다. 거의 곡기를 끊다시피 했기에 14킬로그램이 줄었다(그다음 2년 동안 원래 몸무게로 돌아왔다). 단식 기간 내내 거의 잠만 잤다. 몸이 약해지는 것 같았고, 생생하고 무서운 꿈을 꿨다. 몸에서는 퀴퀴한 냄새가 났고, 음식을 갈망했으며, 에너지가 없었다. 두통이 어마어마했고 무서울 정도로 심장이 두근거렸다. 하지만 이 모든 경험은 아무것도 가진 게 없는 상황에서 살아남기 위한 연습이기도 했다.

금식 후 몇 달 동안 음식과의 관계는 완전히 바뀌었다. 다시 무언가를 먹기 시작했을 때, 콩 한 알과 조그만 생선 한 조각을 먹어도 배가 찼다. 맛있었고 욕구가 충족됐다. 더는 먹을 게 필요 없었다. 간식을 먹고 싶을 때마다, 한 끼를 굶어서 집중하기 어렵고 화가 날 때마다 당시를 떠올렸다! 당시 내 주치의는 극단적인 단식을 옹호하지는 않았지만, 가끔 단기간 단식을 하는 건 괜찮다고 생각했다. 단식을 함으로써 음식을 거의 먹지 않고 버티는 게 어떤지 알 수 있고, 식량 부족 사태를 체험해볼 수 있기 때문이다. "전 세계의 많은 인구가 식량 부족으로 고통받는데, 우리는 너무 풍족하게 누리고 있죠." 주치의가 덧붙였다.

단식했던 스토아 철학자들처럼, 장시간의 배고픔과 불편함을 경험해보니 필요하다면 밥을 먹지 않고도 버틸 수 있다고 생각했던 기간보다 더 오래 단식을 할 수 있겠다는 자신감이 생겼다.

팀 페리스는 이렇게 말했다.

"일기를 쓰거나 상상하는 것만이 아니라, 실제로 빈곤에 처한 상황을 연습하거나 일상생활에서 최악의 시나리오를 리허설해보는 게 정말 중요하다고 생각합니다. 저는 강압적인 상황과 고통에 나를 노출합니다. 얼음물로 목욕하거나 추위에 몸을 내던지죠. 모든 사람에게 닥칠 수 있고 피할 수 없는 고통과 혼란에 내성을 기르기 위해서요. 의도적으로 불편함을 계획하고 실천할수록 예상치 못한 불편함이 인생을 얽매거나 지배하는 상황을 줄일 수 있습니다."

부끄러움에 면역이 생기게 하라

의도적으로 자기 자신을 힘든 상황에 놓는 연습은 다른 형태를 띠기도 한다. 카토^{Cato}(BC 95~BC 46)는 다소 기이한 연습을 했다. 카토는 로마 공화정의 마지막 몇 년 동안 율리우스 카이사르^{Julius Caesar}를 반대하는 세력을 이끈 원로원 의원이다. 젊었을 때 스토아 철학을 공부했고, 허름한 옷을 입고 맨발로 돌아다녔다.

《플루타르코스 영웅전》의 작가이자 스토아 철학자들의 삶에도 관심이 많았던 플루타르코스^{Ploutarchos}는 카토를 이렇게 묘사했다.

선명한 보라색 의복이 유행할 때 그는 칙칙한 옷을 입었다. 아침 식사를 한 후 신발을 신지 않거나 튜닉을 입지 않은 채 거리로 나가는 일도 있었다. 그는 이 기이한 연습을 통해 악명을 떨치려는 게 아니었다. 정말 부끄러운 일에만 부끄러워하고 다른 사람들의 의견을 무시하는 데 익숙해지기 위해서였다.

평판과 지위를 선호하는 무심의 영역으로 보며 정말 부끄러워해야 할 일에만 부끄러워하는 걸 훈련하는 카토의 방식이었다. 스토아 철학자에게 진정으로 부끄러운 건 성품의 결함뿐이었다. 카토는 자신의 성품이 너무 중요했던 나머지, 타락한 통치자 밑에서 사느니 죽는 게 낫다며 할복이라는 소름 돋는 방식으로 삶을 마감했다.

제1세계 문제

————

단기 단식 같은 연습은 일종의 예방주사이거나, 불운이 닥쳤을 때를 위해 면역을 형성한다고 보면 도움이 된다. 고난, 수치심, 창피함 또는 실패를 조금만 맛봐도 좌절하는 사람이 얼마나 많은가. 마지막으로 끼니를 건넜을 때, 내 농담이 분위기를 싸하게 만들 때, 누군가의 이름이 기억나지 않을 때, 휴가를 취소해야 했을 때, 와이파이가 없는 상황을 마주해야 했을 때, 외투의 실밥이 뜯어지거나 파티에 입으려던 멋진 옷을 세탁소에서 찾아오지 않았다는 걸 알게 됐을 때를 떠올려보라. 이 모든 건 제1세계, 즉 선진국에 거주하는 사람들이 일상생활에서 겪는 사소하고 짜증 나는 문제다. 이 불편감은 평온을 해치거나 심지어는 분노를 유발할 수 있다. 그다음에는 우리 삶의 다른 부분에 연쇄 반응을 일으킨다.

하지만 며칠간 단식하거나 의도적으로 추위에 자신을 노출하고, 바보 같은 차림으로 밖에 나가보는 등 조그만 어려움에 자신을 길들이면, 진짜 문제가 닥쳤을 때 다음과 같은 이점이 있다.

• 어려운 일을 겪어본 적이 있다.

- 어려운 상황을 어떻게 해결할지 안다.
- 어려운 일이 닥쳤다고 해서 세상이 끝나는 건 아니며, 정말 중요한 건 나의 성품이라는 것을 알게 된다.

가장 무심하기 어려웠던 건 건강

하지만 건강은 어떨까? 거동이 불편해지고 에너지와 활력이 떨어지는 것에 무심하기는 당연히 더 어렵지 않을까? 건강은 우리가 완전히 통제할 수 없고 덕목을 기르는 데 필수적이지 않기 때문에 스토아 철학자들은 선호하는 무심의 영역으로 봤다. 그들은 성품이 온전하다면 신체의 건강은 부차적인 요소라고 했다. 우리에게 엄청난 요구를 한 것이다! 하지만 에픽테토스가 절름발이였음을 기억하자. 건강은 내 의지를 벗어나는 영역이다. 한 번도 원한 적은 없는데 살면서 얼마나 자주 아팠던가.

스토아 철학자들은 내가 가지고 있는 것이 내 것이 아니라 누군가가 빌려준 것이며, 언젠가는 돌려줘야 한다고 생각했다. 건강도 여기에 포함된다. 그렇게 생각해야 가진 것을 빼앗겼을 때 놀라지 않고 속이 쓰리지 않을 것이다.

다시 한번, 스토아 철학자들의 테스트를 적용해볼 기회가 왔다. 건강에 타격을 입었을 때는 스토아 철학의 여정을 시작하고 몇 년이 지나서였다. 나는 이미 몇 년 동안 병에 걸리거나 노쇠한 상태를 부정적으로 시각화해왔다. 그러다가 이를 실천에 옮길 수밖에 없는,

피할 수 없는 시간이 다가온 것이다.

2021년 11월, 나는 TV 리얼리티 프로그램의 게스트 심사위원 자리를 수락했다. 어느 날, 촬영 장소로 이동하기 위해 대형 SUV에 올라타다가 천장에 제대로 부딪혔다. 소리까지 엄청나서 주변에 있는 사람들도 놀랐다.

"아악, 아프겠다."

"괜찮아요, 아무렇지도 않아요."

나는 사람들을 안심시키며 얼음이 담긴 봉지로 머리를 찜질했다. 얼음 녹은 물이 얼굴을 타고 흘러내렸다. 눈물 흘리는 장면을 흉측하고 우스꽝스럽게 흉내 내는 것 같았다. 나는 괜찮아졌으리라고 생각했고 평소대로 방송을 마쳤다.

하지만 그날 밤, 시드니로 돌아온 후 몸이 안 좋아지기 시작했다. 얇게 튀긴 슈니첼이 먹고 싶어서 식당에 갔는데, 갑자기 토할 것 같았다. 당장 집으로 돌아왔지만, 다음 날까지도 머리가 띵했고 행동도 굼떴다. 응급실에 갔더니 의사가 뇌진탕인데 시간이 지나면 나을 거라면서 건강에는 아무 이상이 없다는 진단을 내렸다. 나는 빅토리아주의 집으로 갔다.

기차역으로 마중 나온 부모님은 나를 보고 깜짝 놀란 얼굴이었다. 나는 어서 빨리 눕고 싶다는 생각밖에 없었다.

일주일 후에 어머니는 이렇게 말씀하셨다.

"눈이 그냥 충혈된 게 아니라 눈에서 피가 나고 있었다니까. 얼굴이 시멘트처럼 회색빛이더라. 얼마나 걱정됐는지 몰라."

그 일주일 동안 나는 밥을 먹을 때만 방에서 나왔다. 부모님은 내가 얼마만큼 잘 수 있는지 보면서 탄복했다.

"혼수상태인가 싶었어."

어떻게 보면 그랬다고도 할 수 있다. 한 번에 몇 시간 이상 깨어 있을 수가 없었다. 자다 깨다를 반복하면서 심란한 꿈을 꾸었다. 낫고 있기를 바랐다. 깊은 휴식을 취했던 그 주의 하루하루는 마치 아무 일도 일어나지 않은 양 흘러갔다. 그날들을 '날'이라고 기록하기는 어려울 것이다. 밤과 낮의 경계가 사라졌기 때문이다. 할 일도 없고, 갈 곳도 없었기에 그냥 잠을 푹 자면서 시간이 존재하지 않는 곳으로 되돌아가곤 했다.

깨어 있을 때도 별다른 일을 하지 않았다. 뇌진탕 때문에 자극이나 혼란 또는 너무나 많은 정보를 감당할 수 없었다. 평소라면 스마트폰에서 시도 때도 없이 울려대는 트위터의 알람에 일일이 반응했을 것이다. 인터넷, 특히 라이브 블로그에서 보도되는 뉴스에도 끊임없이 주의를 뺏겼을 테고 말이다. 그렇게 매일 매시간 중독돼 있던 것들이 자취를 감췄다. 나의 뇌는 단지 하얀 벽과 조용함, 꿈꾸기를 원했을 뿐이다.

내가 경험한 최악의 일은 계속 뇌에 손상을 입은 채 활력 없이 인생을 살아갈 운명이라는 느낌이었다. 이런 느낌이 머릿속을 꽉 채웠다. 병에 걸리거나 다쳤을 때, 특히 즉각적인 호전 징후가 없을 때, 절대 낫지 않으리라는 생각을 하기가 쉽지 않은가.

잠깐이었지만 건강을 빼앗겼다는 충격이 나를 강타했다. 건강하지 못한 상태를 경험했고, 평생 부모님께 얹혀살아야 할지도 모른다는 생각에, 또 평생 이렇게 잠만 자야 할지도 모른다는 생각에 절망했다. 나는 아프거나 다쳤을 때 어떻게 무심해질 수 있는지 의문이 들었다.

하지만 동시에 나는 스토아 철학자들의 접근법을 이해하기 시작했다. 돈이나 명성과 마찬가지로 건강에도 무심해져야 한다. 전적으로 내 통제 범위 밖에 있기 때문이다. 뇌의 다른 부위가 천장에 부딪혔다면, 나는 아직도 잠만 자고 있을지 모른다.

건강은 운이다. 다친 지 몇 주가 지나자, 회복에 관해 스토아 철학자처럼 생각하기 시작했다. 내 환경에서 통제할 수 있는 것을 생각해보고 회복하려고 노력하면서 차도가 없는 상태에 대해 부정적 시각화를 해봤다. 지나친 자극을 받지 않는 것, 인터넷을 들여다보지 않는 것, 가능한 한 잠을 많이 자는 것은 내가 통제할 수 있었다.

회복탄력성

인간의 행동 양상은 변하지 않지만, 2020년대의 사회는 기원전의 삶과는 확실히 다르다. 이제는 개인과 사회라는 두 가지 측면에서 회복탄력성resilience을 갖춰야 하고, 갖추라고 요구해야 한다. 건강을 잃거나, 소득이 없어지거나, 평판이 안 좋아지거나, 사랑하는 사람을 잃는 등 삶의 풍파를 다루기 위해서는 내적 또는 개인적인 회복탄력성이 필요하다. 정부의 시스템도 회복탄력성을 갖추도록 목소리를 높여야 한다. 견고한 시스템은 어려움을 겪고 있는 사람들에게 사회적 안전망을 제공할 것이고, 내외부적 회복탄력성을 갖추면 개인과 지역 사회는 안정성을 해치는 문제를 잘 해결해나갈 수 있다.

정부의 지원을 받고 세금으로 운영되는 탄탄한 보건 및 병원 시스템이 그 예다. 이런 시스템에서는 모두가 보건 서비스를 누릴 수 있다. 한쪽 다리를 못 쓰게 되는 사고를 당했다고 해보자. 물론 개인적 차원에서 대응해야 하지만 병원과 재활 자금, 고품질의 서비스 지원이 없다면 상황은 더 악화될 것이다. 취약계층의 요구를 무시하는 정부는 스토아 철학의 틀 안에 있지 않다. 스토아 철학은 자유주의자들이 생각하는 적자생존 철학과는 다르다. 서민들이 빠르게 회복할 수 있도록 지원해주는 탄력적인 정부와 시스템을 갖춘 국가 모델은 스토아 철학의 원칙과 공동체, 상호 의존, 정의의 덕목에 아주 잘 부합한다.

건강과 통제 테스트

우리는 건강의 일부만 통제할 수 있다. 횡단보도를 건너다가 차에 치일 수도 있고, 고장 난 전등 플러그를 꽂다가 감전될 수도 있다. 대형 SUV에 타다가 뇌진탕을 입을 수도 있고 말이다. 사람의 몸은 연약해서 부상과 질병에 취약하다.

그리고 우리 주변에는 건강한 식생활을 유지하고 술을 입에도 대지 않는 사람, 자전거를 타고 방방곡곡을 누비는 사람들이 있다. 건강을 지키는 데 아주 좋은 태도다. 하지만 그런 사람들도 병에 걸리고, 더러는 사망에 이른다. 한편, 우리 옆집에는 평생 담배를 피우고 술을 즐겼으나 여전히 정정한 90세 할아버지가 산다.

건강을 선호하는 무심의 영역으로 분류하고 통제 범위 밖에 있다는 걸 깨달으면, 건강이 안 좋을 때도 평온을 유지할 수 있을 것이다. 우리는 건강해질 확률을 높이기 위해 최선을 다할 수 있다. 하지만 궁극적인 결과는 통제할 수 없다.

스토아 철학자들은 그렇다고 해서 소극적인 태도를 지니거나, 몸에 안 좋은 음식을 먹거나, 신체를 돌보는 걸 소홀히 해도 된다고 생각하지 않았다. 절제라는 스토아 철학의 덕목은 감정만큼이나 신체에도 많이 적용된다.

시간이 지나면서 머리 부상도 좋아졌다. 지금은 완전히 회복됐지만, 차도가 없을지도 모른다고 생각했을 때 나는 스토아 철학에 많이 기댔다. 몸을 다쳤을지라도 부상이 나의 성품에는 영향을 끼치지 않았다는 사실을 계속해서 떠올렸다. 피곤했고 오랫동안 자긴 했지만 적어도 나는 용기, 정의, 절제, 지혜라는 스토아 철학의 덕목을 실천할 수 있었다. 뇌진탕은 이런 것들에 영향을 미치지 않았다. 사실 그 어려운 시기를 헤쳐나가는 데 네 가지 덕목은 어느 때보다 중요했다.

우리는 잘못 살고 있다

우리가 살아가는 사회는 건강이나 명성, 재정 상태에 무심한 태도를 취하라고 말하지 않는다. 오히려 정반대로 사람들은 건강, 부, 지위라는 탑을 쌓고 어떤 일이 있어도 그 탑을 지키기 위해 인생의 방향을 수정한다. 이런 가치를 중심으로 인생 전체를 구성하고, 이를 잃는 건 인생에서 쌓아온 업적을 잃는 것이라고 여긴다.

하지만 스토아 철학은 사람이 인생에서 해야 할 일은 네 가지 덕목과 성품, 타인을 다루는 방법을 연마하는 것이라고 강조한다. 물질적으로 풍족하고 건강하며 높은 지위를 누릴 때가 있겠지만, 아닐 때도 있을 것이다. 삶은 부침을 거듭하기 마련이며, 우리가 통제할 수 없는 외부의 힘이 삶을 변화시킨다.

선호하는 무심은 스토아 철학의 가르침 중 가장 소화하기 어려우면서도 강력하다. 스토아 철학의 많은 측면이 그렇듯, 선호하는 무심은 우아하고 단순하며 엄청나게 냉정하다. 평생 선하고 신중하게 행동했더라도 삶의 기복을 겪으며 어려움에 처하는 건 꽤 흔한 일이다. 정부가 또다시 록다운 명령을 내릴 수도 있고, 화재나 홍수가 나는 바람에 가게를 닫아야 할 수도 있다. 말도 안 되는 소문으로 평판에 치명타를 입거나 기이한 사고를 당해서 입원할 수도 있다. 동료에게 보내려 했던 상사를 험담하는 이메일을 당사자에게 보내는 바람에 인사고과에서 나쁜 점수를 받을 수도 있다. 이런 일들은 인생의 어느 순간에, 가장 예측하지 못한 시기에 누구에게든 일어날 수 있다. 스토아 철학자들은 자신의 통제 범위 밖에 있는 사건을 선호하는 무심의 영역으로 봄으로써 그런 사건의 충격에서 자신을 보호했다.

이런 무심은 어떤 모습일까? 나는 가볍게 고삐를 쥐고 있는 모습을 상상해본다. 돈이나 명성 그리고 운이 좋아 뛰어난 미모를 가졌을 때 이에 너무 집착하지 않고, 가지고 있다는 사실에 만족하며, 잃는다고 할지라도 마음을 전적으로 편하게 가지는 걸 뜻하니까. 또한 부정적 시각화를 연습하는 것이다. 모든 것을 잃어 처음부터 시작하는 걸 상상해보는 것이다.

또한 세네카, 카토, 팀 페리스처럼 선호하는 무심을 연습할 수도 있다. 의도적으로 단식을 하거나, 조롱받거나, 자신을 불편한 상황에 놓는 실험을 해볼 수 있다. 겨울에 차가운 호수에서 수영하거나 여름에 울로 된 점퍼를 입는 식이다. 세네카가 권고한 바에 따라, 며칠 동안 단식을 하거나 야채 수프와 딱딱한 빵 등 간단한 음식을 조금 먹어볼 수도 있다. 아니면 내가 머리를 다쳤을 때 했던 연습을 해볼 수도 있다. 당시 나는 영원히 불구가 되는 상황을 맛보고 있다고 받아들였다. 또한 살다 보면 별의별 일이 일어날 수 있다는 교훈을 얻었다. 차에 빨리 올라타려고 했을 뿐인데 뇌진탕에 걸리다니, 흔한 일은 아니잖은가. 덧붙이자면, 앤드루는 유행하는 제품들에 심드렁하다. 유행 따라 사들이다가 그런 것들을 살 수 없게 되면 실망하게 될 거라면서.

당신도 나름의 방법을 찾아 실천해볼 수 있다. 주기적으로 전자기기와 거리를 두고 혼자만의 시간을 보내거나 친구들과 시골로 떠나보는 것도 좋을 것이다. 인터넷과 외부 세계의 산만함에서 벗어나 며칠 동안 사색하고, 소박한 음식을 먹고, 명상과 일기 쓰기를 해보자. 꼭 필요하다고 생각했던 것이 그렇게까지 필수적인 것은 아니며, 오히려 없을 때 더 잘 살 수도 있음을 알게 될 것이다.

"우리가 하는 말과 행동 대부분은 꼭 필요한 게 아니다.
그런 말이나 행동을 하지 않는다면 사용할 수 있는 시간이 많아지고
마음도 평온해질 것이다. 매 순간 자신에게 물어보라.
'이 말과 행동을 지금 꼭 해야 하는가?'"
- 마르쿠스 아우렐리우스

"어쩔 수 없이 평정심을 잃었다면 자제력을 발휘하는 데 온 힘을 기울여라.
자신이 감당할 수 있는 것보다 더 오랫동안 평정심을 잃어서는 안 된다."
- 마르쿠스 아우렐리우스

단단한 마음을 가질 것

2020년 11월, 넷플릭스와의 회의를 마쳤을 때 나는 쾌재를 불렀다. 넷플릭스가 나의 전작 《웰매니아Wellmania》의 콘셉트를 사서 코미디 시리즈를 제작하기로 한 것이다. 세계적으로 유명한 코미디언 셀레스트 바버Celeste Barber가 주연을 맡았다. 세상에, 넷플릭스라니! 어떻게 나한테 이런 일이 일어날 수 있지?

나는 무척 흥분했다. 넷플릭스 관계자는 전례가 없는 일이라고 말했다. 더군다나 내 인생에서는 처음 있는 일이었다. 내 책이 넷플릭스 시리즈가 되리라고는 꿈에도 생각하지 못했다. "라이선스를 사겠습니다"라는 말과 함께 화상회의가 끝나자, 나는 덩실덩실 춤을 추면서 샴페인을 터뜨렸다. 그리고 친구들에게 전화를 걸어 이 기쁜 소식을 알렸다. 내면에서 자연스럽게 솟아나는 기쁨으로 하늘이라도 나는 듯했다.

얼마 후 조금 진정된 나는 뒷마당으로 나갔다. 잔디밭의 큰 유칼립투스 나무 아래 누웠다. 햇살이 비쳤고, 전기가 흐르는 것처럼 온몸이 들떴다. 몸에서는 새로운 에너지가 계속해서 흘러나와 간신히 감당할 정도였다.

이 엄청난 느낌은 금방 수그러들지 않았다. 몇 주 만에 흥분은 가라앉았지만 얼굴에서 미소가 떠나지 않았다. 과하게 행복한 상태였다. 하지만 점차 감정은 가라앉았고 다시 평소의 기분으로 돌아왔다. 음, 적어도 어느 기간은 그랬다. 그다음에는 고조된 기쁜 감정과 정반대의 감정이 일었다. 비정상적으로 기분이 나쁜 시간이 지속됐다. 그 후 몇 달 동안, 나는 몇 번 크게 실패했고 여러 번 실망했다. 그런 감정들을 극도의 행복감을 느꼈을 때만큼 강렬하게 느꼈다. 균형을 유지하려는 생물학적 욕구에 따라 몸이 이런 방법으로 항상성을 유지하려고 한 것 같다. 하지만 양극단의 감정이 너무 강렬한 나머지 주체할 수가 없었다. 기분이 좋을 때는 너무 좋았고 안 좋을 때는 바닥을 찍었다.

넷플릭스와 계약을 했지만, 당시 나는 소설도 쓰고 있었고 〈가디언〉에 주간 칼럼도 기고하고 있었다. 전쟁터에서 싸우거나 고층 건물의 유리창을 닦는 일과는 비교할 수 없겠지만, 내가 어느 곳에 소속된 상황이 아니었기에 그 일은 평소에도 심리적·체력적인 압박이 있다. 그런데 이번에는 들뜬 기분에 한창 취해 있다가 맞이한 슬럼프 때문인지 이전과는 비교할 수 없는 강도의 압박이었다. 기뻤을 때 내 몸이 소리를 질렀던 것처럼, 기분이 급격히 안 좋아진 그때, 내 몸 모든 기관이 비명을 질러댔다. 턱관절 통증부터가 시작이었다. 이상하게 이가 쿡쿡 쑤셨다. 매일 새벽 4시에 깨서는 다시 잠들지 못했다. 오른쪽 팔이 아프니 컴퓨터 작업이 괴로워졌다. 수십 가지 치료법을 시도했지만 낫지 않았다. 키보드를 두드리기가 힘들어서 음성 인식 소프트웨어를 활용하려고 해봤으나 받아적는 실력이 너무 형편없었다. 'Epictetus(에픽테토스)'를 'Epic Tennis(에픽 테니스)'로 인식했다.

인생이 잘 굴러가도록 받치고 있던 바퀴 여러 개가 떨어져 나가자, 청소년기 이후 한 번도 경험해보지 못했던 절망감이 다시 몰려들었다. 모든 게 터무니없고 한 편의 오페라 같았다. 커리어상으로는 가장 성공적인 해를 보내고 있었지만, 어느 때보다 혼란스럽고 괴로운 해였다. 몸이 파업했다. 자는 동안에는 치아가 다 닳아 없어질 정도로 이를 갈았다. 암흑기였다.

시간이 지날수록 정신이 없을 정도로 산만해졌고, 한 주의 루틴이나 계절의 흐름 그리고 오랫동안 유지해왔던 생활 리듬이 흐트러졌다. 그렇게 내 일상이 흐트러졌다. 끝없는 암흑 속으로 매일 빠져들어가는 기분이었다. 조화롭던 상태로 다시 돌아갈 수 있을까? 게다가 여전히 록다운 상황이었다. 이렇게 혼란스러운데 내면의 평화를 찾을 수 있을까? 내 기분은 모두 모두 외부(넷플릭스와의 계약, 커리어, 팬데믹)에서 무슨 일이 일어나느냐에 따라 바뀌는 것 같았고, 그런 일들은 선로에 묶여 있는 것 같았다. 그 선로는 기차 선로라기보다는 롤러코스터 선로와 비슷했다. 밖에서 일어나는 일에 기분이 좌우되면 내면은 언제나 통제하기 어려울 것이다.

나는 11월의 아주 기뻤던 순간과 2월에 느낀 절망감을 뒤돌아보며, 힘들 때뿐만 아니라 기쁠 때도 스토아 철학을 사용할 수 있을지 궁금해졌다. 스토아 철학을 적용하면 외부의 상황이 나를 통제한다는 느낌을 덜 받을 수 있을까? 롤러코스터에서 내릴 수 있을까? 기분이 180도로 변할 때나 일의 방향이 크게 바뀌었을 때 숨이 막히지 않을 수 있을까?

기분이 좋지 않았던 저녁, 이런 생각의 흐름을 따라가 보면서 스토아 철학 여정 중 가장 큰 교훈을 얻었다. 나의 일반적인 기분이 어떤지 의식적으로 알아차리고, 고대 스토아 철학의 기법과 원칙에 따라 기분을 조절해야 한다는 결론이었다.

마음의 롤러코스터에서 내려오다

극도로 행복한 감정은 머릿속에서 지워버려라. 스토아 철학자들은 마음의 상태 중에서 평온을 가장 높이 샀다. 이를 앞서 언급한 아타락시아 또는 에우다이모니아eudaimonia라고 한다. 전자는 '고통과 걱정에서 벗어나 마음에 평온이 단단히 자리 잡은, 의식이 또렷한 상태'를 의미한다. 후자는 '흔들리지 않음'을 뜻한다.

아타락시아라는 단어는 오늘날 잘 사용하지 않는다. 하지만 쓰는 게 좋을 것이다. 지금이야말로 아타락시아가 필요하기 때문이다! 현대 사회에서 사람들은 기술이나 온라인 쇼핑, SNS 등에 의존해 계속해서 도파민이 분비되는 활동을 하려고 하기에 아타락시아와 같이 서서히 분비되고 며칠 또는 몇 주에 걸쳐 긍정적인 효과가 축적되는 치료제가 필요하다.

고대 철학자들은 아타락시아에 도달하면 감정의 항상성emotional homeostasis(정서적으로 최적의 조건에서 벗어나는 변화를 최소화하고 안정적인 상태를 유지하려는 경향-옮긴이)이 생긴다고 믿었다. 그러면 평소의 기분이 더 안정적일뿐더러 주변 사람들에게 안정감을 뿜어내게 된다고 봤다.

마음이 평온해지면 덜 반응하거나 활활 타오르는 감정에 휘말릴 가능성이 작아진다. 그러면 나의 하루를 망가트리지 않을 뿐 아니라 다른 사람의 하루를 망치지도 않을 것이다. 마음이 평온한 상태에서는 더 현명한 결정을 내릴 수 있고 분명 화와 짜증을 덜 낼 것이다.

하지만 어떻게 아타락시아에 도달할 수 있을까? 사방이 재난과 질병, 주의를 분산시키는 일들, 욕구, 마케팅, SNS로 가득 차 있지 않은가. 세계의 종말이 다가온다는 분위기를 풍기며, 인정사정없이 자본주의를 추구하는 이 세상에서 과연 그게 가능할까? 특히 열의에 휩쓸리거나 열정이 가득한 사람, 사랑에 빠지거나 거래를 마쳤을 때 느끼는 기쁨의 감정을 열렬하게 추구하는 사람도 아타락시아에 이를 수 있을까? 〈가디언〉에 아타락시아에 관해 글을 쓸 때 영국의 철학자이자 작가인 A. C. 그레일링A. C. Grayling에게 조언을 구한 적이 있다. 그레일링은 아타락시아에 도달하는 방법을 몇 가지 알려주면서 다음과 같이 말했다.

"열정은 적극적인 무언가를 시사합니다. 하지만 어원을 살펴보면, 이 단어에는 수동적인 의미가 담겨 있죠. 사랑이나 화 또는 욕정은 내가 추구하는 게 아니라 나에게 닥치는 감정들입니다. 신이 그런 감정을 통해 인간을 만나러 오는 거죠."

그레일링에 따르면, 열정과 달리 아타락시아의 상태는 내가 만들어낼 수 있다. 한마디로, '마음의 평화, 내면의 평정, 힘'이 내 손에 달린 것이다.

> 인생에서 피할 수 없는 일들을 마주할 때, 그림자가 한꺼번에 드리울 때가 있습니다. 아끼는 사람들을 잃고, 슬퍼하고, 실패하고, 실수를 저지르고, 죄책감이 들 때가 있죠. 아타락시아는 이런 일들을 어떻게 대해야 하는지 알려주고, 그런 일들이 닥칠 때를 대비시킵니다. 우리는 매일 대비해야 합니다. 아타락시아는 또한 긴장을 풀고 즐겁게 시간을 보내고 하루하루 최선을 다하는 법을 배우는 것이기도 합니다. 그 덕분에 번영하기도 하죠.

그레일링은 '아타락시아'라는 단어가 오늘날 거의 사용되지 않는데, 현대에 상응하는 표현은 '정신을 차리다'라고 했다.

> '정신 차렸어'라는 말은 사실 '균형과 조화를 이뤘어'를 뜻합니다. 정말 중요하고 필요한 거죠. (…) 록다운과 같은 일이 일어나면, 특히 록다운 기간이 연장되면 새로운 수준에서 조화를 이루고 이전과는 다른 균형점을 찾아야 합니다. 그다음에는 약간의 심리적인 힘을 동원해 '어떻게 하면 새로운 조화와 균형 수준에 도달할 수 있을까?'를 자문해봐야 합니다.

역사 전문가 스티븐 감바르델라Steven Gambardella는 〈미디움〉에 스토아 철학을 주제로 한 다음의 글을 기고해서 큰 호응을 얻었다.

> 아타락시아는 '행복' 또는 '두근두근 기대되는 마음' 등과 같이 긍
> 정적으로 정의할 수 있는 상태가 아니다. 그리스 철학자들은 마
> 음이 고요한 상태에 '머물면' 아타락시아를 이룰 수 있다고 믿었
> 지만, 이는 이상적인 마음의 상태가 아니다. 그리스 철학자 피론
> Pyrrho은 모든 인간은 아타락시아를 가지고 태어나지만 잃어버리
> 기 쉽다고 말했다. 병이 없을 때 신체가 항상성을 유지하는 것과
> 마찬가지로, 아타락시아는 방해받지 않는 상태를 의미한다.

감바르델라는 다음과 같이 덧붙였다. "현대 사회를 살아가는 인
간은 아주 불행합니다. 무엇이 행복인지를 잘못 이해하고 있기 때문
이죠. 대부분 사람이 특정한 일을 해야 행복해진다고 생각해요. 술
을 마시고, 섹스하고, 물건을 사는 것처럼요. (…) 이런 행복은 소비
주의와 떼려야 뗄 수 없습니다."

감바르델라는 에피쿠로스학파, 스토아학파, 회의론자 등 고대 그
리스 철학자들은 '행복을 긍정적인 상태라고 정의하면 안 된다'라고
가르쳤다고 말했다. 부정적인 정의가 내포돼 있다는 것이다. 행복은
'(마땅히 거쳐야 할) 단계를 거치지 않고' 도달한 감정 상태 또는 무엇
이 됐든 강렬한 감정을 가졌다는 걸 뜻했다. 고대 그리스 철학자들
은 행복이 긍정적이지만은 않다고 굳게 믿었다. 아타락시아 이론은
위기 상황에서 급부상했는데, 알렉산더 대왕Alexander the Great의 사망

이후 혼돈과 유혈 사태가 이어지던 시기였다. 아타락시아는 특히 이처럼 불확실한 시대에 균형과 차분함을 찾는 모든 이들이 이루고자 하는 목표였다.

오늘날에 해당하는 얘기 같다. 모두가 아타락시아를 필요로 하는 듯싶다.

행복인가, 평온인가?

앤드루와 나는 이 부분에서 약간 다른 접근법을 취했다. 나는 행복이라는 개념에 의구심을 갖기 시작했다. 행복은 얼마 되지 않아 그 반대 감정인 절망으로 흔들린다고 봤기 때문이다. 너무 행복해하거나 무엇인가를 지나치게 긍정적으로 생각하면, 이를 상쇄할 부정적인 일을 생각하면서 나 자신을 대비시켰다. 심지어 차분하고 여유로운 것이 행복한 것보다 낫다고 생각했다. 감바르델라가 말했듯, 아타락시아는 방해받지 않는 상태를 의미하기 때문이다. 이런 논지는 기분이 하늘을 찌르지 않는다면 나락으로도 떨어지지 않으리라는 뜻으로 확대됐다.

앤드루는 행복 자체는 문제가 아니라고 했다. 외부적인 요소가 행복을 좌우하는 게 문제라는 얘기다. 넷플릭스와 계약을 맺어야만 행복할 수 있다면, 통제할 수 없는 무언가가 내 행복을 좌우하는 셈이다. 이는 결국 나에게 부정적인 결과를 가져온다. 외부적인 상황 때문에 불행해질 수 있고, 나의 행복은 변화하는 대상에 의존하기 때문에 삶이 혼란스러워질 것이다. 나는 다른 사람이 나의 행복을 통제하거나 승인하도록 암묵적으로 허락하고 있었다.

앤드루는 자신의 통제 범위 안에 있는 일들에 행복해하는 훈련을 했다고 말했다. 물론 그가 통제할 수 있는 건 세 가지, 그러니까 성품, 반응과 행동, 타인을 대하는 방식뿐이었다. 그의 훈련은 자신이 통제할 수 없는 일에 거리를 두고 의식적으로 즐거움과 만족감을 조정하는 것이었다.

행복을 이렇게 정의할 때 그는 성품이 좋고, 자신의 반응을 확인하며, 미덕을 실천하고, 다른 사람들을 잘 대해줄 때 행복하다. 이 모든 건 그가 통제할 수 있는 범위 안에 있다. 그러므로 성품을 다듬고, 반응과 행동을 점검하며, 타인을 친절하게 대하면 행복감이 따라올 것이다. 반면 돈이나 명성, 외부의 인정, 다른 사람의 애정에서 행복을 찾는 건 아슬아슬한 기반 위에 서 있는 것과 같다. 모든 게 자신이 통제할 수 있는 범위 밖에 있으며, 다른 사람의 행동에 행복이 좌우되기 때문이다.

앤드루의 논리에 따르면, 보장된 행복은 완전히 통제할 수 있는 일이 주는 행복뿐이다. 부분적으로 통제할 수 있는 일들이라도 그 일에서 행복을 느끼는 건 보장돼 있지 않다. 예를 들어 나는 친구와 카약을 탈 때 행복하리라고 생각하고, 그날이 오길 기대한다. 그런데 당일 아침 바람이 세차게 불거나 폭우가 내리거나 카약 대여소가 문을 닫았거나 친구가 바람을 맞혔다고 생각해보자. 행복으로 가는 확실한 길처럼 보였던 것이 실망만 안겨줄 것이다. 하지만 내가 온전히 통제할 수 있는 세 가지에서 행복감을 얻는 방법을 훈련한다면, 친구가 약속을 취소했든 말든 실망감에 슬기롭게 반응하고 친구를 긍정적으로 대할 것이다.

어떤 기분이 드는 상태를 목표로 삼아야 할까? 앤드루는 행복감을 목표로 삼았다. 다만, 자신의 통제 범위 안에 있는 일들에서 솟아나는 행복이어야 했다. 나는 그와 다른 방향을 취해, 평온한 상태를 목표로 삼았다. 아타락시아와 에우다이모니아에 따르면, 평온은 내가 통제할 수 있는 것이기 때문이다.

앤드루와 나의 접근법이 약간 다르긴 하지만, 얻는 결과는 비슷하다. 즉, 삶이 재물에 지배당하지 않고 외부 사건에 흔들리지 않게 된다.

아타락시아에 도달하는 법

스토아 철학자들은 상황을 이성적으로 평가하고, 무언가에 대해 통제할 수 있는지 없는지를 이해함으로써 아타락시아에 도달했다. 앞서 이야기한 통제 테스트를 기억하는가? 통제할 수 없는 일에 대해서는 걱정할 가치가 없다.

그레일링은 "지진, 자연재해, 전염병, 노화, 사망 등 외부의 일을 마주할 용기가 있다면", 그리고 내면의 자아를 절제할 수 있다면 아타락시아에 도달할 수 있다고 했다. 아타락시아에 도달하는 방법 중 하나는 앞서 언급한 '줌아웃'이라는 기술을 활용하는 것이다. 카메라 줌 렌즈의 초점 거리를 변화시켜 피사체를 멀리서 바라보는 것처럼, 몇 발짝 떨어져 나 자신과 나의 문제를 거대한 우주의 작은 점처럼 보는 방법이다.

스티븐 감바르델라는 다음과 같이 설명했다.

"마르쿠스 아우렐리우스는 오늘날의 줌아웃 기술을 '별과 함께 움직인다'라고 표현했습니다. 감정과 거리를 두거나 감정을 분석할 수 있도록 사건을 조각조각 나눠보는 것입니다. (…) 어떤 문제가 실제로 생각만큼 위태로운지, 어떤 면에서 열정이 사그라들고 있는지 이해하기 위해서죠."

아우렐리우스가 쓴 문장은 이것이다.

"삶의 아름다움을 음미하라. 별을 보면서 별과 함께 움직이는 자신을 보라."

두려움과 욕구, 다시 말해 열정을 통제하면 평온에 한 발짝 더 가까워진다.

감바르델라는 "아타락시아에 도달하려면 SNS와 거리를 두는 게 중요합니다"라는 실용적인 조언을 건넸다. "인스타그램을 하면 슬프고 외로울 수 있습니다. 아타락시아와 정확히 반대되는 상태죠. 내가 원하는 만큼의 팔로워 수나 '좋아요' 수를 얻는 건 절대 불가능합니다. 기본적으로 사람들은 무엇이 됐든 넘칠 정도로 많아야 한다고 생각하니까요. (…) 스마트폰이 알지도 못하는 사람을 팔로우하라는 알림창으로 가득 차게 되죠."

하지만 아타락시아에 도달하기 전, 행복이 곧 잉여나 풍요를 뜻한다는, 행복에 대한 오래된 긍정적인 관념부터 버려야 한다.

"사람들은 행복에 대해 피상적인 개념을 지니고 있습니다." 그레일링이 말했다.

> 사랑에 빠지는 걸 예로 들어봅시다. 인생의 커다란 속임수 중 하나는 사랑에 빠지면 행복하리라는 믿음입니다. 5~10년이 지나야 정신이 들어 '아니, 도대체 내가 아는 사람 맞아?'라는 질문을 던지죠. 파티를 즐기거나 사랑의 열병을 겪을 때 고조된 감정 상태는 행복이 아닙니다. 행복은 상태예요. 그 상태란 해야 할 일을 하고, 슬픔을 견뎌내며, 사람들을 만나고, 사람들을 도울 수 있는 확고한 기반과 장소가 있음을 뜻하죠.

정말 맞는 말이다.

평온을 유지하려면 어떻게 해야 할까?

스토아 철학의 여러 측면이 보여주듯, 마음의 평온을 가져다주는 마법 같은 특효약은 존재하지 않는다. 내면을 더 잘 인식하고 쾌락이나 짜릿함, 흥분보다 마음의 평온을 우선시하는 방법밖에 없다.

내면을 들여다보고 평온을 우선시하려면 엄청나게 노력해야 한다. 나는 하루에 두 번 20분씩 명상하면서 긴장을 푼다. 그 덕에 가슴의 답답한 통증 등 스트레스를 받을 때 몸에 느껴지는 감각을 인지하게 됐으며, 잠도 깊이 잤다. 잠을 잘 때 이를 덜 갈게 됐고, 극도로 행복해하는 일을 그만뒀다.

최근에 기쁜 소식을 들었을 때, 제일 친한 친구 중 한 명은 나의 반응에 어리둥절해하며 말했다.

"이보다는 더 신나야 하지 않아?"

마음을 평온하게 가라앉히는 연습을 하다 보니 어떤 일에도 지나치게 흥분하지 않게 됐다. 1년 동안 정말 열심히 아타락시아를 연습한 결과다.

평온함을 추구한다는 것은 다른 사람의 의견에 지나치게 마음을 여는 걸 경계한다는 뜻이기도 하다. 과도한 칭찬을 들으면 내가 더 중요한 사람인 것처럼 느껴지고, 지나친 비난을 들으면 화가 난다. 모두 균형과 평온함을 무너뜨리는 일들이다. 아이러니한 사실은 잠잠하고 평온한 상태를 유지하려면 어느 정도 노력이 필요하다는 것이다. 백조가 수면 아래에서는 발을 열심히 첨벙거리는 것처럼 말이다. 시간이 지나면서 나는 마음의 평온 역시 노력으로 얻을 수 있다는 걸 알게 됐다. 결정적으로, 인생이 더 수월해졌다.

2022년 3월, 오랫동안 기분을 고조시켰던 넷플릭스 쇼의 촬영이 시작됐다. 나는 콩코드의 한 주택가에서 진행된 첫 촬영에 참석했다. 촬영 감독들과 총감독, 배우와 엑스트라, 메이크업 아티스트 등을 보면서 어딘가 비현실적이라는 생각이 들었다.

넷플릭스와의 첫 번째 회의 후 계속 기분이 고조되어 오랫동안 진정되지 않던 때에 비하면 깊고 차분하게 가라앉는 느낌이었다. 반대의 느낌으로 상쇄할 필요도 없었고, 취약해지는 기분과 조화를 이뤄야 한다는 생각도 들지 않았다. 나의 행동에는 평온함이 깃들어 있었다. 평온하다고 해서 성공했을 때 즐길 수 없다는 얘기는 아니다. 예컨대 프로젝트가 실패해서 오늘을 맞이하지 못하게 됐어도 괜찮다는 뜻이다. 이제 내 행복은 외부 상황에 좌우되지 않는다. 가끔은 이런 미묘한 변화에 나조차 놀라곤 할 정도다.

평온의 이점

마음의 평온이 가져다주는 또 다른 이점도 있다. 우선 다른 사람이 나에 대해 어떻게 생각하는지 신경을 덜 쓴다. 내가 통제할 수 없기 때문이다.

아우렐리우스는《명상록》에 이렇게 썼다. "다른 사람이 무슨 말을 하는지, 어떻게 생각하고 행동하는지 더는 신경 쓰지 않고 내 말과 행동에만 신경 쓸 때 평온이 찾아온다."

실패에 대한 두려움이나 다른 사람들이 나를 어떻게 생각할지에 대한 두려움에서 벗어나면, 몸과 마음이 이완되고 즐거워진다. 그냥 그 상황을 즐기게 된다. 평온함이 기본이 되는 마음 상태는 나의 반응뿐만 아니라 내가 다른 사람을 어떻게 대하는지에도 영향을 미친다. 덜 긴장하고 화를 덜 내며 삶을 느긋하게 받아들이게 되므로, 남에게도 덜 반응하고 더 선한 성품을 보여줄 수 있다.

잘살든 가난하든, 아프든 건강하든, 유명하든 유명하지 않든, 불편함 속에서 살든 편의 시설이 다 갖춰진 집에서 살든, 외부의 상황과 관계없이 아타락시아를 추구할 수 있어야 한다. 그런 도구는 내면에 있다.

평온은 스토아 철학 여정에서 중요한 주제다. 이 주제를 살펴보면서 나는 인생과 상황은 언제나 변하며, 예상치 못한 일들이 수시로 닥친다는 걸 받아들이게 됐다. 그래서 외부 세계의 충격으로 훼손되지 않도록 평온함을 최우선으로 두었다.

"자연과 조화를 이루는 것을 삶의 목표로 삼아라."
- 키프로스의 제논

"어떤 사람이 선한 사람인지 논쟁하느라 시간을 낭비하지 말고,
나부터 선한 사람이 되어야 한다."
- 마르쿠스 아우렐리우스

선한 사람이 될 것

2022년 늦여름, 운전 연수를 받을 때의 이야기다. 기차역 주차장에서 후방주차를 연습하고 있었다. 주차장에는 회색 밴 한 대밖에 없었다. 강사가 그 차 옆에 주차하라고 했다. 내가 운전하는 차가 다가가자, 밴 뒷좌석에서 할머니가 커튼을 치는 게 보였다.

무사히 후방주차를 마친 나는 차에서 내려 연수비를 냈다. 그리고 집에 가려고 기차역 쪽으로 향했다. 그때 누군가가 다가왔다. 밴 안에 있던 할머니였다. 70대 정도로 보이며, 머리는 희끗희끗했고 해진 외투와 치마를 입고 샌들을 신었다.

"태어나서 처음 성공한 후방주차였어요!" 그녀에게 말을 걸었다. "8주 후에 면허를 딸 예정이에요. 그때도 못 따면, 세상에서 운전면허를 따고 싶어 하는 사람 중 나이로는 1등일 걸요."

그녀는 미소를 짓더니 뜻밖의 행동을 했다. 내게 다가와 손을 내밀며 "이거 가져요"라고 한 것이다. 50달러 지폐였다!

"괜찮아요. 돈은 넣어두세요." 바닥에서 돈을 주운 적은 있지만 낯선 사람이 나에게 돈을 주려고 한 건 처음이다. 특히 그 돈은 그녀 자신에게 더 필요해 보이는데 말이다. "정말 친절하시네요. 그런데 돈은 필요 없어요."

"그냥 받아요." 그녀가 말했다. "자, 받아요."

얼결에 돈을 받은 나는 기차 대신 버스를 타기로 하고 정류장 벤치에 앉아서 그녀와 이야기를 나누기 시작했다. 그녀의 이름은 모니카로, 뉴사우스웨일스주 오지에 있는 광산 마을 출신이었다. 가족을 만나기 위해 왔다고 한다. 길에서 마주치는 사람들에게 돈을 주려고 했지만 누구도 받으려 하지 않더라고 했다. 다들 정신 나간 사람 취급을 하며 황급히 떠나더라는 것이다. 하지만 그녀는 정신이 나간 게 아니었다. 단지 사람들에게 돈을 주고 싶었을 뿐이다. 돈을 주면 행복했고, 자신이 가진 것보다 더 많은 걸 원하지 않는 게 좋은 인생을 사는 비결이라고 생각했다.

"내가 가진 것에 만족하는 게 좋은 인생이죠. 사람들은 대개 자신이 가지지 않은 걸 원해요. 한 가지를 얻고 나면 또 다른 게 눈에 보이고 그 욕구를 채우기 위해 평생 일하죠. 하지만 그렇게 한다고 해서 행복해지는 건 아니랍니다."

"사람은 결코 만족하지 못해요." 내가 맞장구쳤다. "오히려 늘 부족하다고 느끼죠. 그게…, 자본주의인 것 같아요."

모니카가 고개를 끄덕였다.

"나는 항상 내가 가진 것에 만족하며 살았어요. 뭔가를 더 원한 적이 없어요."

더 많은 걸 얻으면 여유분으로 여겼고, 다른 사람에게 나눠줬다. 모니카에게 그 50달러는 필요하지 않았다. 3일 동안 기차역에 무료로 주차하고 있어서 주차비를 절약할 수 있었기 때문이다.

"다음 운전 연수 때 이 돈을 써요."

모니카가 말했다. 그러는 사이 버스가 왔고 우리는 서로의 행운을 빌며 헤어졌다. 모니카는 천천히 밴을 향해 걸어갔다. 버스에 앉아 그녀의 뒷모습을 보면서 나는 넋을 잃었다.

그녀는 내게 순수한 호의를 베풀었다. 그녀가 준 돈에는 성품과 친절함, 세상을 살아가는 방식이 담겨 있었다. 너무 드물게 일어나는 일을 겪다 보니 신성하게 느껴지기까지 했다. 모니카의 순수한 선함에 충격을 받았나 보다. 그녀는 나에게 원하는 게 없었고 그냥 주고만 싶어 했다. 이 일은 내가 선한 사람인지 생각해보게 했다. 모니카와 비교하면 '아니다'라는 생각이 들었다.

오늘날의 문화에서는 돈이 최상의 가치로 여겨지기에 모든 게 거래처럼 느껴진다. 그래서 모니카와의 만남이 너무 이상했나 보다. 물론 사람들은 서로에게 친절하지만, 은연중 대가를 바라는 게 보통이다.

새로운 직장에서 일을 시작하면 사람들이 친절하게 대해준다. 하지만 이는 사람들이 무의식적으로 자기편을 만들기 위해서가 아니던가. 이웃은 친절하고, 그룹 채팅에 나를 초대한다. 하지만 이는 똘똘 뭉치면 이득이 있기 때문이다. 예를 들어 송전탑을 짓지 말라고 의회에 탄원서를 넣기 위해서다. 파티에서 다른 사람과 이야기하는 이유는 친구들이 올 때까지 혼자 바보처럼 서 있기 싫어서다.

'사람들이 선해서 그렇다'라고 생각하기보다는 냉소적으로 바라보기가 더 쉽다. 아니면 내가 계산적인 자세로 사람들에게 접근해서일 수도 있다. 그리고 사실 나는 좋은 사람은 아니다. 솔직히 말해서, 무작위로 이타적인 행동을 하긴 하지만 기본적으로 나는 이기적이다. 최근 한 술집에서 가격이 잘못 적힌 계산서를 받았다. 내가 마신 술값보다 적게 적혀 있었다. 그냥 모른 척하고 계산할 수도 있었지만 카운터에 가서 말하고 제대로 냈다. 내 친구는 자기라면 그러지 않았을 거라며 '선한 행동'을 했다고 말했다. 하지만 정직하게 돈을 낸 건 '나쁜 업보가 쌓이지 않았으면 하는 바람' 때문이었다. 그것마저도 이기적인 자세 아닌가. 선한 업보를 쌓아 우주로부터 선행을 보답받길 원했으니 말이다.

남에게 베풀라

스토아 철학자들은 베푸는 것이 무엇인가를 깊이 통찰하고, 선물을 어떻게 주고받을지에 대한 생각을 재정립하고자 했다. 세네카는 이 주제로 《이점에 관하여De beneficiis》라는 아주 긴 분량의 도덕적인 글을 썼다. 주고자 하는 마음은 인간다움의 핵심이다. 그게 없다면 우리는 야생동물과 다를 바가 없다. 세네카는 선물을 주는 것이, 우리에게 자연의 선물을 많이 내려준 신들을 모방하는 방법이라고 봤다. 또 선물을 받는 가장 이상적인 태도는 고마워하는 것이라고 했다. 이런 방식으로 주고받으면 성품과 덕목을 기를 수 있다.

나아가 스토아 철학의 원칙에 따르면, 선물을 주는 사람은 그 대가로 아무것도 기대해서는 안 된다. 그러므로 익명으로 선물하는 게 이상적이다. 보상이 있으리라고 예상하고 무언가를 주거나, 어떤 일에 대한 대가로 선물을 주는 건 스토아 철학의 본질에 어긋난다. 우리는 다른 사람의 행동이나 반응을 통제할 수 없다. 따라서 선물을 줄 때 상대방이 감사 인사를 하거나 감사하는 행동을 하리라고 기대해서는 안 된다.

예를 들어 내가 집에 없는 동안 친구가 우리 집에서 지낼 수 있게 호의를 베풀었다면, 그 호의를 되돌려주리라고 예상하면 안 된다. 보상이나 보답을 바라지 않고 아낌없이 주어야 한다. 다른 사람이 일자리를 얻도록 돕거나 환자를 보살필 때도 마찬가지다. 그러면 줬을 때 스트레스를 덜 받는다. 대가가 있으리라고 기대하지 않고 주면, 돌아오는 게 없더라도 실망하지 않을 것이다.

그렇다면 주는 방식은 어때야 할까? 세네카는 이렇게 답했다.

"받을 때와 같은 방식으로 주어야 한다. 쾌활하게, 빨리, 주저 없이 주어야 한다. 손에 붙잡고 있어서 얻는 이득은 전혀 영광스럽지 않다."

정곡을 찌르는 메시지다.

선함이란 무엇인가?

나에게 50달러를 준 모니카의 예로 돌아가 보자. 당신이라면 그럴 수 있겠는가? 우리는 자신이 얼마나 선한지에 관한 질문은 거의 하지 않는다. 자신의 성품을 들여다보기 어려운 사각지대가 있어서일지도 모른다. 과연 자신을 객관적으로 바라보고 선한지 악한지 말할 수 있을까? 다른 사람이 선한지 악한지 평가하는 게 훨씬 더 쉽다.

지금까지 내가 선하지 않게 행동한 일 몇 가지는 기억의 저편으로 사라졌다. 그래서 나를 아는 사람들은 내가 '선한 사람' 또는 '좋은 사람'이라고 말한다. 그 말을 들을 때마다 조금은 놀랍다. 뭐라고? 내가? 정말?

아니 근데, '선하다'라는 건 무슨 뜻일까? 돈을 나눠주는 것일까? 남들을 돌보는 걸 말하나? 아니면 인간 자체가 선한 행동을 하도록 타고나는 걸까?

이 질문은 아리스토텔레스부터 셰익스피어Shakespeare, 해나 아렌트Hannah Arendt, 빅터 프랭클Viktor Frankl까지 모든 사람을 끈질기게 괴롭혔다. 인간 본성은 어떤 성향을 띠는가?

고대 스토아 철학자들 역시 이 질문을 깊이 파고들었다. 그리고 인간은 태생적으로 선함을 지향하며, 또 선하기 위해 노력해야 한다고 결론지었다. 한마디로 인간의 본성은 선하며, 덕목을 실천해야 한다는 뜻이다.

스토아 철학자들은 또한 우리가 이성적이고 사회적인 존재이며, '자연과 일치하는 삶'을 산다면 인생이 수월하게 풀리리라고 믿었다. 인간의 본성일 뿐만 아니라 자연계가 돌아가는 원리이기도 하다. 인간은 가족, 사회, 부족, 국가, 세계 공동체 안에서 태어나기에 다양한 공동체에서 다른 사람을 걱정하고 배려하는 것이 당연하다.

궁극적으로 다른 사람을 돌보는 것은 피가 섞인 친척을 넘어 모든 인류를 돌보는 것으로 확장되어야 한다. 스토아 철학자들은 대단한 반종족주의자였다.

그리스의 스토아 철학자 히에로클레스^{Hierocles}(AD 150?)는 '오이케이오시스^{oikeiôsis}'라고 불리는 동심원을 사용하여 스토아 철학의 우주관을 설명했다. 오이케이오시스는 어떤 것을 자신의 것으로, 자신에게 속한 것으로 인식하는 걸 의미한다. 히에로클레스는 개인이 일련의 동심원으로 이뤄져 있다고 설명하면서 가장 안쪽에 있는 작은 원은 인간의 마음이며, 그다음으로 큰 원은 직계 가족이라고 언급했다. 원은 대가족, 지역 사회, 이웃 마을의 공동체, 나라로 뻗어나가며 결국에는 인류 전체로 확대된다. 그는 안쪽으로 향하는 화살표를 그려 밖에 있는 사람들을 내부의 원으로 옮기고, 전 인류에게 관심을 두어야 한다고 주장했다. 불교의 '자애 명상'을 해본 사람들은 이 개념이 무엇인지 알 것이다. 힌두교와 자이나교의 고대 및 중세에 쓰인 글에서도 찾아볼 수 있다.

그리스와 로마의 스토아 철학자는 우정과 공동체가 가져다주는 기쁨을 자주 언급했으며, 이를 따뜻하게 바라봤다. 스토아 철학은 어떤 면에서 보면 고통에 맞서기 위해 자아를 강화하는 철학이지만, 사실 많은 측면이 유아론적^{唯我論的}이어서 내면을 들여다보는 연습과 사색을 강조한다. 우리의 본성을 조금 더 조화롭게 밖으로 드러내기 위해서다. 또 다른 사람들과 더 친밀하고 말썽 없이 공존할 수 있도록 설계됐다고 봤다. 자신을 선하고 평온한 마음을 지닌 사람이라고 느낀다면 더 나은 시민이자 친구, 파트너, 동료가 될 수 있다고 믿은 것이다.

당신은 좋은 사람인가?

이 책을 집필하던 3~4년 동안 친구와 지인들에게 자신이 좋은 사람인지 자문해본 적이 있느냐고 물었다. 그들의 대답을 듣고 놀랐다. 경쟁심이 강한 사람이든 경쟁을 피하는 사람이든, 겉으로 이타적인 사람이든 이기적인 사람이든, 자선하는 사람이든 비열한 사람이든, 그러니까 도덕 스펙트럼 전체에 걸쳐 있는 사람들이 그런 적이 있다고 답했다. 또한 그들 모두는 좋은 사람이 되는 것이 중요하다고 말했다.

그들은 다음 시표를 통해 자신이 좋은 사람인지 아닌를 일상적으로 되돌아본다고 했다.

- 내가 한 일이 어떤 영향을 끼쳤는가? 긍정적인 영향인가, 부정적인 영향인가, 아니면 가치중립적인가?
- 타인을 윤리적으로 대했는가?
- 환경, 자연, 생명체와 관련된 일에서 윤리적으로 행동했는가?
- 자선을 베풀었는가?
- 선하고 너그러운 친구이자 부모, 형제자매, 자녀였는가?
- 이 세상에 도착했을 때보다 더 나은 세상으로 만들어놓고 이 세

많은 사람이 선함에 대해 고찰하고 있다는 사실을 알고 무척 놀랐다. 무엇이 선한 영향력을 발휘하게 할까? 이 사람들은 성품과 행동을 일치시키려 했던 걸까? 아니면 그래야만 밤에 마음 편히 잠들 수 있어서 그런 걸까? 어쨌든 내가 질문을 던졌던 사람 중에 독실한 신자는 없었기에 천국에 가기 위해 성품을 가꾸려는 건 아니었으리라고 생각된다.

점심시간에 한 카페에서 신실한 친구와 만나 더 폭넓게 토론했다. 그는 독실한 기독교인이었고, 스토아 철학의 논지를 이해하지 못했다. 나 역시 어렸을 때 종교라는 안경을 끼고 세상을 바라봤기에 그의 질문이 타당하게 느껴졌다.

"선한 행동이 인간의 본성이고, 일종의 동물적 충동에 불과하다고 치자. 그런데 행위에 따른 보상이나 처벌이 없다면 사람들이 정말 선하게 행동할 것 같아?"

친구는 인간 모두에게 원죄가 있다고 믿었고, 인간이 선해지려면 당근이나 채찍이 더 필요하다고 생각했다. 그런데 스토아 철학에는 당근도 채찍도 없다. 스토아 철학에 따르면, 나의 성품은 내가 통제할 수 있는 몇 안 되는 것 중 하나다. 하지만 먼저, 좋은 성품을 가진다는 건 무슨 뜻일까?

성품이란 '자기 행동을 더 큰 선으로 인도하는 도덕적·윤리적 자질을 갖추는 것'이라고 정의할 수 있다. 타인을 대하는 방식, 가치관,

시험과 역경, 도전, 베풂, 돈·음식·술 등이 넘치는 상황을 대하는 방법 등 인간이 세상에서 행동하는 모든 방식을 망라한다.

사회학자 리처드 세넷^{Richard Sennett}은 성품을 구성하는 요소 덕분에 우리가 힘든 시간을 견딜 수 있는 거라면서 "지속 가능한 자아감^{sense of self}을 갖게 된다"라고 말했다.

그런데 최근 수십 년 동안 성품의 중요성이 사라졌다. 국선 변호사로 일하던 시절, 나는 범죄를 저지른 고객에게 신원보증서를 준비하라고 조언하곤 했다. 형을 선고받기 전 판사나 법관에게 제출하기 위해서다. 성품이 선량한 사람은 재범 가능성이 작다는 점이 고려되어 법관이 더 가벼운 처벌을 내리리라고 기대했기 때문이다. 이 조그만 도시의 마약 거래상이나 가정폭력범, 음주운전자, 단순 절도범들은 교구 사제나 학교 교장 선생님한테 편지를 써달라고 급하게 부탁했을 것이다. '이 사람이 저지른 범죄는 평소 보여준 성품과 일치하지 않는다'라는 내용으로 말이다. 그들은 편지를 제출하고 법관이 자비를 베풀길 희망했다. 일상에서 성품의 중요성이 두드러진 유일한 순간이었다.

그런 일에 신물이 나서 변호사를 그만두고 기자가 됐는데 세상은 여전히 카리스마나 깔끔한 외모, 쿨함, 유머, 똑똑함 등 화려해 보이는 성질을 성품보다 더 중시했다. 정치를 예로 들어보겠다. 과거에는 정치 경력을 쌓으려면 필수적으로 성품이 좋아야 했다. 하지만 이제 중요한 건 카리스마일 뿐 성품은 상관없다. 영국 국민 전체가 '타인의 생명을 구하기 위해 집에 갇혀' 있을 때 영국 총리는 다우닝

가에서 파티를 열며 보건 명령을 위반했다. 도널드 트럼프는 2005년 매력적인 여성들을 대하는 태도와 관련하여 다음과 같이 조언했다. "(유명해지면) 뭐든지 해도 되더라! 여자 거기를 움켜쥐어도 괜찮다니까." 참 우습게도, 이 발언이 담긴 녹취록이 공개된 지 몇 주 후 그는 미국 대통령으로 선출됐다. 성격 파탄인 사람이 정권을 잡으면 좋지 않은 행동이 더 장려된다. 특히 민주적으로 선출됐을 때는 더더욱 그렇다.

어쩌면 우리가 '선함'이라는 개념 자체를 의심하기에 공직에 '선한' 사람을 뽑지 않는 것인지도 모른다. 선함은 무엇을 의미할까? 지금과 같은 상대주의적 시대, 즉 경험과 문화 등 여러 가지 조건의 차이에 따라 가치판단 또는 진실의 기준이 달라지는 시대에 절대적인 선의 개념이 존재할 수 있을까? 공통으로 믿는 종교가 집단을 끈끈하게 결속하지 않는 상태에서, 각 개인이 선에 대한 자기만의 생각을 구체적으로 가지고 있다고 할 수 있을까? 선에 관해 이야기할 때 몇몇은 예수님의 가르침을 언급하고, 몇몇은 토니 로빈스Tony Robbins 등 자기계발 전문가의 조언을 따른다. 오프라 윈프리Oprah Winfrey 등 방송계 유명 인사들, 연예인, 스포츠 스타, 해리포터 책이나 마블 세계관에 등장하는 인물들의 조언을 따르는 사람들도 있다. 법률과 규칙은 합의된 표준으로, 일종의 전기 울타리와 같다. 내가 있어야 할 곳에서 너무 멀어졌을 때 제자리로 돌아오게 해준다. 사람들이 전기 충격을 받아야만 양심의 영역으로 돌아오는 사회라면, 선함이 무엇인지에 관해 말이나 꺼내볼 수 있을까?

우리가 선한지 어떻게 알 수 있을까?

———

나는 앞서 질문을 던진 표본 집단에 자신이 선한 사람인지 어떻게 아느냐고 물었다. 종교적인 글이나 교리, 가르침, 철학을 언급한 사람은 아무도 없었고 모두 자신의 기분에 관해 이야기했다. 즉 선한 일을 하면 기분이 좋아지고, 악한 일을 하면 기분이 안 좋아진다는 것이다. 내면에서 느끼는 미묘한 느낌이 자기 행동이 선한지 악한지를 알려준다는 얘기다.

내가 저지른 악한 행동을 정당화함으로써 안 좋은 느낌을 무시할 수는 있을 것이다. 예를 들어 그 사람이 잘못한 거라고 책임을 전가할 수 있다. 하지만 일반적으로 사람들의 도덕적인 나침반은 일정한 방향을 가리킨다. 스토아 철학자는 이 나침반 또는 느낌을 '자연적인 본성'이라고 불렀다. 본성이 선힘을 인식하고 실천하도록 인도한다고 생각했다.

스토아 철학자들은 '자연을 따르는 삶'에 관해 자주 이야기했다. 인간은 다른 사람이 잘되길 빌어주고 주변 사람들이 성공하길 원하는, 사회적이고 협력적인 존재임을 의미한다. 스토아 철학의 창시자인 키프로스의 제논은 이런 말을 남겼다.

"모든 것은 한 체계의 일부를 이룬다. 우리는 이런 체계를 자연이라고 하며, 개인의 삶은 자연과 조화를 이룰 때 선하다."

사람들은 다른 사람이 고통받거나 가진 걸 뺏기는 모습을 보고 싶어 하지 않는다. 본성에 어긋나기 때문이다. 인간은 사회적 존재이기에 한 구성원이 고통받으면 다른 구성원도 고통을 받는다. 아우렐리우스는 《명상록》에서 "벌집에 좋은 것은 벌에게도 좋다"라고 했다.

현실주의자였던 스토아 철학자들은 악한 행동도 인간의 본성임을 인식했다. 그러나 그들은 나쁜 행동을 고치거나 떨쳐낼 수 있다고 생각했다. 아우렐리우스는 "인간은 서로를 위하고자 태어났으므로 타인을 가르치거나 인내하는 법을 배우라"라고 했다.

됨됨이가 안 좋은 사람들은 어떻게 다뤄야 할까?

———

아우렐리우스는 다음을 자신에게 상기시키며 성품이 좋지 않은 사람을 인내하는 법을 배웠다.

"아침에 일어나면 우선 자신에게 이렇게 말하라. 오늘 나는 다른 사람의 일에 참견하기를 좋아하는 사람, 은혜를 모르는 사람, 오만한 사람, 교활한 사람, 잘 속이는 사람, 시기심이 많은 사람, 이기적인 사람들을 만나게 될 것이다. 이 사람들이 그렇게 행동하는 것은 선과 악을 구분할 수 없기 때문이다. 그러나 나는 선의 본질은 아름다운 것이고 악의 본질은 추한 것임을 알고 있으며, 악을 행하는 사람들의 본성도 나의 본성과 같고 그들 역시 나의 형제라는 사실을 알고 있다. 그러므로 나는 그들 중 누구한테서도 해를 입을 수 없으며, 누구도 나를 저열한 사람으로 만들 수 없다. 나는 나의 형제인 그들에게 화를 낼 수 없으며, 또한 그들을 미워할 수도 없다. 우리는 두 손이나 두 발, 두 눈 또는 윗니와 아랫니처럼 서로 협력하도록 태어났기 때문이다. 서로 반목하고 등을 돌리는 건 자연의 섭리에 어긋나는 일이다."

덕목

스토아 철학에 따르면, 성품은 내가 통제할 수 있다. 인생은 가혹하고 예측하기 어려우므로 우리는 최선을 다해 성품을 빚고 유지해 나가야 한다. 스토아 철학자들에게 선한 성품이란 용기, 절제, 지혜, 정의라는 네 가지 덕목을 기르는 것이었다.

게다가 고대에는 남자, 여자, 노예, 자유민, 흑인, 백인 등 모두가 선한 성품을 추구할 수 있다고 봤다. 스토아 철학자들은 처한 상황이나 위치와는 상관없이 선한 성품을 기를 수 있다고 믿었다. 이는 인간 본성의 일부였고 노력과 실천을 통해 누구나 내면에서 네 가지 덕목을 꽃피울 수 있었다.

고대인들에게 선한 성품을 가진다는 건 자기 삶이 수월해질 뿐만 아니라 주변 사람들의 삶이 나아지는 걸 의미했다. 지혜와 용기를 가지면 인생의 대운이 바뀔 때 좀 더 쉽게 받아들일 수 있다. 자기 자신을 통제하거나 절제하면 다른 사람들에게 분노하거나 다른 사람의 기분을 상하게 할 확률이 낮다. 정의를 추구하면 자신뿐만 아니라 주변 사람을 위해서도 공정하고 공평한 결과가 나오게 돼 있다. 지혜로우면 친구와 지역 사회가 행동의 방향을 바로잡도록 조언을 건네줄 수 있다. 용기가 있으면 역경에 처한 다른 사람을 도우며 자신도 일으킬 수 있다.

스토아 철학자들은 이 네 가지 덕목을 기를 수 있다고 믿었으며, 됨됨이와는 상관없이 모든 사람에게 내재해 있다고 생각했다.

나는 선해질 수 있지만 다른 사람을 선하게 만들 수는 없다

선한 사람이 되는 것, 적어도 지금보다 더 선한 사람이 되는 건 내가 완전히 통제할 수 있는 세 가지 범위 안에 있다. 그래서 선한 사람이 되는 것이 스토아 철학 여정의 목표에 포함됐다. 하지만 타인이 선한 사람이 되도록 그를 바꾸려는 생각은 버려야 한다. 나는 본보기가 되어줄 수 있고 다른 사람이 선하게 행동하도록 설득할 수 있지만, 결국 누군가의 좋거나 나쁜 행동은 나의 통제 범위 밖에 있다. 아우렐리우스의 조언대로 그들을 인내하는 법을 배워야 한다.

소화하기 어려운 가르침이었다. 특히 나를 부당하게 취급한 사람에게 화가 나는 상황일 때는 적용하기 힘들었다. 화는 불쾌감을 표현하고 선을 긋는 방식이 아닌가. 하지만 스토아 철학의 가르침, 특히 분노에 관한 가르침에 따르면 타인의 악한 됨됨이를 바로잡는 건 그들의 문제다. 나에게 부당하게 행동한 사람에게 악하게 행동함으로써 그 사람과 비슷해지는 건 나의 성품을 해칠 뿐이다.

에픽테토스는 아름다운 철제 등잔을 훔친 도둑을 예로 들었다.

"등잔을 잃어버린 이유는 내가 도둑보다 경계심이 적었기 때문이다. 하지만 그는 등잔값을 치렀다. 도둑이라는 이름으로 불리게 됐으니 자신의 신의와 등잔을 맞바꾼 것이다."

에픽테토스가 등잔만 잃은 데 비해 도둑은 더 큰 걸 잃었다. 바로, 자신의 성품을 훼손한 것이다.

어떻게 하면 성품을 기를 수 있을까?

성품을 기르는 건 어렵고, 나 역시 성품을 기르려고 여전히 노력 중이다. 하지만 나는 앞서 표본 집단이 언급한 내면의 미묘한 느낌을 믿는다. 잘못 행동하거나 최선의 성품을 발휘하지 않으면 눈에는 보이지 않는 내면의 등에 적신호가 켜지면서 경고를 보낸다.

선하게 행동하면 기분이 좋고, 악하게 행동하면 기분이 좋지 않다. 아주 간단하다. 모니카가 뜬금없이 50달러를 건네준 것과 같이 누군가가 나에게 선하게 행동하면 세상이 희망차 보이고 겸허해진다. 선함에는 소명과 반응이 내재해 있다. 누군가가 나에게 친절하게 대해주면, '나는 다른 사람에게 어떻게 대해야 하는가?'라는 질문이 자연스레 떠오른다. 선함에는 전염성이 있다. 선하게 행동하는 건 성품을 기르면서 주변 사람의 성품에 영향을 미치는 방법이다.

주고받는 것에 대한 세네카의 조언을 받아들일 수도 있고, 아무런 대가 없이 베풀면서 감사하는 법을 연습할 수도 있다. 어떨 때 계산적으로 행동하는지, 어떨 때 다른 사람을 수단으로 보는지 알아차리고 그런 일이 일어나지 않게 자신을 다스리자.

세상에는 자원이 한정돼 있으니 이기적으로 굴어도 된다는 사고 방식을 버려라. 이런 생각을 하면 폐쇄적이고 남을 불신하는 사람이 되며, 자기만을 위해 자원을 축적하게 된다. 개인적으로 이기적인 사람이 될 뿐만 아니라 사회 분위기에도 악영향을 미친다.

자신의 성품 되짚기

아우렐리우스나 세네카가 그랬던 것처럼, 일기를 씀으로써 자신의 성품을 기록해볼 수 있다. 명상이나 묵상도 좋다. 이런 연습을 통해 내 성품의 강점이 무엇인지, 어떤 면모가 부족한지를 살펴볼 수 있다. 사실 이런 연습은 평판이 중요하지 않은 이유와도 맞닿아 있다. 평판은 나의 성품에 대한 다른 사람의 평가에 불과하기 때문이다.

"사람들의 심기를 불편하게 하는 건 일이나 사물 자체가 아니라
그것을 바라보는 시각이다."
- 에픽테토스

"외부에서 일어나는 일을 다스릴 수는 없지만, 나의 마음을 다스릴 힘은
나에게 있다. 이런 진리를 깨달으면 힘을 얻게 된다."
- 마르쿠스 아우렐리우스

"당신의 얼굴은 상처로 가득한데,
왜 다른 사람 얼굴에 난 뾰루지를 쳐다보는가?"
- 세네카

VI

섣부르게 판단하지 말 것

'요즘 사람들은 왜 이렇게 이상하지?'

〈애틀랜틱〉에 실린 한 기사의 헤드라인이다. 실제로, 읽으면 정신이 이상해질 듯한 SNS상의 대화가 실생활로 흘러들고 있다. 차로 보행자를 치는 부주의한 운전자들이 어느 때보다 많고, 음주와 마약 남용 비율이 증가했다. 사람들은 너무 예측 불가능하고 이상하게 행동한다.

〈애틀랜틱〉은 이런 질문을 던졌다. "도대체 무슨 일이 벌어지고 있는 걸까? 얼마 전까지만 해도 의료 보건 계열 종사자들에게 박수를 보내던 미국인들이었는데 이제는 그들을 죽이겠다고 협박한다. 어쩌다가 이렇게 됐을까?"

그 이유는 복잡하지만 전문가들은 스트레스, 유대관계 단절, 물질 남용의 증가 등을 지적했다. 도덕적·사회적 행동뿐만 아니라 전체적으로 행동을 덜 억제한다는 것이다. 스토아 철학에 따르면 비난하고, 화내고, 위협하고, SNS에서 다른 사람의 기분을 해치는 행동 모두는 우리가 통제할 수 있는 범위 안에 있다.

어쩌면 당신은 반응이 너무 빨리 일어나는데 어떻게 조절하고 멈추느냐고 반박하고 싶을지도 모르겠다. 하지만 스토아 철학자들은 우리가 이성적으로 생각하는 한 모든 반응과 행동을 통제할 수 있다고 확고히 주장했다.

먼저 행동 및 반응과 상호작용하는 결정적인 요소인 '판단'을 살펴보자.

그저 가치중립적이라고 판단한다면?

일단 판단을 내리면, 현실이 좋아 보이기도 하고 나빠 보이기도 한다. 그 정도로 판단은 간단한 작용이면서도 복잡하다. 인간은 우주의 사물을 '좋음'과 '나쁨'으로 구분하여 정리하는 경향이 있다. 판단이 언제나 객관적인 진실을 나타내는 건 아님에도 종종 적절한 정보 없이 빠르게 판단해버린다. 판단을 함으로써 얻는 이득도 없고, 심지어 판단할 필요가 없을 때조차 그렇다. 좋거나 나쁘다고 꼬리표를 붙이는 일들 중 많은 것이 사실은 중립적이다. 하지만 우리의 판단은 강력하고 반응에 큰 영향을 미친다.

아우렐리우스는 다음과 같이 말했다.

"인간은 스스로 통제할 수 없는 일을 좋거나 나쁘다고 정의한다. '나쁜' 일이 일어날 때 또는 '좋은' 일이 일어나지 않을 때 신을 비난하고, 그 일이 일어난 데 책임이 있는 사람들을 미워한다. 아니면 어떤 사람에게 책임을 지우고 미워하기로 마음먹는다. 인간의 악한 행동 중 다수는 좋고 나쁨이라는 기준을 적용하는 데서 나온다."

얼마 전 세들고 싶은 집에 임대신청서를 냈는데 퇴짜를 맞았을 때, 상황이 좋지 않다고 생각했다. 하지만 왜 안 좋다고 생각했을까? 그냥 그 집에서 살지 못하게 된 것뿐이다. 어딘가에는 나에게 더 잘 맞는 집이 있을지도 모른다. 그 집에 골칫거리가 있을 수도 있다. 바퀴벌레가 우글거리거나 수도꼭지가 고장 났거나 집주인이 참견하길 좋아하는 사람일 수도 있다. 하지만 나는 모든 사실을 확인하기 전에 '나쁘다'라고 판단하는 데 급급했다. 심지어 그 집을 꼼꼼히 살펴보지도 않았다.

제대로 확인하지도 않고 감정에 휩쓸리게 되는 이유

판단은 행동 방식을 결정하기 때문에 무척 중요하다. 이성을 사용하면 감정의 흐름을 어느 정도 통제할 수 있다. 우리는 하루에 6만 가지 이상의 생각을 하는데, 훌륭한 것도 있지만 그중 대부분은 쓸모가 없다. 그러므로 행동하기 전에 이성을 사용하여 생각을 분류해야 한다. 우리는 종종 다가오는 상사와의 회의처럼 부담이 되고 걱정스러운 일을 계속 생각하지만, 그런다고 해서 실제 회의의 방향을 바꿀 수 있는 건 아니다. 준비만이 그 방향을 바꿀 수 있다. 어떤 일을 머릿속에서 떨쳐내지 못하고 집착하면, 우리의 생각은 정크푸드처럼 되어버린다. 몸에 좋지 않고, 영양이 부족하며, 일을 완수하는 데 필요한 에너지를 공급하지 못하는 게 정크푸드 아닌가. 되도록 정크푸드를 줄이는 게 좋은 것처럼, 쓸모없는 생각은 최대한 줄이는 게 좋다.

이성적 사고

스토아 철학자들은 이성적인 사고 능력을 아주 중요하게 생각했다. 인간은 이성적으로 사고하는 능력을 타고나며, 그 능력을 사용하면 너무 들뜨거나 잘못된 감정 상태에서 벗어날 수 있다.

에픽테토스는 다음과 같은 명언을 남겼다.

"당신에게 어떤 일이 일어났느냐는 중요하지 않다. 진정으로 중요한 건 그 일에 어떻게 반응하느냐다."

앤드루는 스토아 철학의 이런 측면을 아주 쉽게 이해했지만, 나는 그러지 못했다. 이성적으로 사고해서 감정을 그렇게 쉽게 통제할 수 있다면 왜 전쟁이나 이혼, 싸움, 폭력, 논쟁, 소송이 일어나는 걸까?

"그렇게 간단하지 않대도!"

나는 이 말을 반복했다. 다른 관점도 접하기 위해 현대 철학자 마사 누스바움이 욕구와 감정에 관해 쓴 글을 읽어봤다. 욕구와 감정이 고대 스토아 철학의 윤리적인 틀에 어떻게 부합하는지 설명해주는 훌륭한 글이었다.

《욕망의 치료》에서 누스바움은 이렇게 말했다.

"감정에는 다채로운 인지적 구조가 존재한다. 감정은 아무런 생각도 하지 않는데 갑작스럽게 밀려오는 정동情動과는 다르다. 감정은 대상을 분별하는 방법이며, 반드시 사물에 대한 특정한 믿음이 뒷받침되어야 일어난다."

감정의 복잡성과 각 개인의 고유한 성격에 비추어 볼 때, 반응을 통제하라는 스토아 철학자들의 조언은 지나치게 단순할 수 있다. 감정과 판단을 유도하는 무의식적인 행동은 무척 다양하기에 감정과 판단을 세세하게 나누고 중립화하는 건 엄청나게 어려운 일이다. 스토아 철학은 너무나 높은 이상을 세웠고 많은 사람에게 너무 높은 기준이기는 하지만, 우리가 추구하고 도달하기 위해 노력해야 하는 이상의 나침반이라는 사실에는 변함이 없다.

판단을 세세한 부분으로 나누기 위해 가장 먼저 해야 할 일을 살펴보자.

우리는 시시각각 판단을 내린다

판단은 우리를 불행으로 내몰 수도 있다. 판단하고 있다는 것조차 깨닫지 못하고 사물을 끊임없이 분류하기 때문이다. 우리는 부정의 바다에서 헤엄친다. 통제 테스트에 따르면, 우리에겐 비관적으로 생각하는 인지 편향(경험을 바탕으로 한 비논리적 추론으로 판단하는 편향-옮긴이)이 있다. 하지만 사물에 대한 반응은 언제든 통제할 수 있으니 반드시 비관적으로 생각할 필요는 없다.

일단 평범한 하루를 예로 들겠다. 잠에서 깨자마자 오늘 어떤 일이 기다리고 있는지, 어제 푹 잤는지에 따라서 나의 마음은 기분에 꼬리표를 붙인다. 만약 깊이 자지 못하고 이상한 꿈을 꿨거나 밤새 등이 결렸다면, 아마 그런 경험에 '나쁘다'라는 꼬리표를 붙일 것이다.

그런 다음, 스마트폰이 있는 쪽으로 몸을 돌려 뉴스와 날씨를 확인한다. 좋지 않다. 부정적인 뉴스로 가득 차 있다. 뉴스는 거의 언제나 세상의 문젯거리를 다루기에 혼란스러운 일이나 사람들이 죽어나가는 전쟁 같은 기사가 많다. 일기예보를 보니 오늘은 구름이 많이 끼고 오후에 폭풍우가 몰아친다고 한다. 기분이 한층 더 안 좋아진다. 이제 SNS에 접속했더니, 내가 트위터에 올린 글을 오해한 사람들이 공격을 퍼붓고 있다. 당장 방어해야겠다는 생각이 든다. 이메일에 접속한다. 내가 참여하고 있는 프로젝트를 칭찬하는 이메일을 읽었다. 갑자기 기분이 좋아진다. 그런 다음 은행 계좌를 확인한다. 입금됐다! 앗싸!

누군가를 마주치기도 전에, 아니 침대에서 몸을 일으키기도 전에 하루의 모습을 바꿀 여섯 가지 판단을 했다. 그런데 그중에서 판단이 필요한 일이 있었나? 우리가 접하는 많은 일이 중립적이지 않은가? 그냥 그런 일이 있다고 인식한 후, 꼬리표를 붙이지 않고 다음으로 넘어가도 되지 않을까?

무언가에 대해 '나쁘다'라고 판단하지 않는다면, 그 일을 계속 생각할 가능성이 작다. 상사나 클라이언트에게 칭찬받는 등의 일도 '좋다'라고 판단하지 않는다면, 여기에 매달리거나 지나치게 기뻐할 가능성이 작다. 판단을 하지 않거나 줄이면, 인생이 그냥 펼쳐지고 반응이 적어지며 개방적인 경험을 하기가 쉽다. 일이나 인간관계가 수월해지고 삶에서 하는 경험이 가벼워진다. 사소한 것 하나하나를 판단으로 채우지 않기 때문이다. 어떤 상황 때문에 꼼짝 못 하게 되는 일도 없다. 벌써 목요일이 됐는데 월요일에 틀어진 일을 생각하거나 아주 오래전에 나를 화나게 했던 일을 불안해하며 곱씹지 않게 된다.

이렇게 간단하다. 꼬리표를 붙이지 않으면, 삶이 훨씬 더 수월해진다. 자연스럽게 그렇게 된다. 하나가 끝나면 다음 일로 막힘 없이 흘러간다. 동료를 경쟁자로, 상사를 괴물로, 업무를 따분한 짐으로 생각하지 않는다면 일이 얼마나 수월해질지 생각해보라.

사물을 판단하지 않는 건, 뇌나 직감에 의지하지 않거나 정보나 단서를 받아들이지 않는다는 의미가 아니다. 그냥 모든 사물을 판단하려고 하지 않는다는 의미다.

삶은 우리를 위한 것이다

스토아 철학자들은 삶이 우리를 위해 존재하지, 우리를 괴롭히려고 있는 게 아니라고 믿었다. 도교를 믿는 사람이나 요가를 수련하는 사람, 에크하르트 톨레Eckhart Tolle 같은 영적 스승들과 같은 입장이다.

만약 인생에 저항한다면 삶의 편안함과 풍요로움을 놓치고 저항, 부정, 긴장, 투쟁, 고통과 같은 부정적인 패턴에 갇히게 된다. 아우렐리우스는 이렇게 말했다.

진정으로 이해한다는 건 인생에서 일어나는 일들을 '아니라는 소문이 있긴 해도, 너는 나를 도와주기 위해 여기에 있다'라는 자세로 바라보는 걸 의미한다. 모든 상황을 '바로 너를 찾고 있었다'라는 자세로 맞이하면, 모든 일이 나에게 이득이 된다. 삶에서 일어나는 모든 일은 나와 내 주변 사람이 성장하는 데 정말로 적절한 재료가 되어준다. 한마디로, 예술이다. '삶'이라고 불리는 예술은 인간과 신 모두에게 걸맞다. 모든 일에는 특별한 목적이 있고, 숨겨진 축복이 있다. 믿을 수 있는 옛친구가 그러하듯 인생이 나를 환영한다면, 세상의 어떤 일이 이상하거나 고되겠는가?

스토아 철학자들은 타고난 지혜를 발휘함으로써 세상에 대한 인식의 주인이 되는 게 왜 중요한지를 깨달았다. 판단 때문에 길을 잃을 수도 있다는 사실을 잘 알았기에 이성의 힘을 이용하여 불필요한 가치판단이 아니라 참되고 객관적인 믿음을 가지려고 했다.

우리는 종종 자신에게 가장 가혹하게 군다

어쩌면 가장 흔하고 해로운 판단은 자기비판일지도 모른다. 최악의 적이라고 할지라도 자신에게 하는 어투로 말하진 않을 것이다. 한번은 한낮인데 아주 피곤했다. 크리스마스가 다가오고 있었고, 아주 중요한 일이 많은 해를 마무리하던 참이었다. 한 시간 정도 자고 나면 상쾌해질 것 같았다. 그래서 낮잠을 자기로 했지만, 자신에 대해 많은 판단을 했다. 침대에 누워 알람을 맞추면서, 낮잠이 필요한 나약한 사람이라고 비난했다. 그리고 피곤해서 일에 집중하지 못하는 나 자신에게 게으르다는 꼬리표를 붙였다. 나 자신에게 실망하고, 휴식이 필요한 나의 몸과 마음을 질책했다. 한 시간 후 상쾌한 기분으로 일어났을 때, 나에게 얼마나 많은 부정적 판단을 내렸는지 떠올려봤다. 나에게 말하는 방식을 좀 더 인식할 필요가 있었다. 자신과 대화할 때의 말투가 시간이 갈수록 점점 더 가혹하고 무자비해졌기 때문이다.

어떻게 하면 판단을 그만둘 수 있을까?

반응을 알아차려야 한다

판단과 반응은 밀접히 연관돼 있다. 우리는 판단을 한 후에 반응하거나, 그 반대로 반응한 다음 그 반응을 판단한다. 불에 손이 닿았을 때 재빨리 손을 빼는 것처럼 온전히 생리적인 반응이 있는 한편, 판단에서 나오는 반응도 있다.

우리는 무언가에 대해 좋은지 나쁜지 생각한 후 이를 바탕으로 반응한다. 사물에 대한 반응을 생각해보자. 대부분은 완전히 무의식적으로 반응하지만, '행동 – 반응 – 물러나기'의 사이클을 따르며 잘 인식하지 못한다. 예를 들면 이렇다. 집안일을 두고 배우자와 다툰다(행동). "하나도 도와주는 법이 없어! 내가 다 하고 있잖아!" 말다툼을 하면 화가 난다(반응). 그다음에는 한 걸음 뒤에서 내가 인식한 내용을 숙고한다(물러나기).

이게 바로 일반적인 무의식적 반응으로, 갈등 상황에 놓이면 이

패턴이 반복된다. 스토아 철학자들은 반응을 통제할 수 있다고 믿었다. 즉, 이 사이클을 깰 수 있다. 사람들이 나를 대하는 방식을 바꿀 수는 없지만, 내가 반응하는 방식은 바꿀 수 있기 때문이다.

반응을 통제해야 한다

상황에 대한 반응을 조절할 수 있긴 하지만, 언제나 쉬운 일은 아니다. 가벼운 교통사고가 났다고 해보자. 상대 운전자가 자제력을 잃고 욕설을 쏟아부을 수도 있다. 이건 내가 어쩔 수 없다. 내 통제 범위 안에 있는 것은 내가 반응하는 방식이다. 이런 상황에서 가장 좋은 반응은 침착함을 유지하고 냉정을 잃지 않는 것이다. '행동 – 반응 – 물러나기'의 사이클을 명심하자. 반응을 하지 않으면 물러날 일이 없다.

누군가가 나를 모욕했는데, 당연히 반응할 수밖에 없지 않느냐고 주장할 수도 있다. 우리는 로봇이 아니니 느낌과 감정이 드는 것이 정상이다. 하지만 그 사람이 나를 어떻게 생각하는지 또는 무슨 말을 할지는 통제할 수 없기에, 걱정하거나 반응하는 건 의미가 없다고 마음먹을 수 있다.

어쨌든, 그는 나에게 욕을 퍼부음으로써 자신의 성품을 해쳤다. 나도 똑같이 맞선다면 내 성품도 해치게 될 것이다. 스토아 철학의 관점에서 볼 때 나에게 일어날 수 있는 가장 안 좋은 일이다. 아우렐리우스는 "성품이 망가졌을 때 인생이 망가진다. 성품이 온전하다면, 내면과 외면 모두에 어떤 해도 끼칠 수 없다"라고 말했다.

어떻게 모욕에 반응하지 않을 수 있을까?

감정적인 반응을 계속해서 확인하면 모욕이나 공격적인 행동에 더는 반응하지 않을 수 있다. 감정에는 크게 두 가지 형태가 있다. 첫 번째는 스토아 철학자가 '인상impressions'이라고 부르는 것에서 일어나는 감정이고, 두 번째는 판단에서 일어나는 감정이다. 인상은 종종 내가 통제할 수 있는 영역 밖의 문제다. 얼굴에 홍조가 일거나 뜨거운 불길에서 잽싸게 손을 빼는 것과 같이 생리적인 현상에 가깝다. 판단과는 반대로, 내가 통제할 수 없다.

인상은 두려움, 불신, 욕망, 질투, 쾌락과 같이 초기에 일어나는 반응이다. 거의 동물적인 본능과 비슷하다. 스토아 철학자들은 특정 인상을 받았을지라도 그것이 평온함을 깨지 못하도록 이성으로 뒤엎었을 것이다. 예를 들어 갑자기 요란스러운 소리가 들려서 겁에 질린 상황이라고 생각해보자. 알고 보니 주변에 있는 자동차 타이어에서 바람이 빠지면서 나는 소리였다. 이런 사실을 알아냈다면 더는 무서워할 필요가 없다. 이럴 때 인상의 영향력은 사라지며, 자신의 반응을 조절하면 평온한 상태 밖으로 밀려나지 않게 된다.

스토아 철학자들은 인상을 통제할 수는 없지만, 인상에 충동적으로 반응해서도 안 된다고 말했다. 에픽테토스는 "누군가가 나를 때렸거나 모욕했다고 해서 내가 다치는 건 아니다. 내가 해를 입었다고 생각해야만 해를 입는 것이다"라고 했다. 그리고 "누군가가 너를 자극하는 데 성공한다면, 네 마음도 공범이라는 걸 깨달아야 한다"라고 덧붙였다. 이게 바로 인상에 충동적으로 반응하지 말아야 하는 이유다. 반응하기 전 잠시 멈추면 평정을 유지하기가 쉽다.

스토아 철학 초기에 그리스에서 활동한 크리시포스는 감정을 전력질주에 비유했다. 감정이 일어났을 때 그 리듬을 완전히 따르기 시작하면 멈추기가 어렵다. 감정이 일어나는 속도를 늦춰야 하고, 적어도 감정이 일어나는 상태를 인지해야 한다. 속도를 늦추면 판단을 재구성하고 다시 평가할 수 있다. 스토아 철학자들은 이 기법을 '재구성하기reframing'라고 불렀다.

아침에 동료에게 인사를 건넸는데 그가 불만이 있는 것처럼 웅얼거렸다고 해보자. 그러면 나는 그 일을 곱씹으며 이런저런 생각을 해볼 것이다. 또는 곧장 부정적으로 반응할 수도 있다. 스토아 철학자들은 감정이 일어나는 속도와 판단을 내리는 속도를 의도적으로 늦추고 판단을 재구성하라고 말한다. 내가 한 일 때문에 퉁명스럽게 인사했다는 충분한 정보가 정말로 존재하는가? 나와는 아무런 상관이 없는 일일 수도 있지 않을까? 부담스러운 회의를 앞둔 상황일 수도 있고, 출근 전에 배우자와 다퉜을 수도 있다. 심지어 인사를 건네는 나를 보지 못했을 수도 있다. 나는 그 사람에게 무슨 일이 있는지 모른다. 그런데도 급하게 판단해버린다. 모든 걸 자신과 연관 짓는다.

어쩌면 당신도 나와 비슷해서, 다른 사람들이 나를 쳐다본 방식이나 말투를 계속 떠올리며 씨름할지도 모르겠다. 이런 생각은 실제

증거가 없으며 상황을 너무 빠르게 판단한 결과일 수도 있다.

상황을 지나치게 빠르게 판단하면, 당연하게도 형편없는 결과를 얻게 된다. 처음에 내린 판단을 재평가하지 않으면, 그릇된 신념에 발이 묶이고 머릿속에서 떠다니는 첫인상에 혼란스러워하게 된다. 온종일 잘못된 판단을 머릿속에 담고 다니면서 그날 하루를 망칠 수도 있고, 그 사소한 일에 정신이 팔리는 바람에 다른 동료에게 무례하게 굴 수도 있다. 스토아 철학자들이 성급한 판단을 반대하는 이유는 그래야만 평온이 유지되기 때문이다. 다른 사람에게 말을 전하는 걸 멈추고, 일어나는 일들에 꼬리표 붙이기를 자제하면 내면이 어지러워질 확률이 낮다.

세네카는 "중요한 건 일이 잘못됐다는 것이 아니라 그 일을 받아들이는 자세다"라는 말을 남겼다. 아우렐리우스 또한 잘못된 판단의 산물이 어떤 고통을 주는지 이야기했다. "외부의 일로 고통스럽다면, 그 일 자체 때문이 아니라 그 일에 대해 내린 나의 판단 때문이다. 그 판단을 거두어들일 힘은 나에게 있다."

상황을 판단하지 않으면 어떻게 될까?

판단하지 않으면 상황을 그 자체로 받아들일 수 있다. 판단은 저항을 불러일으킬 수 있으며, 저항하면 현재를 덜 수용하게 된다.

판단을 하지 않으면 '~해야 했는데'의 고리를 피할 수 있다. 상사는 내 월급을 **올려줬어야** 하고 남편은 저녁 식사 준비를 **도와줬어야**

한다 등 연속적인 생각을 막을 수 있다. 판단하는 대신 상황, 즉 현재를 있는 그대로 받아들이자. 판단이나 비교, 두려움 없이 현재를 받아들이는 태도는 인생을 바꿔놓을 수 있다. 인생에 맞서 싸우거나, 인생이 지금과는 다르기를 소망하거나, 내가 가진 것을 거부하지 않게 된다.

아우렐리우스는 이렇게 썼다. "운명이 너와 함께 묶는 것들을 받아들여라. 운명이 너와 엮은 사람들을 사랑하라. 온 마음을 다해 그렇게 하라." 내가 제일 좋아하는 구절이다.

무엇을 판단해야 할까?

무엇을 판단해야 하는지 알아보기 위해 다시 한번 통제 테스트를 살펴보자. 우리는 다른 사람들의 행동과 반응을 통제할 수 없다. 스토아 철학자들은 다른 사람을 통제하려고 하는 대신, 행동을 바로잡으라고 설득하거나 다른 사람이 나의 행동을 본받고 따라 할 수 있도록 본보기가 되어야 한다고 강조했다.

배우자가 술을 많이 마시는 사람이라고 해보자. 하루가 멀다고 진탕 마시기 때문에 함께 사는 나는 화가 나고 마음이 어지럽다. 나는 술을 마시는 모습을 보고 그를 판단할 것이다. 하지만 그가 술을 마시는 건 통제할 수 없다. 술을 마시고 안 마시고는 그에게 달렸기 때문이다. 술을 너무 많이 마시면 해롭다고 설득할 수 있겠지만, 내가 할 수 있는 최선은 그가 행동을 고치도록 본보기가 되어주는 것이다. 예컨대 와인을 함께 마시면서 그에게 술을 자제하라고 하면 통할 리가 없지 않겠는가.

에픽테토스는 이런 가르침을 다음과 같은 말로 요약했다.

"우리는 사람들의 행동 이면에 어떤 이야기가 숨어 있는지 모른다. 그러므로 인내심을 가지고 다른 사람을 대해야 하고, 판단을 보류해야 하며, 우리가 이해할 수 없는 일들이 있다는 점을 인정해야 한다."

어떤 기준으로 판단해야 하는가?

주관적인 판단을 넘어 사물의 진리를 바라보려는 자세는 현실을 살아가는 데 꼭 필요하다. 아우렐리우스는 이렇게 말했다. "우리가 듣는 모든 말은 사실이 아니라 의견이다. 우리가 보는 모든 것은 관점이지 진실이 아니다."

어떻게 하면 욕망이나 판단이 아닌 이성이 나를 안내하게 할 수 있을까? 어떻게 하면 환상의 세계가 아닌 현실 세계를 살아갈 수 있을까? 어떻게 하면 깨어 있는 의식으로 세상을 바라볼 수 있을까? 내가 원하는 방식이 아니라 세상을 있는 그대로 보려면 어떻게 해야 할까?

세상을 보는 관점은 사람마다 다르고, 자신에게 일어난 일을 소화하는 방식도 저마다 다르다. 나는 세상을 나의 관점으로 바라보고, 내 관점을 통해 인식한 일들은 감각으로 흘러 들어간다. 그래서 내가 하는 경험 모두는 인식을 거친다. 나와 관계된 모든 일을 너무나 자동으로 판단하며, 내 관점을 의심하지도 않는다. 이 세상에서 하는 경험의 중심에 나 자신을 두기 때문에 내가 살필 수 없는 사각지대가 생긴다. 한마디로, 자신이 드라마의 주연이라고 생각한다. 나의 인식은 드라마가 전개되는 방향을 알려주며, 주변 사람들은 삶이라는 드라마에 조연으로 등장한다.

이렇듯 우리는 인식에 대해 거의 생각하지 않는다. 모든 사람이 자기 자신을 드라마의 주연이라고 생각하고, 다른 사람을 자기 인생의 조연으로 바라본다는 점을 떠올려보면 한편으로는 불쾌할 수도 있다. 모든 사람이 현실을 자신의 시각으로 바라보기에 남들과 깊은 관계를 맺는다는 건 상당히 어려운 일이다.

인식이라는 개념을 고려해보는 건 다음과 같은 측면에서 중요하다.

나의 인식이 틀렸을 수도 있기 때문이다

내가 인식한 내용이 틀려서 잘못된 관점으로 바라보거나 투사하는 등 세상을 있는 그대로 바라보지 못할 수도 있다. 관계의 불균형이 대표적인 예다. 주변에서 쉽게 찾아볼 수 있는 현상으로, 내가 관계에 투자한 것보다 상대방이 덜 투자하는 것을 뜻한다. 상대방이 나를 특별한 친구로 여기는 것 같다거나 나를 유달리 잘 이해해준다고 생각할 수도 있다. 아니면 다른 친구와의 관계보다 더 끈끈하고 가까운 관계라고 짐작할 수도 있다. 하지만 내가 상대방을 생각하는 것만큼 상대방이 나를 생각하지 않는다는 걸 발견하면, 큰 충격을 받을 수밖에 없다. 관계의 불균형을 깨닫는 사람들은 생각보다 많다. 내가 보는 현실이 다른 사람이 보는 현실과 완전히 일치하지 않기 때문이다. 그 사람들이 내 드라마에서는 공동 주연일 수도 있지만, 그 사람들의 드라마에서 나는 아예 캐스팅이 안 됐을 수도 있다.

2016년 MIT 미디어랩의 압둘라 알마아투크^{Abdullah Almaatouq}와 동료들이 진행한 연구에 따르면, 친구 관계의 절반만이 서로를 비슷하게 생각한다고 한다. "여러 실험에서 사람들이 제출한 답변을 분석한 결과, 대부분의 친구 관계에서 사람들은 내가 상대방을 생각하는 만큼 상대방도 자신을 생각하리라고 기대한다. 하지만 실제로는 절반만이 서로를 비슷한 친구로 생각하는 것으로 밝혀졌다. 이는 사람들이 친구 관계에서 서로를 어떻게 생각하는지를 심각하게 인지하지 못하고 있음을 시사한다. 아마 한쪽만 노력하는 관계임을 인식하면, 자아상이 시험대에 오를 수도 있을 것이다." 이런 사각지대를 보지 못하는 이유는 나의 인식이 잘못됐기 때문이다.

나의 인식이 주변 사람의 공감을 받지 못할 수도 있기 때문이다

주변 사람들이 세상을 매우 다르게 인식하고, 그 결과 세상을 다르게 해석한다는 걸 이해한다면 단체 생활을 더 능숙하게 할 수 있다. 그런 인식 중 몇몇은 잘못됐을 수도 있고, 다른 사람의 인식이 옳을 수도 있다. 집안일 분담부터 자녀 양육, 백신 의무화, 선거 결과까지 모든 의견 충돌이 왜 일어나는지를 이해하는 데 도움이 된다.

가짜 뉴스와 잘못된 정보가 널리 퍼지면서, 민주주의의 핵심과 진실이라는 개념 자체가 위협받고 있다. 이런 시대에 우리의 인식과 믿음을 샅샅이 살펴보는 건 어느 때보다 중요하다. 다른 사람은 나와 다르게 인식하고 다른 현실을 살아가며, 저마다 세상을 바라보는 관점에 따라 행동한다는 점을 이해하는 것도 마찬가지로 중요하다. 모든 사람이 현실에 대한 자신의 견해가 옳다고 믿는다. 이를 알면, 문제의 근원이 되는 전제가 거짓이거나 반대될지라도 그들을 이해할 수 있고 측은지심으로 바라볼 수 있다. 진실에 닿으려면 이성과 명료함이라는 창을 통해 다른 사람들의 인식을 바라봐야 한다.

인식은 변할 수 있기 때문이다

내가 어떻게 인식하고 있는지 깨달으면, 전혀 다른 경험을 할 수 있다. 어디에 초점을 두고 얼마나 명확히 보느냐에 따라 이 세상에서 나의 위치가 변하고 개선될 수 있다. 먼저 자신에게 물어보자. 감정과 판단에 현실의 얼마나 많은 부분이 스며들어 있는가? 셰익스피어는 《햄릿》에서 "사물은 좋지도, 나쁘지도 않다. 어떻게 생각하느냐에 따라 좋을 수도, 나쁠 수도 있다"라는 명언을 남겼는데, 스토아 철학의 원리가 메아리치는 듯하다. 인식은 새로운 정보를 더하거나 엄격한 자기 성찰을 통해 환상과 희망을 없앰으로써 바뀔 수 있다. 인식을 바꾸려면 내가 명확하게 볼 수 없는 상황, 타인에 대한 판단, 이에 대해 드는 감정을 살펴봐야 한다.

누군가에게 반했을 때를 생각해보라. 그가 세상에서 가장 잘생기고, 가장 재치 있고 똑똑한 사람이라고 생각했을 것이다. 하지만 콩

깍지가 벗겨지면 인식이 변한다. 항상 자기 얘기만 한다거나 코가 휘었다는 걸 알아차리게 된다. 새롭게 발견한 단점이 무엇이든, 그 사람은 변한 게 없다. 나의 인식이 변했을 뿐이다. 상상력을 발휘해 장점을 서로 치켜세워주는 연인 관계에서도 마찬가지다. 상상력이나 인식의 속임수가 잘 먹히지 않으면 관계도 흔들리게 된다.

합리성과 이성을 사용하여 내가 인식하는 바를 있는 그대로 살펴보면, 도수가 잘 맞는 안경을 낀 것처럼 사물이나 사건이 더 또렷이 보인다. 그러면 어려운 상황을 헤쳐나갈 방법도 명료하게 보인다. 주관적 경험보다 현실에 가깝게 인식하려면, 상황을 인지하는 능력을 키워야 한다.

삶이 펼쳐지게 내버려 두어라

현실을 인지한다는 건 개인적인 문제나 바람, 욕구, 이야기, 그룹 정체성, 불만 등으로 인식을 가득 채우는 대신 삶이 펼쳐지게 내버려 두고 이성의 창으로 살펴본다는 의미다. 하지만 대부분 사람은 그렇게 하지 않는다. 현실은 펼쳐지지만, 앞으로 나아가지 않는다. 판단으로 현실을 가득 채우기 때문이다. 사람의 잠재의식은 강력하여 생각과 행동에 영향을 미친다. 안 좋은 경험을 상기시키는 기억에 자극받고, 현실에 주어진 것보다 더 많은 것을 욕망한다. 반응하고, 투사하고, 오래된 상처를 건드리면서 부정적인 반응을 일으킨다.

우리는 사물이나 사람을 둘러싼 이야기를 만들어낸다. 그리고 그

일 자체가 아니라 이야기 때문에 불안해지고 무언가를 욕망하게 된다. 세네카는 이렇게 말했다. "사람의 마음을 어지럽히는 건 어떤 활동이 아니라 사물에 대한 그릇된 인식이다."

세네카가 말한 이 '그릇된 인식'을 우리는 머릿속에 품고 다닌다. 아일랜드 시인 윌리엄 버틀러 예이츠William Butler Yeats도 비슷한 말을 남겼다. '서커스 동물들의 탈주The Circus Animals' Desertion'라는 시에서 예이츠는 "나를 매혹한 건 꿈 자체였다"라고 말한다. 이런 꿈은 이성을 기반으로 설계된 어떤 테스트도 통과하지 못할 것이다. 환상이기 때문이다. 아우렐리우스는 이렇게 말했다. "감각을 되찾고 나의 이름을 불러 다시 한번 깨어나라. 그럼 이제 나를 괴롭히던 것이 꿈에 불과했다는 걸 깨닫게 될 것이다. 꿈을 보듯이 이 '현실'을 바라보라."

현실을 알면 고통을 피할 수 있다

다양한 철학과 종교는 개개인의 문제와 처한 위험, 결함 있는 인식이라는 주제를 가르침에 포함했다. 위대한 영적 스승은 현실이나 자연적인 본성과 동떨어지게 사물을 인식하면 고통받을 수 있다는 걸 알고 있었다. 예수회 수사 앤서니 드 멜로Anthony de Mello는 사람이 일으킬 수 있는 커다란 변화 중 하나는 환상이나 주관적인 인식에 따라 살아가는 대신 '현실'을 인식하는 것이라고 말했다.

"깨어나라. 환상을 현실로, 꿈을 사실로 바꿀 준비가 됐다면 내가 원하던 모든 걸 찾을 것이다. 마침내 삶이 의미 있고 인생이 아름다워질 것이다."

아름다운 인생을 산다는 건 모두가 원하는 것 아닐까?

세상을 있는 그대로 바라보는 것은 스토아 철학의 핵심이다. 드멜로는 이를 '현실'이라고 불렀고, 아우렐리우스는 '깨어남'이라고 이름 붙였다. 그는 《명상록》에서 이렇게 말했다. "첫 번째 규칙은 고요한 정신을 유지하는 것이다. 두 번째 규칙은 사물을 있는 그대로 바라보며 실체를 파악하는 것이다." 마이클 커닝햄Michael Cunningham의 《디 아워스The Hours》에서도 스토아 철학이 메아리친다. "삶을 직면하라. 언제나 삶을 직면하며 삶이 무엇인지 탐구해야 한다. 그러면 마침내 삶이 어떤 건지 알게 될 것이다. 삶 자체를 사랑하고, 삶이 사라지는 걸 받아들여라."

현실을 바라보고, 명확한 시각으로 상황을 직면하는 건 더는 고통받지 않고 고통을 덜 수 있는 열쇠다. 사람들은 무언가를 똑바로 들여다볼 때 고통스러울까 봐 두려워한다. 삶에 대한 환상이 깨질까 봐서다. 예컨대 앞으로 3개월 정도만 살 수 있다는 시한부 진단을 받았을 때 그렇다. 있는 그대로의 진실을 받아들이고 싶어 하는 사람이 있을까? 조금 더 부드럽게 말하면 좋지 않을까? 희망을 줘야 하지 않을까? 하지만 어려움에 처했을 때 필요한 건 용기지, 현실을 희석하는 게 아니다. 누군가는 현실이 어떤지 말해주어야 하며, 그래야 용기와 지혜로 난관을 극복할 수 있다. 진실을 바라보지 않고는 지혜를 발휘할 수 없다.

현실이 상처를 줄 순 없다

———

현실을 바라보면 상처받거나 화가 나기에 보고 싶지 않을 때가 있을 것이다. 하지만 그렇지 않다. 환상의 세계에서 사는 걸 멈추면 해방감이 든다. 결국, 현실을 인정하면 덜 고통스럽다. 현실을 직시하면, 모든 게 눈앞에 놓여 있기에 놀라거나 화가 나는 일이 없다. 세상을 명료하게 보는 비결은 낙관적인 사고방식을 버리고 세상에는 고통뿐만 아니라 기쁨, 상실, 이득, 죽음, 생명이 있으며 모두가 이런 일을 겪으리라고 생각하는 것이다.

현실을 직면하겠다고 다짐하면 어떤 일에 놀라거나 분노하는 일이 적을 것이다. 명확한 인식을 통해 사건이나 사물을 바라보기 때문이다. "인생에서 일어나는 모든 일에 놀란다는 건 얼마나 우스꽝스럽고 이상한 일인가." 아우렐리우스의 명언이다.

자신을 판단할 때 어떤 기준을 적용해야 할 것인가

———

지금까지는 현실을 바라보는 법을 살펴봤다. 그렇다면 자신은 어떻게 바라봐야 할까? 명확하고 현실적으로 바라보되, 내면의 원칙에 비추어 자기 자신과 발전 정도를 측정해야 한다. 스토아 철학자들은 스토아 철학의 원리에 비추어 자기 자신을 판단했다. 그들은 다음과 같은 질문을 던졌다. 나는 자연적 본성과 일치하는가? 지혜, 절제, 정의, 용기라는 네 가지 덕목을 실천하거나 기르고 있는가? 마음이 평온한가? 이성을 사용하는가? 나의 성품은 어떤 상태에 있는가?

스토아 철학자들은 자기 자신을 효과적으로 판단하기 위해(효과적인 판단은 자동으로 내리는 부정적인 판단의 반대말이다) 일기를 쓰거나 사색하거나 자기 자신을 점검하는 등 여러 측면의 노력을 기울였다. 매일 밤 세네카는 일기를 쓰며 하루를 뒤돌아보고 어떻게 행동했는지, 어떤 점을 개선할 수 있는지 살펴봤다. 아우렐리우스도 자신이 생각하고 관찰한 내용을 '나에게'라는 제목의 일기장에 써 내려갔다. 이것이 오늘날 우리가 접하는 《명상록》이다. 일기를 쓰며 아우렐리우스는 스토아 철학 원리에 비추어, 자신의 성품으로 그날 하루의 시험을 어떻게 견뎌냈는지 성찰했다. 그 덕에 오늘날 우리가 길을 찾는 데 도움을 받고 있다.

감정과 이성의 균형

나는 누스바움의 '감정은 복잡하며, 아무런 생각 없이 갑작스럽게 밀려오는 정동은 감정이 아니다'라는 주장에 동의한다. 또 반응과 판단 속도를 늦추면 본능에 기대지 않고 더 이성적으로 반응하게 된다는 앤드루와 크리시포스의 의견에도 동의한다. 이런 태도는 나뿐만 아니라 사회 전체에 매우 큰 도움이 될 수 있다. 이 세상에 분노하는 사람이 적어지면 그렇게 되지 않겠는가. 감정적인 반응을 늦추는 건 강하게 밀려드는 감정을 무시하거나 감정을 느끼지 않는 것과는 다르다. 스토아 철학자들은 기쁨과 만족을 느끼기 위해 노력했지만, 대부분은 안정된 상태에 머물기 위해 주의를 기울였다. 속상한 감정으로 이어질 수 있는 부정적인 판단에 의문을 제기했다. 부정적인 감정을 없애는 게 낫지 않은가? 누구나 부정적이고 고통받는 삶 대신 긍정적이고 즐거운 삶을 선호하지 않는가?

판단을 예의주시한다는 건 속상할 확률이 낮고, 내가 원하는 평온한 상태를 유지할 가능성이 크다는 걸 의미한다. 앞서 살펴봤듯이, 스토아 철학자들은 평온함을 매우 중시했다. 그들은 잔혹한 시대에 살았고, 개인이 통제할 수 없는 일들이 너무나 많았다. 하지만 그들은 수준 높은 사상가였다. 마음이 평온한 상태를 유지한다면 자신이 통제할 수 없는 일들 탓에 속상하거나 상처받지 않을 것이며, 이 땅에서 주어진 소중한 삶을 최대한으로 즐길 수 있으리라고 믿었다.

스토아 철학자들은 환상 속 세상이 아니라 현실 세상을 살아가고자 했다. 그들은 우리 마음과 잘못된 상상력이 상처를 남기고, 이런 상처를 곱씹게 된다는 걸 알았다. 오래전 일에 상상력을 동원해 모욕이라고 여기거나 관련된 사람을 경멸하거나 원한을 품는 일이 얼마나 많은가. 세네카가 말했듯, "우리는 현실 자체보다 상상 때문에 더 고통스러워한다." 고통을 줄일 수 있느냐 없느냐는 사실 우리에게 달렸다.

빌어먹을 욕망

어떤 대상을 판단할 때 내가 계속해서 어려움을 겪는 부분은 욕망이었다. 우리는 생물학적으로, 무의식적으로, 신경학적으로 무언가를 원하도록 프로그래밍돼 있다. 욕망은 강하며 때로는 압도될 수도 있다. 욕망을 지우는 건 온 세상의 이성을 전부 끌어다 써도 부족할 것처럼 보인다. 특히 연애나 성적 욕망이 그렇다. 그렇다면 다음 질문이 따른다. 욕망을 무시하고 싶긴 한 걸까? 누스바움은 열정을 의심하는데 어떻게 열정적인 삶을 살 수 있느냐는 이성적인 질문을 던졌다. "이성의 왕국에서 살며 스토아 철학자가 이해했던 방식으로 세상을 이해하면서도 경이로움과 슬픔, 사랑의 피조물이 될 수 있을까?"

나는 경이로움과 슬픔, 사랑이 낳은 존재가 되고 싶다. 그렇지 않다면 인생은 살 가치가 없기 때문이다.

인생의 끝자락에서 우리는 사랑을 품고 생을 마감해야 한다. 신중하지는 않았지만 온 마음을 다해 살아왔음에 감사하면서 말이다. 그렇다면 열정적인 삶을 사는 것이 어떻게 스토아 철학이 주장하는 이성과 맞닿아 있을까?

이성적인 두뇌를 훈련하여 두뇌가 먼저 반응하게 할 수는 있다. 하지만 항상 두뇌가 먼저 반응하게 하는 건 얼마나 현실적일까? 내 반쪽이라고 할 수 있는 사람을 처음 봤을 때 또는 자녀가 태어났을 때를 떠올려보자. 내가 사랑하는 사람이나 자녀를 위해 못 할 일은 없다고 생각한 적 없는가?

나는 스토아 철학자처럼 이성을 사용하면 무언가를 갈망할 때 느끼는 고통이 줄어들 수는 있겠지만 완전히 뿌리 뽑을 수는 없다고 결론 내렸다. 인간은 훨씬 더 복잡하다. 꿈, 이상한 충동, 직관, 말실수, 설명할 수 없는 행동 등 이 모든 건 무의식적으로 작용하며 이성의 지배를 받지 않으려고 한다. 인간은 이성적인 사고만으로 작동하지 않는다. **설명할 수 없는 행동**은 인간의 일부다. 인간은 반응과 욕망에서 문제를 일으키는 부분을 모두 프로그래밍할 수 있는 AI가 아니다. 고대 스토아 철학자들이 갑자기 불운이 닥쳤을 때 상황을 덜 민감하게 받아들일 수 있도록 초기 코드를 훌륭하게 설계해놓긴 했지만 말이다.

수천 년 전 스토아 철학자들이 코드를 짜놓은 이래로 뇌과학, 뇌화학, 심리학 분야에서 많은 연구가 이뤄졌다. 욕망은 이성적인 사고를 쉽게 뛰어넘을 수 있는 강력한 생물학적 동인이다. 뇌의 이성적인 부분과 욕망이 서로 엇갈려서 어울리지 않는 상대와 연애하는 친구들을 얼마나 자주 봤던가. 크리시포스는 반응 속도를 늦추고 합리적으로 생각할 수 있는 여유가 있어야 한다고 했다. 하지만 정신 나간 듯 사랑하고 마음이 찢어질 것처럼 슬퍼하는 게 인간의 본성이다.

스토아 철학 여정을 시작한 이후, 나는 스토아 철학자들처럼 이성적으로 접근하여 확실히 판단력을 단련시킬 수 있었다. 하지만 욕망과 사랑에서는 스토아 철학을 완벽하게 실천하지 못했다. 사랑, 성적인 끌림뿐만 아니라 슬픔도 마찬가지였다. 제3부에서 자세히 살펴보겠지만, 슬픔은 인간의 동물적인 본성이어서 폭풍처럼 휘몰아치고 제멋대로 날뛰기 마련이다. 그럼 이런 질문이 등장한다.

'사랑과 슬픔이라는 고통을 다른 방식으로 느낄 수는 없을까?'

"지구에서 별에 이르는 쉬운 길은 없다."
- 세네카

"과거 제국의 흥망성쇠를 돌아보면, 미래도 예견할 수 있다."
- 마르쿠스 아우렐리우스

"상처받았다고 생각되면 다음 규칙을 적용해보라.
공동체가 상처받지 않았다면 나도 상처받지 않은 것이다.
설령 상처받았다고 할지라도 분노는 답이 아니다.
나에게 상처 준 사람에게 뭘 잘못했는지 보여주라."
- 마르쿠스 아우렐리우스

2부 — 어떻게 행복해질 것인가

삶이 변화하고 있었다. 스토아 철학자들은 삶은 언제나 변화하며, 변화에 따라 움직여야 한다고 가르쳤다. 나는 타마라마의 집을 떠났다. 뒷마당에 욕조가 있었고 유칼립투스가 높이 솟아 있는 집이었다. 마루에서는 향을 피웠고, 같이 사는 친구들은 하모니움을 연주했다. 임차 계약이 거의 끝나 빅토리아주에 있는 집으로 돌아갈 시간이 됐다. 변화의 기운이 감돌았다. 팬데믹이 한풀 꺾이고 삶이 정상으로 돌아가리라고 생각했다. 앤드루와 즉흥적으로 만나 산책했던 날들이 그립겠지만, 그 역시 멀리 떨어진 곳으로 이사했다. 모든 것에는 계절이 있다.

　스토아 철학 여정의 다음 부분은 혼자서 해나가야 했다. 그리스 스토아 철학자 헤카토Hecato의 글은 오늘날 단편적으로만 전해지지만, 그가 남긴 한마디가 메아리친다. "무슨 발전이 있었느냐고? 난 나의 친구가 되기 시작했어."

나는 스토아 철학에 익숙해져 갔다. 스토아 철학의 기초를 통달했고 내 삶에 이론을 적용했다. 난 나의 친구가 되기 시작했다.

얼마 지나지 않아 세상을 바라보고 스트레스를 다루는 방식이 변했음을 깨달았지만, 대부분의 변화가 미묘해서 다른 사람들이 알아차리지 못했다. 그런데도 변화는 있었다. 나는 스토아 철학의 안경을 끼고 삶을 바라봤다. 항상 노트를 가지고 다니면서, 불안하거나 통제 테스트가 필요할 때면 노트에 생각의 흐름을 그려봤다. 또 언제든 잃을 수 있는 것에 집착하려 할 때면 선호하는 무심을 마음의 최전선에 놓았다.

하지만 감정을 조절하는 건 여전히 어려웠다. 욕망은 변하지 않았고, 세상의 모든 스토아 철학을 끌어다 쓸지라도 욕망한다는 사실은 바꿀 수 없었다. 하지만 이제 욕망이 어디로 향하는지는 알게 됐다.

욕망은 내가 통제할 수 있는 범위 밖에 있는 사물이나 대상을 원하는 쪽으로 향했다. 그리고 욕망은 나의 평온함을 깨뜨렸다. 욕망이 고개를 들 때, 나는 스토아 철학의 이성을 적용하려고 노력했다. 욕망이 기름이라면 스토아 철학은 물이었기에 욕망에서 어느 정도 분리될 수 있었다.

몇 달이 지나자 내 성미도 잠잠해졌다. 성격이 유해지는 건 나이가 들어서일까, 아니면 스토아 철학 때문일까? 어쨌든 나는 점점 느긋해졌다. 하지만 많은 경우, 스토아 철학이 여전히 자연스럽게 작동하지는 않았다. 정말 노력을 기울여야 했다. 어느 순간 나는 지쳤고, 의문을 품었다. '스토아 철학을 가끔 연습한다고 해서 스토아 철학자가 되는 걸까?'

인스타그램에 스토아 철학과 관련한 문구를 올리고 앤드루와 함께 스토아 철학에 관해 이야기하는 걸 제외하고, 2019년 왓츠앱 그룹을 만든 이후로 나는 다른 사람들과 스토아 철학에 관해 이야기를 나눈 적이 거의 없다. 그런데 2021년 중반, 내 친구이자 동료인 조가 심각하게 아팠다. 조는 "뭔가 이상하다"라면서 배가 아프고 몸이 좋지 않다고 했고, 결국 입원을 했다. 그리고 몇 달이 지나서야 조는 퇴원할 수 있었고, 우리는 몹시 추운 겨울 어느 날 만나 산책을 했다. 늦은 오후 하늘은 회색으로 물들어 있었다. 조는 병원 생활이 얼마나 암울했는지 이야기해줬고, 우리는 점점 삶의 영역이 줄어들었다는 이야기를 나눴다. (록다운의 영향이겠지만) 여가 시간이 되면 이제 사람들은 책을 읽고, 요리를 하고, TV를 보고, 사색을 하고, 스트리밍 서비스를 구독했다. 하늘 색깔처럼 인생도 단조로워진 느낌이었다. 조와 산책할 때 안색이 창백해 보였고 걷는 속도가 느렸다. 하지만 나머지는 괜찮아 보였다.

산책을 마치고 집으로 돌아오자 심각한 통증이 시작됐다고 한다. 조는 다시 병원에 가야 했다. 일주일에 걸친 검사 결과 대장암이라는 진단이 내려졌다. 수술하고 항암 치료를 받아야 했다. 서른여섯 살인 조는 그동안 병치레를 한 적이 거의 없기에 마른하늘에 날벼락 같은 소식이었다. 조는 우리 회사 뉴스룸에서 사랑을 듬뿍 받았고, 방송계에서 인기 있는 사람이었다. 조를 아는 모든 사람은 믿을 수 없다며 충격에 빠졌다. 직접 모일 수는 없었지만, 함께 힘을 모았다. 사람들은 조를 위해 요리를 해줬고, 선물을 놓고 갔으며, 집에 잠깐 들러 조의 남자친구와 맥주를 마셨고, 책을 보내줬다. 조를 위해 기도하는 사람들도 많았다. 무기력함을 느끼는 것 외에 내가 할 수 있는 일은 무엇인지 생각해봤다. 내가 스토아 철학을 알려줄 수 있지 않을까? 물론 조의 인생 경험에 비추어 볼 때, 조가 나에게 가르쳐줄 게 더 많겠지만 말이다.

하지만 나는 망설였다. 대수술과 뒤이은 6개월간의 항암 치료가 예정돼 있는 사람이 오래전에 살았던 철학자들의 말을 듣고 싶어 할까? 이게 위로가 될까? 스토아 철학의 많은 부분은 가혹하고, 유연하지 않다. 괴롭고 고통받으며 고립된 사람, 자기 못지않게 고통스러워하는 환자들에 둘러싸인 사람이 스토아 철학을 접한다고 해서 기분이 나아질 것 같진 않았다. 주의를 분산시킬 수는 있겠지만, 역으로 주의를 집중시키는 결과를 낳을 수도 있을 것이다. 스토아 철학은 조에게 현실에 맞서 도전하라는 메시지를 던질 것이기 때문이다.

조에게 스토아 철학을 전하는 건 에픽테토스의 말과 상반되기도 했다. "당신이 좇는 철학이 무엇인지 설명하지 말고, 그 철학을 체화하라." 기독교인들과 달리, 고대 스토아 철학자들은 자신의 신념을 주입해서 다른 사람의 생각을 바꾸려 들지 않았다. 스토아 철학에 대해 언급하지 않고 스토아 철학자처럼 살아간다면, 다른 사람들이 나의 행동을 따라 하면서 스토아 철학을 배울 수 있을 것이다. 강의를 듣는 게 아니라 몸소 체득할 수 있을 것이다.

또 짚어야 할 점은 내가 아직 스토아 철학자가 되지 못했다는 것이다. 노력하고 있었지만, 스토아 철학자가 되는 건 힘들었다. 스토아 철학자들이 남긴 삶의 시침이 우리 둘 모두에게 도움이 될까? 조는 스토아 철학을 배우고 싶다고 말했다. 그래서 나는 조가 입원해 있을 때, 그리고 퇴원 후 집에서 몸을 회복할 때 거의 매일 왓츠앱으로 음성 메시지를 녹음해 보내줬다. 나중에 쉬는 시간에 들을 수 있도록 말이다. 음성 메시지 하나하나에는 통제 테스트부터 시작해서 선호하는 무심, 인생의 역경에 대처하기, 현대 사회를 살아가는 비결 등 스토아 철학의 여러 교훈이 담겨 있었다. 현대 사회를 살아가는 비결에는 남들이 다 하는 걸 놓칠지도 모른다는 두려움, 즉 포모FOMO를 어떻게 다뤄야 하는지, 사람이 붐비는 병원에서 어떻게 내면의 피난처나 요새를 찾을지도 포함돼 있었다. 조와 나눈 왓츠앱

대화에서 일부를 발췌했다.

8월 3일 화요일 오후 7시 13분

나: 조, 안녕! 나야. 스토아 철학에 대한 짧은 메시지를 준비해봤어. 마음이 내킬 때 들으면 돼. 내가 첫 번째로 이야기하고 싶은 주제는 통제 테스트야.

8월 3일 화요일 오후 10시 35분

조: 너무 좋다. 팟캐스트에 올려야겠는걸.

8월 4일 수요일 오전 8시 47분

나: 안녕, 좋은 아침이야. 오늘은 좀 어때? 오늘 음성 메시지에서는 통제 테스트의 바탕이 되는 개념 하나를 설명해줄게. 성품이라는 주제를 함께 살펴보면서 스토아 철학자들이 말하는 성품이 무엇인지도 알려주고 싶어. 스토아 철학자들은 사람들이 노력한다면 성품을 바꿀 수 있다고 믿었어. 좋은 성품은 네 가지 덕목으로 구성돼 있다고 생각했지.

8월 6일 금요일 오전 7시

나: 안녕, 좋은 아침이야. 몸이 좀 나아졌길 바라. 수술이 아주 잘됐다고 들었어. 이제 스토아 철학 이야기를 해볼게. 통제 테스트, 성품, 덕목을 공부했으니 오늘은 선호하는 무심을 살펴볼 거야.

스토아 철학자들은 건강하고 부유하며 사람들이 나를 좋은 사람이라고 생각하는 걸 선호했어. 하지만 건강과 부, 다른 사람의 나에 관한 생각은 내가 통제할 수 있는 범위 밖에 있다고 봤지. 몸이 건강하고 돈도 많고 다른 사람이 날 좋게 생각하면 좋겠지만, 이런 건 언제든지 빼앗길 수 있어. 통제할 수 있는 게 무엇인지 통제할 수 없는 것이 무엇인지 구분하는 건 정말 중요해. 그리고 통제할 수 없는 일이라면 걱정할 필요가 없어. 건강이나 부, 평판은 통제할 수 없는 영역에 있단다.

8월 8일 일요일 오전 8시 5분
조: 지금 다 들었어, 메시지가 너무 좋네.

8월 9일 월요일 오진 10시 57분
나: 안녕, 잘 지냈어? 나는 지금 집이야. 칼럼을 쓰려고. 이번 주에는 인도네시아에 대한 칼럼을 써야 하거든. 오늘은 아타락시아와 평온을 유지하는 게 왜 중요한지에 대해서 조금 알아보면 좋을 것 같네. 아타락시아는 '괴로움과 걱정으로부터의 해방'과 '감정의 항상성'을 의미해.

8월 10일 화요일 오전 10시 3분
조: 금요일 음성 메시지를 들었는데, 건강을 무심하게 바라봐야 한다는 스토아 철학자들의 의견이 나쁘지 않았어. 그게 내가 하려고

하는 일 같아. 그러니까 건강이 나빠져서 좀 슬프고 화가 날 수도 있잖아. 하지만 지금 일어나는 일을 받아들이는 건 마음의 평온을 유지하는 데 꼭 필요하다고 생각해. 모두 내가 통제할 수 없는 일이거든. 또 아픈 사람들이랑 항상 함께 있다 보니 억울하다는 마음이 좀 누그러졌어. 이 사람들보다 내가 더 건강해야 한다거나 건강을 누릴 자격이 있는 건 아니잖아.

8월 11일 수요일 오전 11시 58분

나: 조, 안녕. 오늘 햇볕을 좀 쬐었길 바라. 날씨가 좋거든. 지금까지 좀 어려운 주제를 다뤘잖아. 오늘은 줌아웃을 하는 것처럼 한 발짝 멀리 떨어져서 좀 더 가벼운 이야기를 해볼까 해. 오늘의 주제는 사색이야. 스토아 철학자들이 사색을 주창한 건 아니지만, 사색을 많이 했어. 그리고 스토아 철학에서 한 획을 그은 인물들에겐 일기를 쓰는 습관이 있었어. 다른 사람들이 나에게 어떤 행동을 했는지를 기록하기보다는 하루를 돌아보고 자기 행동을 평가하는 방법으로 일기라는 수단을 사용했지. 예를 들어 너랑 내가 뉴스룸에서 말다툼을 했다고 해보자. 스토아 철학자라면 그날 밤 일기장에 나에 대한 글을 쓸 거야. 자기 행동으로 가득 찬 재고 목록을 만들게 되는 거지. 그들은 다른 사람에 대해서는 쓰지 않아. 그들의 행동을 통제할 수 없으니까. 자기 자신 그리고 자신이 한 일을 살펴보고, 어떻게 하면 더 나은 행동을 할 수 있었을지에 집중하는 거야.

시간이 지나면서 왓츠앱에서 오간 이 대화는 서로 고립된 상태에 있었음에도 장벽을 무너뜨리고 서로 소통하는 방법으로 자리 잡았다.

다른 사람을 돕는 과정에서 느끼는 묘한 즐거움 중 하나는 결국 나 자신도 돕게 된다는 것이다. 8월과 9월 초에 조에게 보낸 음성 메시지를 통해 통제 테스트 등 스토아 철학을 구성하는 실질적인 요소가 무엇인지 나도 더욱 명확히 알게 됐다.

나는 조에게 죽음과 슬픔에 대한 음성 메시지는 보내지 않기로 마음먹었다. 조가 처한 상황이 너무 심각했기 때문이다. 힘든 상황에 놓인 사람에게 슬픔과 죽음에 관한 스토아 철학의 가르침을 적용하려고 시도하는 건 걱정스러운 일이다. 하지만 알고 보니 조에게 통제 테스트 등과 같은 기법은 걱정해야 할지, 걱정하지 않아도 될지를 평가하는 데 매우 유용했다고 한다.

겨울이 지나고 봄이 왔다. 사람들은 삼삼오오 소풍을 가기 시작했다. 나는 심각한 일뿐만 아니라 사소한 일에서도 스토아 철학을 어떻게 적용할 수 있을지 궁금했다. 모두가 스토아 철학을 조금씩 더 적용한다면, 오늘날 우리가 일상적으로 마주하는 몇몇 문제를 해결할 수 있지 않을까? 덜 불안해할 수 있지 않을까? 주변에서 화를 내는 사람이 많아지고 때때로 나도 화를 주체할 수 없는데, 이 주제에도 적용해볼 수 있을까? 약물 남용이 줄어들 수 있을까? 포모를 극복하는 데 스토아 철학이 도움을 줄 수 있을까? 질투나 유명해지고 싶다는 욕망을 다스리는 데에도 도움이 될까? 식이 장애에도 도움이 될 수 있지 않을까? 2,000년도 더 된 철학이 현대적인 문제에 도움이 될 수 있을까?

"당신을 화나게 할 수 있는 사람은 누구나 당신의 주인이다.
다른 사람은 평정심을 방해해도 된다는 허락이 떨어졌을 때만
당신을 화나게 할 수 있는 법이다."
- 에픽테토스

"상처를 치유하는 건 복수보다 낫다. 복수는 많은 시간을 낭비하게 하고,
첫 번째로 받은 상처보다 더 큰 상처를 준다.
분노는 언제나 상처보다 오래간다. 그러니 정반대의 길을 가는 것이 좋다.
노새가 발로 찼다고 노새를 발로 차거나, 개에게 물렸다고
개를 무는 사람이 있겠는가."
- 세네카

I

감정의 동요를 줄이는 법

몇 년 전 이야기다. 인도네시아에 있던 나는 덴파사르 공항에 가려고 택시를 탔다. 악몽이었다. 거의 세 번이나 사고가 날 뻔했지만, 경적을 울리는 사람은 아무도 없었다. 울퉁불퉁하고 포장 상태가 엉망인 도로에 수백 대의 차와 오토바이가 꽉 차 있었는데도 도로는 생각보다 조용했다.

"운전 중 분노 조절을 못 하는 사람은 없나요?"

택시 기사에게 물었다.

"운전 중 분노 조절을 못 한다는 게 무슨 뜻이에요?"

기사가 되물었다.

푸하하. 운전 중 분노 조절을 못 하는 게 무슨 뜻이냐고? 나는 조금 더 순화해서 설명해줬다.

"호주에서 나타나는 현상이에요. 다른 사람 앞에 끼어들거나, 다른 사람이 내 앞에 끼어들지 못하게 하거나, 다른 차가 오는 걸 못 보거나, 누군가가 너무 느린 속도로 운전하면 소리를 지르거나 욕설을 내뱉거나 경적을 울리죠. 쫓아가기도 하고 막 겁을 줘요. 멈추라고 하거나 죽이려는 기세로 달려들죠."

"음, 아니요. 다른 운전자 때문에 짜증이 날 수는 있어도 아무 말도 안 해요."

예전 동료 한 명이 들려준 일화가 생각났다. 그는 시드니에서 횡단보도를 건너던 중 자신을 칠 뻔한 운전자에게 소리를 질렀다. 그러자 운전자가 격분했고, 차에서 내려 개 패듯이 팼다. 그는 몇 달 동안 걸을 수 없어서 휠체어를 타고 다녀야 했다. 이게 바로 분노다.

덴파사르 공항에 도착하니, 출국 심사 게이트 줄이 길었다. 내 뒤에 60대로 보이는 부부가 있었다. 호주 사람들로, 불안해하면서 짜증을 냈다. 사람들을 밀치면서 초조해했으며 툭하면 화를 냈다. 그들은 다른 줄이 더 빨리 줄고 인도네시아 직원들이 여권을 너무 느리게 확인한다며 욕을 했다. 그 와중에 남편은 하필이면 '사람이 느리게 빠지는 줄'에 선 아내에게 화를 냈다. 비행기를 놓쳐서 그런 걸까? 아니다. 거기에 있던 모든 사람은 몇 시간 후에 출발하는 멜버른 행 비행기를 타려고 줄을 서 있었다. 이 부부는 마음을 졸이면서 씩씩댔으며 서로를 저격했다. 나는 그들이 뿜어내는 긴장감을 느꼈다.

운전하면서 드는 분노, 줄을 섰을 때 소용돌이치는 화, 내 공간을 누군가가 침범해서 나는 분노. 이 모든 분노는 자기가 정말 그렇게 행동할 자격이 있다고 생각하기에 일어나는 감정이다. 우리는 다른 사람에게 나를 불편하게 하지 말라고 요구한다. 걸어가고 있는데 누군가가 앞을 가로막아 아주 잠깐 불편함을 느끼는 정도일지라도, 어떤 사람은 폭력적이고 멈추지 않을 듯한 분노에 빠져든다.

분노에는 파급효과도 있다. 누군가의 분노로 피해를 본 사람은 방어적으로 행동하거나, 고함을 지르거나, 분노한 사람을 때리는 등

소란을 피울 수 있다. 아니면 충격과 공격성을 몸과 마음에 지니고 다니면서 일상생활에서 배출하거나 다른 사람에게 투덜대고 소리를 지를 수도 있다. 분노는 퍼지고, 그런 파급효과로 다른 사람들은 악영향을 받는다.

그러나 우리는 사람들이 화를 내는 걸 당연시한다. 분노하는 시대, 화를 내는 사회에 살고 있기 때문이다. 지난 몇 년간 분노하는 현상이 전 세계적으로 눈에 띄게 증가했다. 매일 가정이나 거리, 도로, 뉴스에서 분노가 표출된다. 그런데 1년에 두 번 방문하는 인도네시아에서는 현지인들이 화내는 모습을 거의 보지 못했다.

택시 기사는 인도네시아에서는 '체면'을 지켜야 하는 문화가 강하기 때문이라고 설명해줬다. 공공장소에서 통제력을 잃고, 사람들에게 소리를 지르고, 소란을 피우고, 다른 사람들을 당황스럽게 하는 건 정말 부정적인 형태의 감정 표출이다. 결국에는 자기 자신만 창피해질 뿐이다. 하지만 호주의 상황을 보자면, 화가 표면에만 머물러 있지 않다. 인도네시아에서는 개인적인 공간에서 분노를 표출할지는 몰라도, 호주처럼 그렇게 부정적인 방식으로 화를 억누르진 않는다.

최근 몇 년간 호주에서는 이전 어느 때보다 빠른 속도로 분노가 일고 있다. 심지어 극단적인 감정이 정상처럼 보이기 시작했다. 거리, 가정, TV에서 분노를 쉽게 찾아볼 수 있으며 시시각각 분노한다. 분노가 배경음악처럼 깔려 있다. 〈워싱턴 포스트〉는 "우리는 실로 거대한 분노 인큐베이터에서 살고 있다"라고 보도하기도 했다.

이 분노의 시대는 팬데믹을 거치며 한 단계 업그레이드됐다. 결국 분노는 두려움과 불안을 표현하는 방식인데, 많은 이들이 최근 몇 년 동안 무엇도 통제할 수 없다고 느꼈기 때문이다. 스토아 철학자들이라면, 지금 본인이 통제력을 잃었다고 느끼지만 애초부터 통제력은 없었다고 말할 것이다. 통제력이 적어졌다고 느끼면 두렵고, 두려우면 화가 난다. 분노는 '더는 못 하겠다'라는 감정을 표현하는 하나의 방법이다.

우리는 정말 보기 드문 시대에 살고 있고, 보기 드문 시대에는 보기 드문 방식으로 분노를 표출해야 한다면서 분노를 정당화하려고 할지도 모른다. 하지만 이는 사실이 아니다. 스토아 철학자들에 따르면, 분노는 결코 정당화할 수 없다. 어떤 형태로든, 분노는 나와 상대 모두에게 끔찍한 결과를 초래한다. 중요한 사실은 분노를 멈추고 더 고요하고 평온하게 인생을 살아가야 한다는 것이고, 이는 내가 통제할 수 있는 범위 안에 있다.

나중의 고통을 덜기 위해서

세네카는 "어떤 전염병도 분노보다 인류에게 큰 대가를 치르게 하진 않았다"라고 말했다. 그는 《화에 대하여》에서 어떻게 하면 화가 나는 상황을 예방하고 통제할 수 있는지에 대해 조언을 남겼다. 《화에 대하여》는 은근한 메시지를 던지는 작품이다. 어쨌든, 스토아 철학자들도 분노라는 독을 방출할 때 어느 정도의 쾌락을 느낀다는 걸 인정했다. 대가가 따르긴 하지만 말이다. 대부분 성품이라는 대가를 치른다. 화는 성품을 해치고 변질시킨다. 분노를 배출하는 걸 멈추고, 대가를 치르지 않는 게 낫다. 스토아 철학자들은 분노는 '일시적인 광기'의 한 형태이며, 극복하려는 그 사건 자체보다 자신에게 더 부정적인 영향을 미친다고 봤다.

제멋대로 행동하는 친구가 있을 때

제멋대로 행동하는 친구가 있으면 문제가 끊이지 않는다는 걸 받아들여야 한다. 어쩌면 당신 주변에도 그런 친구가 한두 명은 있을 것이다. 전화 한 번 안 하고, 모임을 주최하는 일이 없으며, 정말 필요할 때 친구이기를 포기하는 친구 말이다. 그 친구가 전화한 지 몇 주가 지났고, 최근 저녁 약속은 네 번 다 내가 먼저 연락해서 잡았으며, 그가 사는 동네까지 태워다 줬다는 걸 깨닫게 된다. 당신은 불공평하다고 느끼고, 곰곰이 생각해볼수록 화가 치민다. 화가 나는데 친구는 내가 얼마나 힘들어하는지도 모른다. 분노가 쌓인다. 친구에게 화가 나고 원한을 느끼며, 아무 말도 없는 친구를 참아주기가 어렵다. 친구에게 내가 어떻게 느끼는지를 알려줘야겠어!

하지만 당신의 분노는 친구가 나를 무시한 어떤 일보다 우정에 더 큰 타격을 줄 것이다. 공격적인 문자를 보내거나, 전화를 걸어 소리를 지르는 등 화를 내면 1~2초간은 기분이 좋아지겠지만 전화를 끊고 나면 어딘가 찜찜해진다. 분노가 상황을 지배하면 대화도 더 격해진다. 친구나 내가 과거에 상처받고 불만이 있었던 온갖 일을 끄집어낼 수 있기 때문이다. 사소한 문제가 쓸데없이 중요성을 띠게 되고, 일단 폭발한 후에는 우정을 회복하는 데 많은 에너지를 쏟아야 한다. 사실 폭발하고 나서 어느 정도 시간이 지나면 왜 싸웠는지를 까먹을 확률이 높다.

이를 스토아 철학자들은 "두 번 고통받는다"라고 표현했다. 첫 번째 고통은 피할 수 없다. 친구가 나에게 전화를 하느냐 아니냐는 내가 통제할 수 있는 영역 밖에 있으며 친구에게 달려 있다. 하지만 두 번째 고통, 그러니까 싸우거나 이메일을 쓰거나 분노의 감정을 다스리는 건 내가 **통제할 수 있는 영역** 안에 있다. 고통을 탓할 사람은 나 자신밖에 없다. 내가 선택한 일이다.

세네카는 이렇게 물었다. "한탄하면 문제가 더 커지는데 (…) 한탄하는 게 무슨 도움이 된단 말인가?"

그럼 어떻게 해야 할까? 이 상황에 대한 스토아 철학적인 반응은 화가 나도 친구에게 따지지 않는 것이다. 애초에 화를 내는 건 피해야 한다. 다르게 행동하라고 설득해볼 수는 있지만, 친구의 행동이 바뀌리라고 예상해서는 안 된다.

왜 이렇게 화가 날까?

───

그리스 스토아 철학자들보다 몇 세대 전에 살았던 아리스토텔레스는 사람이 분노하는 이유는 고통을 되갚으려 하기 때문이라고 했다. 그는 분노가 인간의 복합적인 감정 중 하나로, 사회질서를 무너뜨리는 위험한 힘이라고 봤다. 불의가 존재할 때 불만을 표출하고 복수하고자 하는 마음을 표현하는 수단이라고 생각했다. 그는 이 두 가지 측면을 가늠하면서 분노를 조금만 표출해야 한다고 주장했다. "누구든지 화를 낼 수 있고, 화를 내는 건 쉽다. 하지만 화는 적절한 정도로, 마땅한 사람에게만 내야 한다. 적절한 시점에 합당한 목적을 가지고 옳은 방법으로 화를 내야 하는 것이다. 모든 사람이 이렇게 화를 내는 능력을 갖춘 건 아니므로 쉬운 일은 아니다."

스토아 철학자들은 분노에 더 신중하게 접근했다. 분노는 필터링을 거치지 않은 원시적인 감정으로, 우리 마음에 들어서면 안 된다고 믿었다. 그들은 세상에 거는 비현실적인 기대가 분노의 근원이라고 생각했다. 스토아 철학자들의 분노에 대한 가르침 대부분은 분노를 통제하는 방법에 관한 것이다.

당신은 어쩌면 이렇게 반응할지도 모르겠다.

"화가 나쁘다는 걸 알려주는 건 도움이 돼. 그런데 분노가 너무 빨리 치솟는 바람에 통제할 틈이 없어."

"화가 안 좋은 건 알지만, 피해를 봤을 때 화를 내면 기분이 좋아지잖아."

"분노에 무감각해진다면 어떻게 세상의 불의와 문제점들에 목소리를 낼 수 있겠어?"

스토아 철학자들은 지금 이 시대만큼이나 여러 의미에서 화로 가득 찬 시대를 살았기 때문에, 이런 질문들이 뇌리를 떠나지 않았다.

세네카가 《화에 대하여》를 썼을 때, 그 역시 심각한 건강 문제로 고통받고 있었고 이집트에서 오랫동안 요양해야 했다. 그는 칼리굴라 Caligula 황제와 관계가 틀어져 코르시카로 추방당했고(어차피 병들어 죽을 테니 목숨을 구해달라고 호소했지만 소용이 없었다), 간통 혐의로 기소되기도 했다(아마도 거짓 기소일 것이다). 화낼 이유는 충분했지만, 이성과 덕목을 발휘하여 분노하려고 하는 충동과 맞서 싸웠다. 《화에 대하여》에서 세네카는 의사처럼 문제를 진단하고 치료법을 제공했다. 이런 해결책은 오늘날에도 유효하다.

화를 내는 건 자연적 본성에 어긋난다

스토아 철학자들은 인간의 본성은 선하며, 인간은 다른 사람과 조화롭게 어울려 살아가야 하는 사회적·공동체적 존재라고 믿었다. "사람은 서로를 위해 존재한다"라는 아우렐리우스의 말과도 일맥상통한다. 즉, 개인이 권리와 자격을 주장하면서 내는 분노는 사회적 계약을 깨트린다. 세네카는 이런 개념을 확장하면서 다음과 같은 말을 남겼다.

"인간은 서로를 돕기 위해 태어났다. 분노는 서로를 망치는 길이다. 선을 행하면 낯선 사람까지도 돕지만, 분노하면 내가 아끼는 친구들까지도 공격하게 된다. 서로 돕는다는 건 다른 사람을 위해 자신을 희생할 준비가 돼 있음을 의미하고, 분노한다는 건 다른 사람까지 위험에 빠뜨린다는 걸 의미한다."

누군가가 나를 화나게 하면 어떻게 해야 할까? 정말 간단하다. 세네카의 말을 빌리자면 이렇다. "우리는 악한 사람들 사이에서 살아가는 악한 사람들이다. 이 사실에 차분히 반응하는 유일한 방법은 서로를 너그럽게 대하기로 합의하는 것이다."

우리는 모두 무기를 내려놓고 서로를 너그럽게 대해야 하며, 애초에 분노해서는 안 된다. 오늘날 우리가 살아가는 세계에서는 모든 일이 너무 빨리 부정적으로 전개되고, 냉정함을 찾아보기가 어렵다. 이런 분노의 인큐베이터 속에서 살아가는 우리는 어느 때보다 느긋해야 한다.

어떻게 분노를 조절할 수 있을까?

"분노를 표출하면 기분이 좋아지니까 화를 내는 게 자연스러운 것 아닌가요?"라고 주장할 수도 있다. 자연스러운 현상처럼 보이는 이유는 내가 사랑하는 사람이 부당한 대접을 받았거나, 너무 여려서 쉽게 상처받거나 고통받고 있기에 화를 내도 정당하다고 느끼기 때문이다. 한편으로 운전하면서 드는 분노나 제멋대로 운전하는 사람에게 드는 분노는 그 사람 때문에 내가 죽거나 다칠 수 있어서 무섭고 그 사람의 운전 때문에 취약한 상태에 놓일 수 있다는 느낌의 단순한 표현이다.

분노를 방출하면 엄청난 비용을 치러야 한다. 평온함이 손상되고 성품에 타격을 입는다. 그러니 화내는 걸 멈추고 화를 냈을 때 치러야 하는 큰 대가를 치르지 않는 편이 낫다.

어떻게 하면 분노를 방출하는 걸 멈출 수 있을까? 아니나 다를까, 스토아 철학자들은 사람들이 침착하고 이성적으로 대처하도록 분노에 반응하는 과정을 다음과 같이 체계화해놓았다.

애초부터 화를 저지하라

세네카는 급하고 강력하게 화를 저지해야 한다고 조언했다. 화가 나는 즉시 맞서 싸워야 한다고 했다. 그는 이렇게 썼다.

화를 내지 않는 가장 좋은 방법은 화를 내게 하는 미끼에 낚이지 않음으로써 애초에 화를 저지하는 것이다. 일단 분노에 휩싸이면 건강한 마음 상태로 되돌아가기가 어렵다. 마음이 불타올라도 된다고 허락하고 자유 의지에 화를 낼 권한을 주면, 이성이 힘을 발휘하지 못하게 된다. 그러고 나면 내가 허용하는 정도가 아니라 자기 멋대로 원하는 만큼 화를 내게 된다. 반복해서 말하지만, 적은 반드시 마주해야 하며 국경선 가장 바깥쪽에서 퇴치해야 한다. 적들이 성문을 뚫고 도시에 진입하면, 포로들이 기세등등해질 것이기 때문이다.

감정이 어떻게 반응하는지 확인하라

그렇다면 어떻게 모욕이나 공격적인 행동에 반응하는 걸 멈출 수 있을까? 감정의 반응을 확인하면 된다. 앞서 살펴본 바와 같이, 감정에는 크게 두 가지 형태가 있다. 인상에서 일어나는 감정과 판단에서 일어나는 감정이다.

감정을 통제하기는 어렵다. 누군가가 나를 공격할 때, 그 사람을 공격하고자 하는 마음을 저지하는 건 거의 불가능한 것처럼 느껴진다. 하지만 근육을 사용하는 방법과 마찬가지로 의식을 통해 분노와 감정을 통제할 수 있다. 감정이 생기는 걸 의식한 후, 인상에서 나오는 감정인지 물어보라(감정은 몸의 긴장이나 수축의 형태로 일어날 때도 있다). 깜짝 놀랐을 때 팔짝 뛰는 것처럼, 감정은 거의 무의식적이고 생리적인 반응이다. 또는 판단해서 드는 감정인지 물어볼 수도 있다. 좋든 나쁘든 무언가에 꼬리표를 붙였다면 판단을 했다는 뜻이다.

문제에 감정을 연결하거나 판단하지 않음으로써, 아니면 판단을 늦추거나 바꿈으로써 그 문제에 대한 인식을 바꾸거나 조정할 수 있다. 이 상황에 어떤 판단을 내렸는지 인식하고 판단을 검토하면 감정을 통제할 수 있다. 이와 관련해서 정신 분석학자 카를 융^{Carl Jung}은 "사람들이 판단을 하는 이유는 사고를 하는 게 어렵기 때문이다"라는 말을 남겼다.

판단을 유보하는 건 인지적인 속임수다. 생각하는 속도를 늦춤으로써 자신이 어떤 판단을 내리는지 더 잘 인지할 수 있다.

크리시포스가 감정을 전력질주에 비유했다는 점을 떠올려보라. 감정이 일어나는 속도를 늦춰야 한다. 적어도 감정이 일어난다는 걸 인지해야 한다. 속도를 늦추면 판단을 재구성하고 바꿀 수 있다.

아우렐리우스는 "마음속에 드는 감정을 없애고 그들의 행동이 모욕적이었다고 생각하는 걸 멈추면 분노는 즉각적으로 사라진다. 어떻게 하면 이런 생각을 없앨 수 있을까? 그들의 행동으로 내가 사실 피해를 본 게 없다는 걸 깨달으면 된다."

'나는 피해를 봤는가?'라고 자신에게 물어보라

트위터에는 복수의 여신 네메시스가 산다. 나는 네메시스에게 분노를 일으키나 보다. 네메시스를 직접 만나본 적은 없지만, 내가 트위터에 기발한 글을 쓸 때마다 나를 도발하고 화나게 하는 답글이 달린다. 멍청하다거나, 눈치가 없다거나, 특권을 누리고 있다고 비난받는다. 나는 언제나 미끼를 덥석 물고 싶다는 유혹에 빠지지만, 꾹 참는다. 네메시스가 나에게 하고 싶은 말을 트위터에 남기도록 내버려 두고(나는 그 신을 통제할 수 없다. 내가 통제할 수 있는 건 나의 반응뿐이다) 아우렐리우스의 충고를 떠올린다. "마음속에 드는 감정을 없애고 그들의 행동이 모욕적이었다고 생각하는 걸 멈추면, 분노는 즉각적으로 사라진다."

또 죽음과 시간에 대한 스토아 철학자의 교훈도 떠올린다. 우리는 매일 죽어가고 있고 시간은 소중하다. 생판 모르는 사람과 끝나지 않는, 해결할 수 없는 멍청한 설전을 벌이는 건 소중한 시간을 낭비하는 것이다.

통제 테스트와 분노

분노를 다룰 때는 통제 테스트를 떠올리자. 내가 통제할 수 있는 영역 밖에 있는 일들을 통제하려고 애쓰기보단 통제할 수 있는 일이 무엇인지 생각해보고 여기에 초점을 맞추는 게 좋다. 내가 통제할 수 있는 영역이 어디까지인지 잘못 인식하면 좌절하고 분노하게 된다. 의식적으로든 무의식적으로든, 내가 통제할 수 있는 부분이 적다는 사실은 두려움을 안기기 때문이다. 몇 분 전 내 차선에 끼어든 운전자에게 화가 날 수 있다. 이미 다른 차선으로 이동했지만 아직도 분노하면서 아까의 나쁜 기억을 떠올린다. 지금 할 수 있는 일은 아무것도 없고, 그 운전자도 이미 사라졌는데 말이다.

분노는 공포를 교묘하게 위장한 형태일 수도 있다. 예를 들어 회사에서 구조조정을 한다고 하자. 나는 두렵다. 그래서 직장에서 더 많은 걸 통제하려 들고 다른 사람과 함께하는 일에서 불협화음을 낸다. 프로젝트를 쌓아놓거나 다른 사람과 정보를 공유하지 않거나 협의하지 않을 수도 있다. 직장을 잃을 수도 있다는 두려움이 마음속 깊이 자리하기 때문이다. 분노는 통제하려는 행동이나 폭력, 괴롭힘 또는 항상 내가 옳아야 한다는 자세 등 다양한 형태를 띤다.

또 다른 예는 다른 나라의 정치 실태에 분노하는 것이다. 2016년 미국 대통령 선거를 예로 들어보겠다. 트럼프가 당선되자 진보 성향의 사람들은 엄청나게 분노했다. 나는 미국인도 아니고 미국 선거권도 없지만, 트럼프가 대통령이었던 수년 동안 분노했다. 트위터에서 그의 글이 발견되면 분노했고, 뉴스에 그의 이름이 나오면 화가 났다. 그의 정책을 보면서도 화를 냈다. 아마 나는 4년간 내가 통제할 수 없는 무언가에 수백 시간과 엄청난 에너지를 썼을 거다. 나는 그를 탄핵할 수 없었다. 그 시간을 나는 호주에서 일어나는 문제들의 원인을 해결하는 데 노력을 기울이며 좀 더 생산적으로 쓸 수 있었을 것이다.

자신에게 물어보자. 나는 지금 내가 바꿀 수 있고 통제할 수 있는 범위 내에 있는 것 때문에 화를 내고 있는가? 그렇다고 하더라도, 화를 내도 된다는 신호는 아니다. 화를 내도 되는 일은 아무것도 없다. 당신이 통제할 수 있는 건 단 세 가지라는 사실을 잊지 말라.

- 성품
- 행동과 반응
- 타인을 대하는 방법

분노를 다루는 법

표현해야 한다

화를 피한다고 해서 아무것도 하지 말라는 뜻은 아니다. 내 주장과 원칙을 평온함을 해치지 않는 방식으로 다른 사람에게 전달할 수 있다. 몇 년 전의 일이다. 윗집 라디에이터가 고장 나는 바람에 우리

집 천장에서 물이 뚝뚝 떨어졌다. 일요일이었고 이웃은 배관공의 주말 출장비를 내는 걸 꺼리는 눈치였다. 천장이 주저앉을 수도 있다는 사실에는 관심이 없는 듯 내일 아침에 배관공을 부르겠다고 했다. 내 아파트에 신경을 쓰지 않는 그녀를 보고 화가 났다. 분노가 불처럼 솟았다. 하지만 폭발하는 대신, 분노의 순간이 지나가게 내버려 두었다. 웬만큼 진정되자 정중하면서도 단호하게 배관공을 부르지 않으면 어떤 일이 일어날지 설명하고, 배관공을 불러달라고 주장했다. 단호한 어조와 조처를 하지 않을 경우 일어날 일들에 대한 설명은 그녀가 행동하게 하기에 충분했다. 목소리를 높이거나 욕할 필요가 없었다. 만약 화를 냈다면 좋지도 나쁘지도 않은 이웃 관계에 독이 됐을 것이고, 그녀는 아마도 방어적인 자세를 취하거나 협조하지 않았을 것이다. 어쩌면 두고두고 적이 됐을지도 모른다.

분노로 시작됐지만 변형된 감정을 주의해야 한다. 분노는 잔소리나 수동 공격, 억울함, 자기 연민, 뾰로통한 태도, 그리고 무수히 많은 방법으로 표출될 수 있다. 분노가 식을 때까지 조금 기다린 후 이성적으로 감정을 표현하는 게 좋다.

죄책감과 수치심

자신에게 화가 나면 그 감정이 죄책감이나 수치심으로 바뀔 수도 있다. 스토아 철학자들은 이런 감정들이 쓸모없다고 생각했다(죄책감이나 수치심은 기독교가 부흥하면서 주목받게 됐다). 스토아 철학자들이 성품을 바라보는 관점은 명확했다. 나는 나의 성품을 통제할 수 있으며, 수치심은 아무런 가치가 없다. 성품이 부족하다면 열심히 노력하여 성품을 갈고닦고 덕목의 인도를 받으면 된다.

아우렐리우스는 "어떤 사람이 선한 사람인지 논쟁하느라 시간을 낭비하지 말고, 나부터 선한 사람이 되어야 한다"라고 했다.

SNS를 피하라

스토아 철학자들은 분노에 전염성이 있다고 봤다. 즉, 사람들이 무리를 지은 환경에서 한 사람이 분노하면 나도 그 분노에 감염된다는 뜻이다. 오늘날 사람들이 무리를 짓는 공간은 어디인가? 인터넷이다. 좀 더 구체적으로, SNS다. 스토아 철학자들은 물론 SNS가 없는 시대를 살았지만, 군중이 분노를 비롯한 강력한 감정을 어떻게 조장할 수 있는지 곰곰이 생각했다. 스토아 철학자들은 전염되는 분노에 낚이지 않는 게 왜 중요한지를 명확하게 인식하고 있었다. 그들 자신이 분노의 피해자이기도 했기 때문이다. '젊은이들을 타락시켰다'라는 이유로 소크라테스Socrates에게 독배를 마시게 한 것이 단적인 예다. 다시 한번 강조하지만 우리는 다른 사람의 분노를 통제할 수 없다. 오로지 나의 분노만 통제할 수 있을 뿐이다.

분노를 관리할 때 취할 수 있는 쉽고도 빠른 조치는 분노를 증폭시키는 SNS와 거리를 두는 것이다. 특히 페이스북과 트위터라는 플랫폼을 멀리해야 한다. 사람들은 온종일 인터넷에서 일어나는 사소한 논쟁에 참여한다. 사회 정의라는 이름을 앞세우거나 자신에게 와 닿는 어떤 명분을 앞세울 때도 있다. 하지만 SNS에서 쏟는 '노력'은 단순히 플랫폼을 키워줄 뿐이며, 특정한 타임라인을 벗어난 실제 세계에서는 거의 영향력이 없음을 기억해야 한다. 트위터에서 누군가의 얘기를 듣고 자신의 견해를 바꾼 적이 있는가? 아마 없을 것이다.

너무 유약해서는 안 된다

세네카는 너무 예민하거나 응석받이로 자랐거나 과잉보호를 받은 사람은 빠르게 화가 날 수 있다고 생각했다. 화를 낼 만한 자격이 있다는 느낌을 과도하게 발달시켜왔거나 지나치게 떠받들어졌거나 편안한 느낌에 너무나 익숙하기 때문이다. 충분히 단련돼 있지 않기 때문에 많은 일을 견디기 힘든 것이다. 그런 사람은 세네카가 말한 이른바 '저속하고 사소한 문제' 때문에 화가 날 수 있다. 따끈한 걸 먹고 싶었는데 레스토랑에서 미지근한 음식을 내놓았을 때 불같이 화를 내는 게 그 예다.

세네카는 "자신이 입은 피해보다 오래 지속되는 분노"를 유의하라고 경고했다. 즉, 미지근한 음식 때문에 입은 피해보다 더 오래 지속되는 분노를 주의해야 한다. 세네카는 화를 낼 만한 자격이 있다는 느낌을 버리고 불편함에 익숙해지면 화가 덜 날 것이라고 주장했다. 불편함에 익숙해질수록 상황이 매끄럽게 흘러가지 않고 완벽하지 않을 때도 마음이 덜 요동치고 덜 분노할 것이다.

스토아 철학자들은 학생들이 불편함에 익숙해질 수 있도록 몸과 뇌를 단련하는 몇 가지 실용적인 연습을 시켰다. 맨발로 아주 뜨겁거나 차가운 길을 걷거나, 추운 날씨에도 외투를 입지 않거나, 우산 없이 비를 맞거나, 맨바닥에서 자거나, 미지근한 온도의 밍밍한 음식을 음식을 먹는 것이 그런 연습에 포함됐을 것으로 보인다.

스토아 철학자들은 근본적으로 회복탄력성을 기르라고 주장했다. 회복탄력성은 안 좋은 일이 일어났을 때 그들을 보호해줬다. 네로 황제가 스토아 철학자 무소니우스 루푸스를 추방했을 때, 그는 "추방됐다고 해서 덕목과 용기, 절제, 지혜를 갖지 못하는 건 아니다"라고 말했다. 그는 추방당했다는 사실에 분노하기보다는 추방당해서 얻는 이점을 봤다. 덕목을 발휘할 수 있을 뿐만 아니라, 건강을 다질 수도 있었다. 루푸스는 "사치스러운 생활로 몸이 망가졌던 사람들이 추방된 후 건강을 되찾았다"라고 말했다.

현대 스토아 철학자 윌리엄 어빈은 정치인이나 심리학자들이 일반인을 능력이 부족한 사람으로 취급한다고 주장했다. "회복탄력성을 갖춘 사람은 피해자가 되기를 거부한다. (…) 본인에게 일어난 부당한 일을 통제할 수는 없지만, 그런 일이 자신에게 닥쳤다는 사실에 대한 반응은 상당 수준 통제할 수 있다. 그날 하루나 인생 전체를 망치게 내버려 둘 수도 있지만, 장애물을 피해 가는 방법을 찾을 수도 있다."

회복탄력성을 갖춘 사람은 부당한 일에 처하더라도 분노하거나 마음 졸이지 않고 그 상황을 어떻게 헤쳐나갈 수 있을지를 생각한다.

남들이 나에 대해 뭐라고 하는지 궁금해하지 마라

나의 평판이 어떤지 알아보려고 하지 마라. 분명 화가 나게 하는 얘기들이 있을 것이다. 세네카는 《화에 관하여》에서 이렇게 말했다.

> 모든 것을 보거나 듣는 건 이득이 되지 않는다. 기분 나쁜 말 대부분은 슬쩍 지나갈 수 있다. 대부분 사람은 기분 나쁜 말을 인지하지 못하고, 그런 말은 강한 인상을 남기지 못한다. (⋯) 화가 나는 일을 피하고 싶은가? 그렇다면 충동적으로 드는 호기심을 저지하라. 사적으로 한 말이라고 할지라도 자신에게 어떻게 반대되는 말을 했는지 알아보려는 사람, 악의적인 험담을 파헤치려는 사람은 마음의 평화를 잃는다. 특정한 단어를 모욕적으로 해석할 수 있기 때문이다.

연인 관계가 아무리 끈끈하고 서로를 신뢰할지라도 상대의 스마트폰이나 이메일을 들여다봐서는 안 된다. 눈에 불을 켜고 찾아본다면 마음을 상하게 하거나 오해를 살 무언가를 반드시 찾아낼 것이다. 평온한 마음을 유지하는 게 중요함을 잊지 말자.

기다리고, 기다리며, 또 기다려라

세네카는 이렇게 말했다. "분노를 치료하는 가장 효과적인 방법은 초기에 들었던 강력한 감정이 사그라들고, 마음을 가리던 안개가 걷히거나 얇아질 때까지 기다리는 것이다."

고대부터 전해 내려오는 이 기술은 효과가 있다. 이성적인 마음이 움직이는 속도보다 더 빨리 감정이 지배하도록 방치하거나 말을 쏟아내지만 않으면 된다. 제동을 걸어야 한다. 화가 나는 게 몸으로 느껴지면, 일단 심호흡을 몇 번 해라. 화가 나면 심장이 두근거리거나 맥박이 빠르게 뛰고, 얼굴이 붉어지거나 숨을 쉬기가 힘들어지기 때문에 자신도 알아차릴 수 있다. 몇 초 동안 멈추는 건 이성적인 마음이 감정을 따라잡을 수 있는 여유를 주므로 아주 중요하다.

호흡을 몇 번 깊게 들이킬 수도 있고, 그 자리를 떠날 수도 있다. 또는 계속해서 이야기하기에는 너무 감정이 북받쳐 오른다고 이야기한 후 전화를 끊을 수도 있고, 화가 났을 때 쓴 답장이나 이메일을 임시 보관함에 넣어놓을 수도 있다. 마음이 진정될 때까지 시간을 벌면 자신뿐만 아니라 다른 사람에게 피해를 주지 않으면서 상호작용할 방법을 찾을 수 있다. 몸으로 느끼는 분노의 감정이 나를 위협하거나 압도하면, 가장 강력하고 강하게 느껴지는 분노라도 금방 지나간다는 사실을 떠올리자.

세네카는 이렇게 말했다. "상처받은 일들이 마음을 뒤집어놓았다고 할지라도 한 시간이면 그 일에 무뎌질 것이다. 다른 일들도 잊힐 것이다. 기다리는 방법이 아무런 효과를 발휘하지 못하더라도, 기다려보면 나를 지배하는 건 화가 아닌 판단임이 확실해질 것이다. 무엇이 됐든, 본질을 파악하고자 할 때는 시간에 맡겨라. 바다에 폭풍이 칠 때는 무엇도 선명하게 볼 수 없다."

분노하지 말고 분노의 에너지를 사용하라

분노에는 큰 에너지가 서려 있기에 그 순간에는 심지어 기분이 좋다고 느껴질 수 있다. 분노하기 전에는 무감각하거나 답답하다고 느꼈을 것이기 때문이다. 열기를 분출하는 건 빽빽한 숲에 폭풍처럼 번지는 불처럼 놀라운 정화 효과를 낼 수 있다. 물론 그 순간의 정화되는 느낌은 심각한 결과를 초래하는 게 보통이다. 분노의 에너지를 다루는 비결은 그 에너지를 긍정적으로 사용하는 것이다. 분노의 에너지를 사용하여 변화를 일으키고, 해로운 상황이나 관계에서 벗어나도록 자신을 격려해야 한다.

꼭 다른 사람에게 분노를 내뿜어야 하는 건 아니며, 분노할 때 느껴지는 감각을 인생에 변화가 필요하다는 신호로 바라볼 수 있다. 그러면 분노는 직관으로 변한다. 분노를 느낄 수는 있지만, 그럴 때면 세네카가 추천한 기법을 사용해보자. 반응하지 않고 기다리는 것이다. 처음에 받은 강력한 느낌을 이성적인 마음의 차분한 햇빛 아래 비춰보면 왜 불만족스럽고 좌절하는지, 어떤 변화가 필요한지에 대한 단서를 발견할 수 있다.

단, 화를 내지 않는 것과 헛소리를 참아주는 것은 다르다. 화를 내고 싶다는 충동에는 중요한 메시지가 담겨 있다. 초기의 분노는 어떤 상황이나 사람과 거리를 두거나, 관계를 끊거나, 직장을 바꾸거나 부서 이동을 하는 등의 행동이 필요하다는 걸 시사할 수도 있다. 또한 체제의 실패 또는 현재 상황을 보고 화가 난다면 사회가 불공평해서 일어나는 문제에 활발하게 참여하는 계기로 삼을 수도 있다.

흑인의 생명도 소중하다Black Lives Matter 운동이나 미투#MeToo 시위는 분노가 사회 변화를 위해 투쟁하는 데 힘이 될 수 있다는 걸 보여주는 대표적인 예다.

> ## 내가 의롭다는 생각은 위험하다
>
> ---
>
> 분노에는 의로움이라는 요소가 담겨 있다. 그리고 이것이 분노라는 감정에 불을 붙이기 쉽다. 내가 의롭다고 생각하면 다른 사람에게 내가 맞고 너는 틀렸다는 사실을 증명하는 게 중요해지기 때문이다.
>
> 다른 사람이 틀렸다는 사실이 분노를 정당화하는 이유가 될 수는 있겠지만, 상대방 역시 자기가 맞고 당신이 틀렸다고 생각할 것이다. 각자의 관점에서 바라보면, 행동을 정당화할 이유는 언제나 존재한다. 정말 나쁜 사람일지라도 자기 자신을 '나쁜 사람'이라고 생각하진 않는다. 그들에게 잘못됐다고 말해봐도 생각을 바꿀 확률은 낮으며, 오히려 방어적인 태도를 보일 것이다. 양 당사자가 절대 지지 않겠다고 나서면 교착상태에 빠진다.
>
> 아우렐리우스는 이렇게 조언했다.
>
> "그들이 옳은 행위를 한다면 내가 불평할 이유가 없다. 옳지 않은 행위를 한다고 할지라도 분명 일부러 그런 건 아닐 것이다. 소크라테스는 '고의로 진실을 부정하는 사람은 없다'라고 말했다. 그렇기에 옳지 않은 행동을 한 사람들은 누군가가 자신을 향해 정의롭지 않고, 고마움을 모르며, 비열하고, 이웃을 화나게 했다고 비난하면 기분 나빠한다. 자신이 잘못했다는 것을 알지 못하기 때문이다."

아우렐리우스는《명상록》에 분노를 주제로 많은 글을 남겼다. 분노는 그가 평생 통제하기 위해 노력한 문제였다. 그는 '진짜 남자'란 화를 내는 사람이 아니라 침착함을 유지할 수 있는 사람이라고 했다. 분노와 좌절을 표출하면서 기분을 풀고 손쉽게 파괴적인 즐거움을 누리기보다 침착함을 유지하려면 더 많이 절제해야 한다.

"분노가 치밀어오를 때 화를 내는 모습은 남자답지 못하다는 사실을 기억하라. 온화함과 정중함은 분노보다 더 인간답기에 더 남자답다. 진짜 남자는 분노와 불만을 쏟아내는 사람이 아니다. 화나 불만에 무너지지 않고 힘과 용기, 인내력을 지닌 사람이다. 마음을 차분하게 다스릴수록 더 강한 사람이 된다."

가짜 분노

부모와 교사는 화난 척하는 것의 이점을 특히 잘 알고 있다. 분노는 어린이처럼 지도나 훈육이 필요한 이에게 메시지를 전달하고자 할 때 종종 사용되지만, 그럴 때도 자신의 평온을 깨트려서는 안 된다. 화난 척하는 건 마음의 평온과 자제력을 온전하게 유지하면서도 강력한 메시지를 전달하는 방법이다. 운전 중 자녀가 안전띠를 풀거나, 수업 중에 학생이 심한 장난을 치면 화난 척할 수 있다. 이때는 가능한 한 메시지를 효과적으로 전달해야 한다. 다만, 동료나 연인, 배우자와 대화할 때는 사용해선 안 된다. 상대방의 분노를 부르기 쉽고, 그러면 상황이 부정적으로 흘러갈 가능성이 크다.

사회 정의

어떻게 하면 화를 내지 않으면서도 사회를 변화시킬 수 있을까? 스토아 철학을 공부하면서 나에게 자주 던진 질문이다. 앤드루와 토론할 때도 반복적으로 이 문제를 다뤘다. 초반에 우리는 스토아 철학이 더 큰 사회적 정의를 실현하는 틀이 되기에는 부족하다는 데 의견의 일치를 봤다.

사회문제에 소극적인 자세를 취하고 사회 변화를 요구할 수 없다면, 분노를 없애는 게 무슨 소용이 있을까? 평온함을 기르느라 너무 바쁘다면, 어떻게 불의와 맞서 싸울 수 있을까? 이는 불교를 향한 몇 가지 비판과 맥락을 같이한다. 스토아 철학자들은 한 발짝 떨어져 바라볼 때 느긋해지고 평온을 얻을 수 있다고 했다. 하지만 그렇게 떨어져서 바라본다면 내 주변 사람들에 대한 의무는 어쩔 것인가?

스토아 철학과 사회 변화에 대해 2년간 토론한 끝에 분노를 피하는 행동과 정치적 진보는 전혀 다른 주제임을 알게 됐다. 사실 분노를 통제함으로써 스토아 철학의 기법을 실천한다면, 사회 정의를 효과적으로 구현하고 사회를 변화시킬 수 있다. 분노를 통제하면 합의를 일구고 사람들을 같은 편으로 끌어들일 수 있다. 또 극도로 긴장하지 않고도 내 주장을 명확하고 설득력 있게 전달할 수 있다. 이성적으로 사고하면 어떻게 행동할지를 계획할 수 있고, 최대한 평화롭고 효과적으로 변화를 이룩할 수 있다.

스토아 철학자들은 정계에서 활발하게 활동했다. 그들은 인간이 상호의존적인 사회적 동물이며 남성과 여성, 자유민과 노예 등 모두가 평등하다고 믿었다. 그리고 '정의'를 인간의 주요 덕목으로 꼽았다. 그 시대치고 상당히 진보적인 생각이다. 이런 믿음은 사회 변화라는 주제를 스토아 철학에 포함할 수 있음을 의미한다.

이성적인 마음

아우렐리우스는 "마음을 차분하게 다스릴수록 더 강한 사람이 된다"라고 말했다. 스토아 철학자들은 분노를 피하려고 마음을 차분하게 다스릴 때 따라오는 고통을 감수했다. 고통이 생겨나는 이유는 분노가 이성을 왜곡하기 때문이다.

예를 들어 누군가가 당신의 발을 밟거나 당신에게 커피를 쏟았는데 사과조차 하지 않는다고 해보자. 그냥 모르고 그랬겠거니 생각하고 내 갈 길을 갈 수도 있을 것이다. 그런데 그 순간 격분해서 상대방한테 따지면 어떻게 될까? 상대방은 영문도 모르는 채 비난을 받게 된 상황이기에 함께 소리를 지를지도 모른다. 분노가 이성적인 마음을 지배하는 순간이다. 이런 말다툼의 결과로 경찰서까지 가게 될지도 모르고, 그날 하루 또는 인생 전체를 망칠 수도 있다. 하지만 언제나 쓸 수 있는 도구가 당신에게 있다. 바로 이성이다.

나도 짜증 나는 사람일 수 있다

아우렐리우스는 나를 화나게 한 사람을 악마라고 부르는 건 소용이 없다고 강조했다. 누군가가 당신에게 실수를 저지르거나 화를 불러일으키는 행동을 했는가? 다 똑같은 인간이니 분명 당신도 그런 행동을 한 적이 있을 것이다.

그는 말했다. "당신도 그 사람들과 다르지 않으며, 다양한 방법으로 다른 사람들의 화를 돋운다." 이는 나만 도덕적인 사람이라고 생각하지 말라는 교훈을 준다. 분노를 조절할 줄 알더라도 나도 다른 사람을 짜증 나게 할 수 있음을 마음에 새겨라. 이럴 때는 세네카의 조언을 따르면 된다. "서로를 너그럽게 대하기로 합의하라."

Reasons
not to
worry

"나조차 만족시킬 수 없는데 다른 사람을 어떻게 만족시키겠는가."
- 세네카

"허기를 달랠 정도로만 먹고, 갈증이 달아날 정도로만 마셔라.
추위를 달랠 정도로만 입고, 불편하지 않을 정도로만 집을 꾸며라."
- 세네카

절제하는 법

술과 나의 인연은 아주 길고도 끈끈하다. 얼마 전까지 나는 윈스턴 처칠의 "술이 내게서 앗아간 것보다 내가 술에서 얻은 것이 더 많다"라는 명언을 따르며 즐겁게 살았다. 하지만 점차 술이 나에게서 많은 것을 빼앗아 가기 시작했다. 친구한테 이렇게 투덜거린 적도 있다.

"도저히 이해가 안 돼. 술을 많이 마신 것도 아닌데 한밤중에 깼다니까. 정확히 새벽 2시 23분에 말이야! 그러고는 다시 잠들지 못했어. 벽돌을 먹은 것처럼 소화가 안 돼."

최근에 이런 일이 자주 일어났다. 술이 나를 망가뜨리고 있었다. 이제 알코올 중독 치료를 시작할 때가 아닌가 싶어졌다. 사실 나는 술 취한 상태로 누군가에게 끔찍한 말을 퍼붓거나, 계단에서 굴러떨어지거나, 어떤 불상사로 경찰에 체포되는 일이 계기가 되어 술을 끊게 되리라고 생각했다. 그런데 비교적 평범한 이유로 술을 끊게 됐다. 그냥 예전처럼 술을 소화할 수가 없었다. 엉뚱한 시간에 잠에서 깼고 몸이 아팠다. 숙취가 사나흘 넘게 지속되기도 했다. 몇 년 동안 마신 술 때문에 몸의 기능이 멈춰버린 것 같았다.

건강을 해치지 않고 기댈 만한 건 없을까 생각해봤다. 머릿속에 떠오르는 건 단 한 가지, 도수가 낮은 맥주를 조금 마시는 것밖에 없었다. 아마도 적당히 먹는 것 빼고는 다른 방법이 없으려나?

"적당히, 적당히…."

나는 입에 붙지 않는 말을 되뇌어봤다. 어쩌면 중용이 정답이었을지도 모른다. 하지만 도대체 어떻게 적당히 마시라는 거지?

나는 폭음하는 문화에서 자랐다. 내가 아는 대부분 사람이 그랬다. 나는 10대를 해안가에 있는 작은 마을에서 보냈는데, 10대들의 파티가 수시로 열렸다. 농장에 딸린 창고나 뒷마당, 거리 곳곳에 술병이 굴러다녔다. 철로 옆에 있던 놀이터에서 난생처음 버번을 맛봤고, 부모님의 술 진열장에서 베르무트를 꺼내 마셨으며, 공원 주차장에서는 와인과 청량음료를 섞어서 들이켰다. 더운 여름 해변에서 보내는 날들은 천국 같았고, 소금과 미역 냄새가 났다.

그러다가 대학에 입학했고 술판이 한 단계 업그레이드됐다. 처음 등교를 하자마자 술 게임과 술을 마셔야 하는 행사들이 이어졌다. 그때부터 3년은 공식 저녁 행사, 저렴한 포르투 와인, 엄청난 양의 맥주, 숙취 때문에 놓친 수업들로 점철됐다.

졸업 후 시골에 있는 법무법인에 취업했다. 이곳 사람들은 술을 정말 많이 마셨다. 금요일 밤이 되면 경찰, 범죄자, 변호사 모두 항구 근처에 있는 변변찮은 술집에 모여 스트레스를 풀었다. 그다음에는 기자가 되어 시드니에서 살았다. 경찰서의 딱딱한 홍보 직원, 사교적인 포토그래퍼, 피곤에 절어 사는 섹션 편집자와 함께 어울려야 했다. 이때 내가 할 수 있는 유일한 일은 술을 한잔 사면서 그들의 이야기를 듣는 것이었다.

그렇게 아주 긴 시간이 흘렀다. 나는 어느 순간이 되면 누군가가 나를 불러 앉히고 "이제 좀 적당히 살아야 하는 나이가 됐어요. 자, 이렇게 하면 돼요"라고 안내해줄 줄 알았다. 하지만 그런 날은 오지 않았다. 아무도 나에게 "적당하게 마시는 건 이런 거야"라면서 시범을 보여주지 않았다. 물론 친구 중 누군가가 한 번 정도는 "바보야, 그런 말을 꼭 해야 아니? 천천히 마셔! 술 좀 그만 마셔!"라고 말했을 수도 있다. 하지만 폭음 문화에 익숙한 나로서는 적당하게 마신다는 게 쉬운 일이 아니었다.

적당히, 즉 중용에 매혹되기는 정말 어렵다. 식습관을 갑자기 180도 바꿔 빠른 결과와 만족감을 얻을 수 있는 다이어트와 달리, 적당히 먹고 마시면 진행 속도가 느리고 완만하다. 자본주의적 웰빙 산업 시스템에는 중용이 없다. 극적으로 체중 감량을 한 후 요요가 왔던 중국 한약 단식 이후, 나는 건강을 다지려고 여러 가지 요법을 시도해봤다. 열정은 넘쳤지만 오래가지는 못했다. 주머니만 비어갈 뿐 지속 가능한 결과를 얻지 못했다. 그 요법 중에는 매일 개인 트레이너와 운동하는 PT 프로그램과 하루에 한 끼 고지방 음식만 먹는 방법 등이 있었고, 내가 먹는 모든 음식의 칼로리를 계산할 수 있는 앱도 있었다.

그런데 적당히 해보면 어떻게 될까? 지루하고, 느리고, 흥미진진하지 않으며, 합리적으로 적당하게 해본다면?

적당함을 가르쳐줄 사람들이 곁에 있으니 충분히 할 수 있다는 생각이 들었다. 물론 모두 세상을 떠났지만 말이다. 그들은 바로 스토아 철학자들로, 중용을 삶의 중심에 두고 덕목으로 삼으며 '절제'라는 이름을 붙였다. 그들은 술을 마시고 잘 차린 음식을 먹을 때 느끼는 즐거움을 선호하는 무심의 영역으로 분류했다.

왜 스토아 철학자들은 중용을 실천했을까?

로마 스토아 철학자들은 쾌락을 추구하고 풍요를 누리며 모든 게 넘치는 시대를 살아갔다. 즉 우리와 비슷한 시대를 살았다. 로마인들도 술에 취하는 걸 좋아했다! 그래서 스토아 철학자들은 어떻게 유혹에 저항하고 중용을 실천해야 하는지 곰곰이 생각하고 많은 글을 남겼다. 야생의 과일, 희귀한 먹을거리, 얼음, 톡 쏘는 향신료 등 이국적인 음식이 풍부했다. 특히 술과 음식이 머릿속을 떠나지 않았기 때문에 그들은 중용이라는 가르침을 계속해서 강조했다.

하지만 중용을 다루기 전에 경고할 게 있다. 모든 사람이 중용을 실천할 수 있는 건 아니다. 성품에 결함이 있어서가 아니라 환경적 요인, 뇌화학, 중독 경향 등 여러 가지 복잡한 요인이 관련돼 있기 때문이다. 하지만 당시 스토아 철학자들은 이런 요소를 이해하지 못했다. 몇몇 사람은 음주 또는 기타 중독 행동에 '꺼짐 버튼'을 누르는 방법을 모른다. 익명의 알코올 중독자들Alcoholics Anonymous, AA 모임에서는 이런 경구가 회자되기도 했다. "한 잔은 너무 많고 천 잔으로는 부족하다." 이런 부류의 사람들에게 중용을 지키는 건 불가능에 가까울 만큼 어렵다. 알코올 문제에서는 중용이 답이 아니며, 가장 좋은 방법은 마시지 않는 것이다.

스토아 철학의 네 가지 덕목 중 중용(또는 절제)이 제일 소소하고 달성하기 쉬운 덕목처럼 보였다. 하지만 알고 보니 숙달하기가 가장 어려웠다. 적어도 나는 그랬다. 용기는 종종 반응적이고 본능적이다. 아이를 구하기 위해 열차 선로로 뛰어들거나 물에 빠진 사람을 구하기 위해 반사적으로 뛰어드는 등 상황이 닥치면 용기가 갑자기 발휘된다. 또 사람들은 일반적으로 나이가 들어가면서 점점 지혜로워진다. 지혜를 구하기는 어렵지만, 시간이 지나면서 자연스럽게 마음에 근육이 붙어 제2의 본성이 된다. 지혜로워지기 위해서 매일 엄청난 의지가 필요한 건 아니다. 한편, 정의는 본능적으로 발휘된다. 오늘날에도 로스쿨에서는 '당연한 정의감natural justice'이라는 개념을 가르치는데, 이는 스토아 철학의 원리에 뿌리를 두고 있다. 마음에 귀를 기울이면 정의를 인식하고 정의감을 발휘할 수 있다. 이 역시 의지는 필요하지 않다.

하지만 중용은 어떤가. 얼핏 쉬워 보이지만 가장 숙달하기 어려운 덕목이다. 쉴 새 없이 노력해야 한다! 중용을 체화하려면 로마 사회가 그랬듯, 모든 면에서 풍요로운 이 시대의 유혹에 저항해야 한다. 맛있고 입맛 돋우는 음식으로 가득 찬 접시를 봤을 때, 본체만체해야 한다. 꼬르륵거리는 배의 신호를 무시해야 하고, 끝내주게 맛있는 냄새와 입에 침이 고이는 등의 생리적인 반응을 무시해야 한다.

아낌없이 술을 부어주는 친구에게 그만 따르라며 잔 위에 손을 올려야 하고, 에픽테토스가 조언한 대로 "손을 내밀어 적당한 몫만 받아야 한다." 매일 식사할 때마다 이런 가르침을 실천해야 한다.

중용은 음식이나 술에서만 필요한 덕목이 아니다. SNS, 마약, TV, 인터넷 등 모든 중독적인 습관에도 적용해야 한다. 적당히, 적당히, 또 적당히 해야 한다.

왜 중용이 중요한가?

음식을 지나치게 먹으면 몸이 불평을 늘어놓기 시작한다. 몸이 아프거나 균형이 깨진다. 자리에 앉아서 초콜릿을 질릴 때까지 먹거나 과자 한 봉지를 먹었을 때를 생각해보라. 먹을 때는 기분이 좋겠지만, 정신을 차리고 텅 빈 과자 봉지를 봤을 때 그리고 몸의 느낌을 살펴볼 때 기분이 안 좋아진다. 신체적으로는 배가 너무 부르고, 심리적으로는 죄책감·수치심·후회를 느낀다.

그런데도 우리는 그런 경험을 통해 배우지 못한다. 술을 진탕 마시고 정신없는 밤을 보낸 후 고통스러워하며 일어나는 것만으로도 교훈은 충분하다. 화장실 변기에 머리를 처박고 "다시는 안 마실 거야"라고 맹세하지만, 시간이 갈수록 점차 희미해진다. 다음 금요일 밤, 똑같은 상황이 반복된다. 이런 행동은 몇 년 동안 지속될 수 있으며, 규칙적으로 술을 탐닉한 결과 몸과 장기는 서서히 닳아간다.

상황을 고쳐보려고 무언가를 해볼 수도 있지만, 그런 조치가 지나치게 극단적일 수도 있다. 나는 모든 걸 완전히 끊은 적이 있다. 하지만 그러고 나면 쾌락으로 폭주함으로써 균형을 맞추곤 했다. 이런 극단적인 상황에 놓이면 몸은 타격을 받는다.

중용이란 균형을 이루기 위해 극단적인 상황을 오가지 않고도, 계속해서 또는 거의 연속적으로 항상성의 상태에 머무는 것일지도 모른다. 몸과 마음은 너무 많거나 적은 것을 처리하지 않아도 되기에 방해받는 게 없고, 그 결과 자연스럽게 평온이 찾아온다.

현대 스토아 철학자 도널드 로버트슨Donald Robertson은 〈미디움〉에 스토아 철학자처럼 먹고 마시는 방법에 관한 글을 기고했다. 그 기사를 쓸 때 무소니우스 루푸스한테서 가장 크게 영감을 받았다고 한다.

무소니우스 루푸스는 스토아 철학자라면 쉽게 구할 수 있으면서 영양가가 많고, 가장 건강하면서도 저렴한 음식을 선호해야 한다고 가르쳤다. '건강한 음식을 먹어야 한다'라는 조언은 얼핏 상식적으로 들리지만, 이미 가진 재료로 간단하고 영양가 있는 식사를 쉽게 만들 수 있는데도 재료를 더 사고 호화로운 음식을 준비하는 데 너무 많은 시간을 들이는 걸 경계했다. 그는 또 도살된 동물보다는 식물과 곡물을 먹는 것이 좋다고 강조했다. 치즈, 우유, 벌집 등 번거롭게 요리하지 않아도 되는 과일과 채소를 먹으라고 조언했다.

스토아 철학자들은 엄격한 채식주의자는 아니었지만 고기를 많이 먹지는 않았다. 로버트슨은 스토아 철학에 기반한 식습관과 음주 습관은 다음과 같아야 한다고 강조했다.

- 고급 음식을 피한다.
- 천천히, 맛과 향에 주의를 기울이면서 먹는다.
- 달콤한 음식보다는 영양이 풍부한 음식을 택한다(사탕보다는 과일을 먹어라).
- 입을 즐겁게 하기보다는 몸을 튼튼하게 한다.
- 음식을 나눠 먹고, 필요한 양보다 더 많이 먹지 않는다.

스토아 철학자들은 단식도 했다. 앞서 살펴봤듯이, 음식을 먹지 않는 건 나중에 음식을 빼앗기거나 먹을 수 없게 됐을 때를 대비하여 몸을 단련해두라는 중요한 가르침이나. 세네카는 죽음에 가까워졌을 때 수저를 거의 들지 않았다. 자기가 소유한 땅에서 나는 무화과와 과일만 조금씩 맛봤다.

스토아 철학자는 좋은 느낌을 받고, 긍정적으로 생각하며, 괜찮은 외모를 유지하는 핵심 비결이 중용이라고 생각했다. 과음과 과식을 하지 않는 것 외에 삶의 여러 영역과 행동에서도 중용을 실천하면 좋다고 믿었다. 음식과 술을 적당히 먹으면서 절제라는 근육을 훈련하면, 혼란스럽거나 한쪽으로 치우친 삶의 영역(일이나 스포츠, 식사, 잠 등 뭔가를 지나치게 많이 하려는 경향)으로도 중용이 퍼져나감을 발견할 수 있을 것이다.

루푸스 역시 절제의 시작점이자 기반은 음식과 술의 절제라고 말했다. 또 삶의 다른 영역에서 자기 자신을 절제하는 데 중용이 얼마나 도움이 되는지도 이야기했다. "얼마나 많은 쾌락을 가져다주는지가 좋음을 측정하는 기준이라면, 자제력보다 좋은 건 없다. 무언가를 피해야 할지 말지를 측정하는 기준이 고통이라면, 자제력 부족보다 더 고통스러운 것은 없다."

어느 정도면 충분하게 먹는 걸까?

스토아 철학자에게 얼마만큼이 적당히 먹는 거냐고 묻는다면, 내가 살고 건강을 유지하는 데 필요한 만큼이 적당한 것이고 그 이상은 필요하지 않다고 답할 것이다. 충분하게 먹는다는 건 배고픔이 일으키는 신체적 불편이 해소될 만큼, 그날 하루에 할 일을 할 수 있는 힘을 신체에 줄 수 있을 만큼 먹는 걸 의미한다. 즉, 먹기 위해 사는 게 아니라 살기 위해 먹는 것이다.

세네카는 이런 말을 남겼다. "건강하게 살기 위해 필요한 만큼만 배를 채우는, 건전하고 온전한 삶의 규칙을 유지하라. 마음이 명령을 내리는 대로 몸이 따르게 하려면 몸을 더 엄격하게 대해야 한다. 허기를 달랠 정도로만 먹고, 갈증이 달아날 정도로만 마셔라. 추위를 달랠 정도로만 입고, 불편하지 않을 정도로만 집을 꾸며라."

이는 일본의 하라하치분메腹八分目 개념과도 비슷하다. '배가 80% 찰 때까지만 먹는다'라는 뜻이다. 공자가 시작한 이 전통은 일본의 오키나와에서 지금까지 이어지고 있으며, 식사 습관을 조절하고자 할 때 이 조언을 참고한다. 오키나와는 심장병, 암, 뇌졸중 등의 발병률이 현저하게 낮은 지역이며 100세 이상 장수하는 사람이 많은 것으로 유명하다.

중독은 이성을 파괴한다

적당하게 먹고 마시면 기분이 좋거나 균형이 잡혔다고 느낀다. 하지만 중용의 장점은 그보다 훨씬 많다. 지나치게 탐닉하지 않으면 생각이 더 명확해지고, 세상을 분명하게 볼 수 있다. 이성적인 결정을 내리며, 욕구의 노예가 되지 않을 수 있다. 중용은 통제하기 어려운 외부의 근원이나 힘으로부터 나의 힘을 되찾는 방법이다.

지나치게 탐닉하고 후회하는 행동이 반복되면 신체가 혼란을 느낄 뿐만 아니라(종종 체중 감량 같은 목표에서 역효과를 내기도 한다), 마음을 어지럽혀 중독과 집착으로 이어질 수도 있다.

중독은 이성적인 사고를 위태롭게 하기에 스토아 철학자는 중독되면 안 된다고 조언했다. 세네카는 술을 너무 많이 마시면 이성을 잃는다고 강조했다.

"와인을 지나치게 마시면 사람이 잔인해진다. 건강했던 사람의 마음이 타락하고 야만적으로 되어간다. 병이 오랫동안 낫지 않으면 불평과 짜증이 입에 붙고, 아주 사소한 욕구가 생겨도 화가 나게 된다. 계속해서 술을 마시면 영혼이 이렇게 짐승처럼 변한다."

중용을 가장 가장 먼저 가르친 사람이 스토아 철학자들은 아니다. 그리스 신화에 등장하는 델포이 신전 정면에는 '무엇도 과도해서는 안 된다'라는 문구가 적혀 있다. 약 2,500년 전에 살았던 소크라테스는 "중도를 택하고 양극단을 최대한 피하는 방법"을 알아야 한다고 설파했다.

아리스토텔레스는 로마 스토아 철학자들보다 이전에 활동한, 영향력 있었던 그리스 철학자다. 아리스토텔레스는 플라톤의 제자였고, 플라톤은 소크라테스의 제자였다. 아리스토텔레스는 '황금의 중도'라는 개념 아래 중용의 원칙을 제시했다. 황금의 중도는 극단적인 소유와 박탈의 중간을 말한다. 용기의 극치는 무모함이고 반대말은 비겁함이다. 현명한 사람은 그 중간의 길을 걷는다. 중용 또는 황금의 중도가 가진 이점은 도교의 기초 사상에서도 찾아볼 수 있다. 도교에서 중도는 바람직한 행동으로 여겨질 뿐만 아니라 영적인 실천이기도 하다. 《도덕경》에는 '이미 날카로운데 더 벼리면 오래가지 못한다'라는 구절이 있다.

중용은 평온을 선사한다

사람들은 평생 한 극단에서 다른 극단으로 오가며 살아간다. 일테면 폭주에서 금주로, 지나치게 탐닉하는 상태에서 완전한 금욕으로 옮겨간다. 사람들은 난리 피우는 걸 좋아한다! 하지만 양극단을 오가는 행위는 평온함을 방해한다. 숙취에 절어 있다거나, 간밤에 한

말 때문에 계속 신경이 쓰인다거나, 축하 파티에서 샴페인 한 잔 또는 생일 케이크 한 조각을 거부할 때 마음이 흔들리고 내 몫을 빼앗기는 기분이 든다면, 어떻게 평온할 수 있겠는가.

술이 됐든 음식이 됐든, 나는 무언가를 즐길 때 자주 함정에 빠지곤 했다. 무언가를 씹고 있을 때도 그다음에 뭘 먹을지 생각했다! 마음이 앞섰다. 커피를 너무 좋아하는 나머지, 첫 잔을 마시는 동안 언제 두 번째 잔을 마실지 계획했다. 중용, 자기 통제, 절제 등 뭐라고 부르든 적당함을 추구하는 상태는 평온함이 꽃피기에 가장 이상적인 조건이다. 계속 산만한 이유는 더 많은 것을 원하기 때문이다.

음식과 술이라는 문제에서 중용은 금욕과는 다르다. 중용은 정서적으로 불안정하고 엉망진창일 때 술을 많이 마시는 것보다 한 잔정도 마시는 것, 너무 많이 먹어서 배가 아프거나 불편한 느낌을 받는 대신 케이크 한 조각을 먹는 걸 의미한다. 무언가에 지나치게 탐닉할 때 또는 너무 오랫동안 손을 놓았을 때 생명력, 집중력, 장난스러움, 충만함의 균형이 얼마나 깨지는지를 주목해서 보자.

스토아 철학자처럼 술을 마시려면

고대 스토아 철학자들이 술을 마실 때는 다음의 지침을 참고했다.

- 취하지 않도록 노력한다.
- 마시는 양을 제한한다.

- 마시지 않는 날을 정한다.
- 술 마시는 규칙과 예외 상황을 만들어놓는다.

옛날 사람들도 우리와 별다를 게 없는 듯하다. 그들은 술에 대해 곰곰이 생각하면서 어느 정도의 음주가 삶의 규칙을 어기는 것인지 곱씹었다. 알코올 및 기타 약물에 의존하기 시작하면 쉽게 중독으로 이어질 수 있다. 중독은 이성과 자제력을 해칠 뿐만 아니라 성품에도 먹칠을 할 수 있다.

그럼 고대 스토아 철학자들은 어떻게 술을 마셨을까? 도널드 로버트슨은 이렇게 말했다.

"그리스 철학자들의 전기를 기록한 디오게네스 라에르티오스Diogenes Laertius에 따르면, 스토아 철학자들은 일반적으로 와인을 적당량 마셨다. 취할 때까지 마시지는 않았다. 또 다른 전기 작가 스토비어스Stobaeus에 따르면, 스토아 철학자들은 와인을 너무 좋아하는 걸 일종의 병으로 분류했다. 흥미롭게도, 그들은 와인을 지나치게 싫어하는 것 역시 병으로 간주했다."

술을 절제하는 건 아주 오래전부터 존재해온 문제다. 아주 흔하면서도 인간이라면 고민할 법한 문제였기에, 스토아 철학자들은 중용을 지킬 수 있는 몇 가지 기법을 고안했다.

거절하는 법을 연습하라

고대 스토아 철학자들은 술을 적당히 마실 수 있도록 훌륭한 기법을 고안해냈다. 바로 누군가가 와인 한 잔을 권하면 거절하는 것으로, 내가 갈망하는 대상을 향한 욕망을 통제하는 방법이었다.

에픽테토스는 학생들에게 누군가가 음식이나 술을 권유하면 먹거나 마시지 말라고 권장했다. 그는 연회를 예로 들어 중용의 이득을 설명했다. 음식뿐만 아니라 인생에서도 득이 되는 가르침이다.

> 연회에서처럼 행동해야 함을 잊지 마라. 내가 음식을 받을 차례인가? 그렇다면 손을 내밀어 적당한 양을 챙겨라. 나를 지나쳐 가는가? 멈추라고 하지 마라. 아직 내 차례가 되지 않았는가? 당장 음식을 집는 걸 갈망하지 말고, 음식이 가까이 올 때까지 기다려라. 지녀나 아내, 공직, 부와 관련된 문제에서도 이런 태도를 취해라. 그러면 언젠가는 신들과 나란히 서서 잔치를 즐길 수 있는 위치에 오르게 될 것이다. 내 앞에 놓인 음식을 취하지 않는 데 그치지 않고 포기할 수도 있다면, 신들과 잔치를 즐길 뿐만 아니라 신들과 함께 세계를 다스릴 자격이 있다.

에픽테토스의 술에 대한 가르침은 또 있다.

> 혼자 물을 마시는 사람, 금욕을 실천하는 사람은 "나는 물만 마신다"라고 허세를 떨며 자랑한다. (…) 이보게. 물을 마시는 게 이득

이 된다면 마시게. 자랑을 하려고 물만 마시는 건 어리석은 행동일 뿐이네.

푸하하. 에픽테토스는 세기를 뛰어넘는, 자명한 이치를 꼬집은 게 틀림없다. 술에 취해 지루한 말을 늘어놓는 사람만큼 나쁜 사람은 자기는 술을 안 마신다는 말을 늘어놓는 사람이다. 자제력을 발휘해 물을 마시는 것까진 괜찮다. 하지만 제발, 다른 사람들이 지겨울 정도로 술을 입에도 대지 않는다고 말하지는 말자.

왜 중용이 지구에 그렇게 중요할까?

중용을 실천해서 득을 보는 건 신체뿐만이 아니다. 지구에도 이롭다.

몇 년 전, 호주 북부 킴벌리의 원주민 브루노 댄Bruno Dann의 집에서 머문 적이 있다. 어느 날 아침, 우리는 저녁 거리를 잡으러 강으로 내려갔다. 게가 강에서 첨벙대고 있었고, 몇 마리를 쉽게 잡아 올릴 수 있었다. 한 사람당 게 한 마리를 먹을 수 있을 만큼 잡았다. 하지만 탐욕스럽고 서구적인 사고방식에 물든 나는 대뜸 이렇게 말했다.

"브루노, 왜 더 잡지 않는 거예요? 넉넉히 잡아서 나중에 먹으면 되잖아요."

필요한 양보다 더 많은 양을 취하자는 사고방식에 브루노는 손사래를 쳤다. 브루노는 그날 우리가 게를 잡을 수 있었던 유일한 이유는, 전에 이곳에 왔던 사람들이 필요한 만큼만 잡아 갔기 때문이라고 설명해줬다. 인간이 탐욕을 부리지 않으면 자연은 우리에게 베풀 것이라고 덧붙였다. 자연

은 유한한 자원이며, 한 사람이 탐욕스럽거나 중용을 모른다면 다른 사람의 몫이 없다는 것 그리고 결국 내 몫도 없어진다는 이야기다.

브루스 파스코Bruce Pascoe는 《검은 에뮤Dark Emu》에서 "원주민 철학을 이해하고자 한다면, 원주민들이 땅에 대해 느끼는 깊은 의무감을 먼저 이해해야 한다"라고 말했다.

자연은 균형을 이룰 때, 즉 우리가 필요한 것만을 취하고 그 이상을 가져가지 않을 때 번성한다.

좋은 음식과 술이 진정으로 무엇을 의미하는지 상기하라

와인 칼럼을 읽는가? 와이너리 투어를 다니면서 와인의 향과 맛에 매혹됐는가? 이름이 마치 시의 한 구절처럼 들리고 맛이 좋아서 피노 누아 와인을 샀는가?

아우렐리우스는 잔인한 사실을 상기시켰다. 고급 와인은 단순히 곰팡이가 핀 포도 주스일 뿐이고, 맛있는 고기는 동물의 사체일 뿐이며, 섹스는 그냥 마찰일 뿐이라고 말이다.

구운 고기나 그 밖에 맛 좋은 요리를 볼 때는 이것은 물고기나 새, 돼지의 사체라는 점을 마음에 새겨라. 팔레르노산 포도주는 포도에서 짜낸 즙일 뿐이며, 자주색 예복은 조개의 피에 담갔던 양모에 불과하다! 섹스는 장기의 마찰과 점액의 분출에 지나지 않는다. 이렇게 인식하면 사물의 본질에 도달하고 핵심을 꿰뚫어, 있는 그대로 바라보게 된다. 이 얼마나 멋진 발상인가! 살아가는 동안에는 이렇게 인식하는 방법을 평생 연습해야 한다. 사물이나 사람이 그럴듯하게 보이면, 한 겹을 벗겨 그 안이 얼마나 조잡한지 봐야 한다. 또 자기 자신을 뽐내는 이야기는 제쳐두고 들어야 한다.

구운 고기를 동물 사체 요리로 비유하는 등 우리가 탐닉하는 음식에 새로운 프레임을 씌워보면 덜 매력적으로 보인다. 오늘날의 문화에서 비싸고 고급스러운 음식은 가치가 높은 음식으로 마케팅되고, 고급 레스토랑에서 식사하는 것은 사회적 지위가 높음을 의미한다. 주류 회사는 에탄올에 향미와 설탕을 가미한 술을 즐거움, 우정, 섹스와 화려함으로 통하는 관문이라고 표현한다. 술을 세련되고 바람직한 상품으로 마케팅하는 것이다. 아우렐리우스가 말했듯, 우리는 이런 대상의 진정한 모습을 봐야 한다.

그래도 계속 술을 마시고 즐겁게 지낼 수 있다

스토아 철학자들이 술 마시는 것 자체를 반대한 건 아니다. 실제로 스토아 철학자들이 개최하거나 참석한 연회에서는 엄청난 양의 술이 제공됐다. 고대 로마인들은 매일 와인을 마셨고, 세네카는 고급 와인 애호가로서 대규모 와이너리 몇 개를 소유하고 있었다.

사회적 존재로서 살아간 스토아 철학자들은 다른 사람이 술을 마실 때 그 자리에 함께해주는 게 중요하다고 생각했다. 집에서 웃긴 인스타그램 게시물을 보면서 시간을 보내지 마라. 축제나 축하 행사에 참석하고 즐길 수 있다. 단, 자제력을 잃지만 않으면 된다. 파티에 가되, 정신을 놓고 술만 마시지 말라는 뜻이다! 세네카는 다음과 같이 조언했다.

"군중이 술에 취해 토할 때, 술에 취하지 않고 맑은 정신으로 있는 사람은 용기 있는 사람이다. 하지만 군중이 하는 일을 다 하면서도 다른 방법으로 해내는 사람은 절제력이 더 대단한 사람이다. 자신의 태도를 유지하는 동시에 군중처럼 행동하지 않았기 때문이다. 그런 사람은 휴일을 술로 낭비하지 않는다."

가끔은 진탕 취해도 된다

스토아 철학자들은 '대부분 맑은 정신을 유지하는 것'을 규칙으로 정했지만, 예외를 두었다. 아주 수긍이 가는 부분이다. 스토아 철학자들은 개인이 치한 사정에 따라 자제력을 잃어도 괜찮다고 생각했다. 가끔, 그러니까 아주 가끔 술에 취하면 상황을 타개할 방법을 찾을 수 있다고 믿었다. 슬럼프에 빠져 생각이 꼬리에 꼬리를 물던 일을 생각해보라. 연인에게 차였거나 해고당했을 때를 가장 먼저 꼽을 수 있을 것이다. 술을 사줄 테니 잘 차려입고 나오라며, 좋은 의도를 가지고 '술로 슬픔을 달래주려는' 친구가 늘 존재한다. 정신이 바짝 들게 하는 계기가 필요하다고 말이다. 가끔 번화가로 나가 밤새워 노는 건 변화를 위해 필요한 약일 수도 있다.

이는 스토아 철학자들의 조언과 크게 다르지 않다. 당시 세네카는 다음과 같이 생각했다.

취할 때까지 술을 마셔야 할 때가 있다. 여기서 취한다는 건 술독에 빠지라는 게 아니라, 술독에 몸을 살짝 담그기만 하란 것이다. 와인은 마음속 깊은 곳에 있는 고통을 씻고 시름을 덜어준다. 술이 슬픔을 씻는 약이 되어주는 것이다. 로마 신화에서 술의 신 이름은 리베르Liber('자유로운 자'라는 뜻-옮긴이)인데, 술에 취하면 하고 싶은 말을 자유롭게 할 수 있어서가 아니라 술이 걱정을 덜어주고 마음을 해방하기에 그렇다. 마음에 생기를 불어넣으며, 모든 일을 담대히 시도할 수 있게 한다.

이런 태도는 스토아 철학의 나머지 가르침과 일맥상통한다. 중용을 알고 자제하며 자신을 단련하면서도. 고삐를 풀어야 할 때는 또 풀어주어야 한다. 술이 나를 통제하는 게 아니라 내가 술을 통제하는 게 핵심이다.

"나를 해칠 수 있다고 생각하는 사람들을 보면 웃음이 나온다.
그들은 내가 어떤 사람인지도, 내가 무슨 생각을 하는지도 모른다.
그러니 내가 가진 것이나 인생의 신념을 건드리는 건 불가능하다."
- 에픽테토스

"나는 말하려는 내용에 확신이 들 때만,
그리고 그걸 말하는 게 나을 때만 입을 연다."
- 카토

소셜미디어를 다루는 법

앤드루와 산책할 때마다 내가 얘기한 불만이 하나 있다. 바로 SNS에서 쏟아지는 나에 대한 비난이다. 그 때문에 마음의 평온을 유지하기가 어려웠다. SNS에서의 비난은 여러 형태로 이뤄진다. 예를 들면 누군가가 나에 대해 안 좋은 말을 트위터에 올리면, 지인들이 그 글을 캡처해서 나에게 보내준다. 왜? 도대체 왜 그럴까? 강아지가 막 싸놓은 따끈따끈한 똥을 건네주면서 "자 여기, 네가 보고 싶어 할 수도 있을 것 같아서"라고 말하는 행동의 인터넷 버전이라고 할 수 있을 것이다. 또 다른 예는 내가 적절하지 않은 표현이 담기거나 사람들이 부정적으로 받아들이거나 오해할 수 있는 글을 쓰는 바람에 갑자기 스마트폰에 불이 나는 것이다. 쌓인 알람을 보며 나는 충격을 받는다(별생각 없이 트위터에 올렸다가 오해받은 글이 두 개 있다. 첫 번째는 모든 대학교가 문을 닫아야 한다는 글이었고, 두 번째는 헬스장에서 운동하고 오면 입 열 힘이 없기에 도널드 트럼프를 욕하려면 헬스장에 가면 안 된다는 내용이었다. 폭스 뉴스는 두 번째 글을 조롱했다).

앤드루는 그 자리에 있으면 이런 일을 피해 가기는 어렵다는 듯이 어깨를 으쓱했다. 나는 〈가디언〉에 주간 칼럼을 싣는 사람이었고, 매주 사람들이 칼럼을 읽었다. 비난을 받을 수 있는 자리이지만,

스토아 철학을 공부한 나는 나침반을 가지고 있었다. 즉 다른 사람이 나를 어떻게 생각하는지와 다른 사람의 의견은 내가 통제할 수 있는 영역 밖에 있다는 걸 알고 있다. 직업 특성상 SNS에서 논란이 생길 수 있다는 점을 받아들이고 조금 더 주의를 기울여 글을 쓰는 것이 내가 택할 수 있는 방법이다. 또 나를 싫어하는 사람들을 대할 때 얼굴에 철판을 좀 더 두껍게 깔 필요도 있었다.

노력 끝에 나는 점차 그렇게 할 수 있게 됐다. 내 트위터 팔로워 수는 늘었지만, 계정을 비활성화하여 긴 휴식기를 가졌고, 나를 귀찮게 할 것 같은 사람의 계정은 차단했다. 최선은 그런 논쟁에 휘말리지 않고, 트위터를 내가 쓴 글을 홍보하는 플랫폼으로 사용하는 것이었다.

오늘날 대부분 사람에게는 SNS 사용 계획이 필요하다. SNS를 사용하지 않는 사람이 드물기 때문이다. 그리고 SNS에서 얻는 정보를 검토해야 할 뿐만 아니라 오랫동안 SNS를 한 후의 기분도 살펴볼 필요가 있다.

SNS는 강력한 감정을 기반으로 영향력을 확장한다

오늘날 SNS의 상호작용만큼 지속적으로 마음의 평온을 해치는 일도 없는 듯싶다. 실생활에서 일은 사람 사는 세상의 속도로 전개되지만, 인터넷에서는 모든 일이 정신없이 빠르게 전개된다. 내가 동의하지 않는 의견, 내 의견에 이의를 제기하는 의견, 나를 화나게 하는 의견, 열정이나 흥미를 북돋는 정보, 슬프게 하는 정보, 무엇이든 SNS의 알고리즘은 사용자의 반응을 불러일으키고 관심을 끌고 유지하도록 설계돼 있다.

강렬한 감정적 반응을 일으키는 콘텐츠는 빠르게 입소문을 탈 확률이 높다. 즉, 내 피드에 떠서 열정과 감정을 자극할 가능성이 크다. 특히 SNS 시스템 전체가 관심을 끌고 가능한 한 오래 관심을 두도록 설계돼 있기에 강렬한 감정을 일으키는 콘텐츠에 눈길을 주지 않기가 어렵다. SNS 대기업들은 내가 스마트폰을 내려놓고 야외에서 가족이나 친구들과 시간을 보내는 걸 바라지 않는다. 항상 스마트폰을 들고 SNS 플랫폼에 접속하길 바란다. 콘텐츠를 만들어내고, 게시물에 반응하고, 다른 계정에 참여하는 데 내 시간을 쏟는 무급 노동을 하길 바란다.

SNS와의 불건전하고 중독적인 관계를 피하고 싶다면, 온라인상의 불행과 긴장, 분열, 산만함을 '진짜' 삶에 끌어들이고 싶지 않다면 SNS를 책임감 있게 사용해야 한다. 물론 SNS 플랫폼에는 몇 가지 장점도 있다. 사람과 사람을 연결해주고 참신한 아이디어를 북돋는다. 이전에는 주목받지 못했던 목소리를 낼 수 있는 장이 되어주기도 한다. 하지만 중독적이고 동물적인 뇌를 자극하는 모든 것과 마찬가지로, SNS는 신중하게 사용해야 한다.

SNS가 등장하기 수천 년 전의 철학이 SNS를 사용하고 탐색하는데 무슨 도움이 되겠느냐고 생각하겠지만, 스토아 철학은 인터넷을 지혜롭게 사용할 수 있도록 유용한 팁과 도구를 제공해준다.

믿을 수 있는 정보에만 반응해야 한다

———

고대 그리스·로마에 SNS가 있었다면 제논, 크리시포스, 에픽테토스, 세네카를 비롯한 모든 철학자가 효율적으로 사용했을 것이다. SNS는 사람들을 서로 연결해주므로, 아테네의 주랑 계단에 앉아 있던 사람들이 물리적으로 형성했던 커뮤니티를 가상 공간에서 형성하는 획기적인 방법이 됐을 것이다.

배가 난파하여 귀한 염료를 다 잃어버리고 낯선 곳에서 오도 가도 못 하는 상황에 처했던 제논을 생각해보라. 철학자들을 찾고자 했던 그는 낯선 서점 주인에게 묻는 대신 이런 글을 트위터에 올렸을 것이다. "안녕하세요. 아테네에 며칠 동안 머무를 예정인데 실력 좋은 철학 선생님 추천 바랍니다. 수업료가 너무 비싼 분은 말고요! 리트윗 부탁드려요!!" 유용하고 믿을 만한 정보를 찾을 수 있다는 건 SNS의 순기능이다.

잘못된 정보의 위험성

스토아 철학자들은 어떤 정보를 따를지 신중하게 선택했다. 그들은 이성적인 사고를 중시했고, 확실한 정보를 따랐다. 경솔하게 행동하거나 공포나 불안감 때문에 행동을 취하기보다는 상황 전체를 숙고했다. SNS는 잘못된 정보나 의견을 퍼뜨리고 공포를 유발하며 덕목을 과시하는 등 혼란의 장이 될 수도 있다. 그래서 사실과 주장을 구분하기가 어렵다.

내가 보는 정보가 잘못됐는지 아닌지는 이성적으로 판단하기 어렵다. SNS에서 정보를 소비할 때는 신뢰할 만한지 아닌지를 먼저 검토해야 한다. 잘못된 정보거나 공신력 있는 출처가 아닌 경우에는 무시하는 게 현명하다.

에픽테토스가 남긴 다음의 명언은 SNS에도 적용할 수 있다.

합법적인 오락 대부분은 저급하거나 어리석다. 사람들의 약점을 이용하거나 악용하기만 한다. 그런 취미에 탐닉하는 군중에 휩쓸리지 마라. 인생은 너무 짧고 해야 할 중요한 일들이 넘쳐난다. 마음속에 어떤 심상과 생각을 들일지 선택해라. 스스로 선택하지 않으면 다른 누군가가 나를 위해 선택하게 될 것이며, 그들의 동기는 고귀하지 않다. 이 세상에서 가장 쉬운 일은 나도 모르는 사이에 천박해지는 일이다. 하지만 시간을 낭비하지 않고 머리를 쓸 필요도 없는 가치 없는 일에 주의를 기울이지 않기로 마음먹으면 천박해질 일은 없을 것이다.

모든 문제에 나만의 의견이 있어야 하는 건 아니다

당신 자신에게 한번 물어보라. 문제가 되는 이슈 하나하나에 끼어들 필요가 있나? 원자력, 코로나19 백신, 실업률, 이민 정책, 리얼리티 쇼의 새로운 출연자, 비트코인, 최근 실종된 사람의 이야기 등 이 모든 이슈에 관해 당신의 의견을 내놓을 필요가 있나? 당신이 이 모든 사안의 전문가는 아니지 않은가. 미국 코미디언 보 번햄Bo Burnham이 〈인사이드〉 쇼에서 한 발언은 이 맥락에 아주 잘 들어맞는다.

"여러분에게 드리고 싶은 질문이 하나 있어요. 음, 그럴… 필요가 있을까요? 이 지구상의 모든 사람이, 동시다발적으로 일어나고 있는 일 하나하나에 의견을 표현할 필요가 있을까요? 그게…, 그렇게 필요할까요? 아니, 말을 조금 바꿔볼게요. 제발 닥쳐주면 안 될까요?"

다른 방법도 있다. 예를 들어 프랑스가 원자력 발전소를 짓는 걸 우리가 통제할 수는 없다. 하지만 너무 많은 사람이 마치 그런 일을 통제할 수 있다는 듯이 트위터에 글을 올린다. 나에게 판단을 내리라고 부탁하는 사람은 아무도 없지만, 그냥 문제를 그대로 내버려 두는 게 좋다고 생각한다.

어쩌면 아우렐리우스의 명언이 오늘날의 세상을 더 낫게 만들어줄지도 모르겠다. "당신에겐 의견을 늘 갖지 않아도 된다는 선택지가 있다." 이런 분열의 시대에 사람들이 자신의 의견을 남에게 표출하지 않았다면 얼마나 많은 친구, 동료, 가족 사이의 다툼을 피할 수 있었겠는가.

분노는 전염된다

잠에서 깨서 차분하고 맑은 정신으로 인터넷에 접속했다가 어떤 글을 읽고 빠르게 분노에 휩싸인 적이 있는가? 잘못된 의견을 표출한 사람 때문일 수도, 과거의 행동이나 발언을 고발당한 사람 때문일 수도, 공개적으로 망신당한 사람 때문일 수도 있다. 아니면 세상 어딘가에서 일어난 부당한 일이나 많은 사람이 트위터에서 이야기하는 사건 때문일 수도 있다. 그게 무엇이든, SNS 알고리즘은 분노를 증폭시키는 피드백 루프를 만들어낸다. 심지어는 나와 전혀 상관이 없는, 지구 반대편에 있는 나라의 국민을 대신해서 분노하게 할 수도 있다.

세네카의《루킬리우스에게 보내는 편지》에서 다음의 글은 과거의 행동이나 발언을 고발하고 비판하며 그 사람을 끌어내리려는 캔슬 문화cancel culture에 관한 이야기라고 해도 손색이 없다.

> 군중과 어울려 지내는 건 해롭다. 악함을 매력적으로 보이게 하는 사람, 무력이나 권위로 다른 사람을 짓밟는 사람, 무의식적으로 군중에 물들게 하려는 사람뿐이다. 그러므로 더 많은 군중과 어울릴수록 더 위험해진다.
> 군중과는 가능한 한 거리를 두고 나를 더 나은 사람으로 만들어줄 사람과 가까이 지내라. 함께함으로써 내가 발전할 수 있는 사람을 찾아라. 사람들은 가르치면서 배우기에 이 과정은 상호적이다. 당신의 선한 자질은 내면을 향해 뻗어나가야 한다.

스토아 철학자들은 SNS를 자제하고 지나치게 자랑을 늘어놓지 말라고 조언했을 것이다. 또 한도 끝도 없이 자신을 홍보하는 플랫폼으로 사용하지 말라고 말했을 것이다. 에픽테토스는 다음과 같은 말을 남겼다.

"대중 앞에서는 성취한 일을 뽐내지 말고 자기가 처한 어려운 일에 관해서도 말을 아껴라. 당신이야 속사정을 털어놓으면 후련하겠지만, 사람들은 남 이야기 듣는 걸 별로 좋아하지 않는다."

내가 꼭 옳을 필요는 없다

SNS의 열기와 에너지는 '나는 맞고 너는 틀리다'라는 이분법적 사고에서 비롯된다. 논쟁에서 이기기 위해, 누군가를 내 편으로 만들기 위해, 크게 흥미는 없지만 사람들이 높게 평가하는 자리에 오르기 위해 우리는 얼마나 많은 에너지를 소비하는가.

늘 옳은 말만 할 필요가 없다면, SNS는 2000년대 중반 잠시나마 존재했던 공간으로 돌아갈지도 모른다. 그때만 해도 SNS에는 재치와 농담, 웃긴 이야기가 가득했다. 뉴스를 공유하고, 개인적인 의견이 담긴 논평을 나누며, 책과 음악을 추천했다. 현재 일어나고 있는 일들을 현지에서 보도하기도 했다. 하지만 이제 SNS는 당파끼리 싸우는 늪으로 변했다. 우리가 SNS를 편을 갈라 죽기 살기로 이념 싸움을 하는 장소로 만들었기 때문이다.

스토아 철학의 네 가지 덕목 중 하나인 지혜를 갖추면, 자기와 다른 관점을 받아들이고 그들과 교류할 수 있다. 또 항상 발전하고 배우고자 함으로써 지혜를 쌓아갈 수 있다.

아우렐리우스가 말했다. "내 생각이나 행동이 옳지 않음을 누군가가 보여준다면, 나는 기꺼이 바뀌겠다. 나는 진실을 추구하기 때문이다. 진실은 절대 해를 끼치지 않는다. 자기 자신을 계속해서 속이는 사람과 무지한 사람만이 해를 입는 법이다."

모욕에 대처하는 법

누군가가 SNS에서 당신을 욕보이거나 당신의 의견에 근거 없이 반박한다면, SNS가 아니더라도 직장이나 파티에서 그런 일이 일어 난다면, 결과는 똑같다. 나의 평온이 깨진다. 모욕은 잔잔한 마음의 바다에 던지는 돌이다. 그 돌은 잔물결을 일으켜 계속 긴장하게 하 고 마음을 어지럽힌다.

욕을 먹으면 분노와 복수하고자 하는 마음이 든다. 대응 사격을 해서 되돌려주고 싶어진다. 아니면 내가 옳다는 걸 알려주고 싶어진 다. 이 모든 태도는 성품에 해를 끼친다. 그래서 스토아 철학자들은 모욕에 어떻게 대처해야 할지도 궁리했다. 그래야 스트레스를 받지 않고 삶을 영위할 수 있기 때문이다.

모욕을 당했을 때 스토아 철학자들의 반응은 기발하고 유쾌했다. 다음에 소개하는 방법들은 오늘날에도 아주 유용하다.

나를 욕한 내용이 사실인지 확인하라

어느 공휴일에 있었던 일이다. 대중교통은 무료였고 도시는 사람 들로 가득 찼다. 나는 중요한 오찬 모임에 가기 위해 페리를 타야 했 다. 시간이 별로 남지 않았다. 하지만 사람들이 빽빽이 들어차 움직 이기가 어려웠다. 마음이 급해진 나는 팔꿈치로 사람들을 밀치며 인파를 헤치고 전진했다. 그러다가 지나가던 한 여자의 갈비뼈를 강타하고 말았다. 창피한 일이다. 오찬에 늦지 않으려고 한 번도 본 적 없는 사람을 칠 준비가 된 나를 보고 내 성품의 부정적인 면모를 돌아보게 됐다. 그녀는 내가 무례하고 공격적이라며 욕설을 줄줄이 늘어놓았다.

스토아 철학자들은 욕을 먹었을 때 먼저 자기 자신에게 물어보라고 했다. 나를 욕한 내용이 사실인가?

사실이었다. 나는 무례하고 공격적이었다. 그래서 욕을 먹었다고 해도 속상하지 않았고 진심으로 사과했다. 하지만 내가 속상했던 건 애초부터 내가 무례하고 공격적인 사람이며, 그런 행동이 나의 성품을 해쳤다는 사실이었다.

에픽테토스는 욕을 먹었을 때, 잠시 멈추고 그 욕에 얼마나 많은 정보가 담겨 있는지 생각해보라고 했다. 나에 대한 욕은 잘못된 정보나 무지에 근거한 것인가, 아니면 사실에 근거한 것인가? 잘못된 정보에 근거한 욕이라면 무시하거나 내용을 바로잡아 줄 수 있다.

실수를 바로잡아라

내가 어떤 글을 썼는데, 글에 잘못된 내용이 담겨 있었고(기자들에겐 흔히 일어나는 일이다), 누군가가 지적을 했다고 하자. 그것도 "바보냐? 실업률 수치가 잘못됐잖아"라는 식으로 심한 말을 했다고 하자. 이때는 바로잡을 내용을 받아들인 후, 나에게 도움이 됐다고 생각하자. 단, 그 사람이 내린 당신에 대한 가치판단은 무시해라. 누군가가 나의 실수를 주의 깊게 봐줬다는 사실에 감사하면 그만이다. 언제나 내가 옳아야 한다면서 자존심을 세우지 마라. "상처받았다는 감각을 거부하면 그 상처는 절로 없어진다." 아우렐리우스의 말이다.

나에게 욕한 사람에게 측은지심을 발휘하라

어느 날, 집에서 갑자기 쥐가 들끓었다. 우선 미끼로 유인해봤다. 하지만 쥐들은 미끼만 몽땅 먹어치웠을 뿐 여전히 기세등등했다. 밤에는 쥐들이 벽을 긁는 소리 때문에 잠을 잘 수가 없을 정도였다. 한 번은 신발을 신으려다가 신발에서 쥐가 튀어나오는 일도 있었다. 역겨웠다!

이 일을 트위터에 올렸는데, 어떤 사람이 분노가 서린 댓글을 남겼다.

"솔직히 말해서 진짜 눈치 없음. 적어도 쥐가 들끓을 수 있는 집은 있다는 거네."

그녀는 홍수가 일어나 많은 사람이 삶의 터전을 잃은 호주 북부에 산다고 했다. 어쨌든 나는 이 공격적인 답변을 읽고 충격을 받았다. 하지만 감정이 가라앉을 때까지 기다렸고, 여기에 반응하지 않기로 마음먹었다. 아우렐리우스는 "분노에 대한 지혜로운 해답은 침묵이다"라고 말했다. 그는 누군가가 유치하게 욕을 한다면 분노하기보다는 측은지심으로 바라보라고 했다.

유머를 사용하라

고대 스토아 철학자들은 누군가가 자신을 욕했을 때, 유머를 사용하여 모욕을 모면하기로 유명했다. 카토가 어떤 사건을 변호할 때의 일이다. 상대편이 카토의 얼굴에 침을 뱉었다. 그는 화를 내기보단 침착하게 얼굴을 닦으며 이렇게 말했다. "누군가가 당신이 입을 못 쓴다고 한다면, 사실이 아니라고 제가 꼭 증언해드리겠습니다." 정말 재치 있는 사람 아닌가.

에픽테토스는 자기 비하적인 유머를 써도 된다고 했다. 그는 다음과 같은 말로 욕한 사람을 무장해제하라고 조언했다.

"저를 정말 잘 아시는 분이라면 그 단점을 꼬집지는 않았을 겁니다. 사실 저는 생각하시는 것보다 더 나쁜 사람이거든요. 욕하는 데는 재능이 없으신 것 같네요."

냉정함을 유지하라

누군가가 목욕탕에서 카토를 때린 적이 있다. 카토는 상대에게 화를 내지도 않고 꾸짖지도 않았다. 나중에 사람들이 그 사건에 관해 물어보자 "나는 맞은 기억이 없어"라고 답했다. 그렇게 함으로써 기분 나쁘게 한 사람에게 힘을 실어주지 않은 것이다. 그냥 평소처럼 침착하게 행동한다면, 욕한 사람은 혼란스러워하며 무너져 내릴 것이다.

아첨과 비판으로부터 자신을 보호하라

———

온라인에서 평온한 마음을 유지하는 방법은 칭찬하는 사람들, 물의를 일으키는 사람들, 나를 미워하는 사람들과 엮이지 않는 것이다. 〈가디언〉에 '브리지드 딜레이니의 다이어리'라는 칼럼을 싣기 시작했을 때 불쾌한 댓글 몇 개를 받았다. 오늘날 내 기사 대부분은 댓글 달기 기능이 감춰져 있다. 기사를 올리자마자 부정적인 피드백을 받지 않기 위해서다. 초기에 받는 부정적인 피드백은 나 자신뿐만 아니라 나의 일에도 독이 됐다. 하지만 균형을 잡아야 한다. 즉, 부정적인 피드백을 거절한다면 긍정적인 피드백과 칭찬 역시 거절해야 한다. 부정적인 피드백 없이 긍정적인 피드백만 받으면, 한쪽으로 치우친 의견을 흡수하게 되기 때문이다. 그래서 아예 댓글을 달 수 없게 한 것이다.

단, 편집자의 피드백은 다르다. 내 글을 비판하거나 칭찬하는 것이 그 사람들의 일이다. 그렇게 함으로써 최고의 글을 내놓을 수 있도록 나를 도와준다. 비판은 귀중한 정보를 제공하며, 성장을 돕는 핵심 요소다. 해가 되거나 짓궂은 장난을 치려는 의도를 가진 의견과 건설적인 비판을 혼동해서는 안 된다.

다른 사람의 칭찬과 비판에 가능한 한 엮이지 않기로 하니, 군중이 아니라 내 마음속에 있는 나침반에 따라 창작 활동을 할 수 있는 달콤한 자유가 생겼다. 창의성은 자유에서 샘솟는다.

이런 값진 교훈을 얻기 위해 작가가 될 필요도, 공개적으로 무언가를 할 필요도 없다. 다른 사람의 의견, 특히 나를 잘 모르는 사람들의 의견에 무심해지면 자연적 본성에 충실할 수 있다. 이는 스토아 철학의 핵심이다. 그리고 자신에게 쏟아지는 칭찬이나 비판에 얽이지 않는 것만큼 다른 사람에게 아첨이나 비판을 하지 않는 것도 중요하다.

아첨의 문제점

스토아 철학자들은 아첨의 어두운 면을 알고 있었다. 사람들은 아첨을 하면서 종종 진실을 숨기고, 진정한 동기를 위장한다. 에픽테토스는 "비난도 아첨도 하지 말라"라고 조언했다. 아첨을 쏟아내면 아첨을 받는 당사자는 더 나은 사람이 되기 위해 노력하지 않을 것이다.

세네카는 《루킬리우스에게 보내는 편지》에서 이렇게 썼다.

가장 큰 걸림돌은 자신에게 쉽게 만족한다는 것이다. 누군가가 나를 선하고 조심스러우며 원칙을 따르는 사람이라고 말하면 그 사람을 인정해준다. 적당한 칭찬으로 만족하지 않고, 뭐가 됐든 아첨이 쏟아지면 부끄러워하지도 않은 채 내가 마땅히 들어야 하는 말이라고 생각한다. 그들의 말에 거짓이 꽤 포함돼 있다는 걸 알지라도 말이다. 더 우스운 건, 자신의 행동과 반대되는 덕목을 가졌다고 칭찬받고 싶어 한다는 것이다. 고문을 가하면서 '가장 자비로운 사람'이라는 말을, 약탈을 하면서 '가장 너그러운 사람'이라는 말을, 술과 욕망에 절어 있으면서 '가장 금욕적인 사람'이라는 말을 듣고 싶어 한다. 그런 말을 들으면 자기 자신이 이미 훌륭하다고 생각해서 더는 변하고 싶어 하지 않게 된다.

스토아 철학자들은 다른 사람의 의견은 나와 전혀 상관이 없다고 설파할 것이다. 아우렐리우스는 "누군가가 나를 멸시한다면, 그건 그 사람의 문제다"라고 썼다. 그들의 의견은 내가 통제할 수 있는 범위 밖에 있기 때문이다. 중요한 건 내가 타인을 대하는 방식과 성품이며, 본성에 따라 행동해야 한다.

타인의 의견에 무심해야 한다

SNS를 사용하면서 우리는 두 가지 자아를 가지고 세상을 살아가게 됐다. 지난 15년 동안 인간은 온라인과 오프라인 세계에서 살아왔다. 그 결과, 할 일이 두 배로 늘었다. 물리적 세계에 존재하는 실제 자아가 있고, 온라인 세계에 존재하는 또 다른 자아가 있다. 실제 세계에서 벌어지는 일에 신경 쓰는 동시에 온라인상의 자아를 위해서도 부단히 노력해야 한다. 나의 아바타를 만들고, 성장시키고, 홍보하고, 보호해야 한다. 누가 돈을 주는 것도 아닌데 일은 끝이 없다.

점점 사람들끼리 얼굴을 마주하고 만날 수 있는 날이 적어진다. 거리에서보다 온라인에서 학대, 인종차별, 성차별, 판단과 분노를 접할 가능성이 더 크기 때문에 더욱더 걱정스럽다. 우리는 이 세상을 어떻게 헤쳐나갈지, 디지털 세상의 맹습을 어떻게 마주해야 할지 배우지 못했다. 역사상 초유의 사태이기 때문이다. 온라인에서는 알람이 쌓이는 한편, 내 퍼포먼스가 괜찮은지에 관한 불안감도 존재한다. 웃기고 쿨하고 진보적이고 재치 있고 인기가 많아야 한다는 압박감이 있다. 마지막으로 올린 포스팅이 성공의 잣대가 되고 '좋아요' 수가 인기를 결정한다.

하지만 스토아 철학을 실천할수록 타인의 의견에 더 무관심해진다. 타인에게 인정받는 건 더는 목표가 될 수 없다. 다른 사람의 의견은 통제할 수 없으며, 타인의 관점에 자신의 가치와 행복을 묶어두면 불안해진다는 걸 알기 때문이다.

Reasons
not to
worry

"현자란 가지지 못한 것에 슬퍼하는 사람이 아니라
가진 것에 기뻐하는 사람이다."
- 에픽테토스

"가지지 못한 것을 가지려는 꿈에 탐닉하지 말고,
이 모든 축복의 주인이 누구인지 생각해보라.
내 것이 아닌 걸 얼마나 원하고 있었는지를 깨닫고,
가진 것에 감사하게 될 것이다."
- 마르쿠스 아우렐리우스

IV

가진 것에 만족하는 법

2021년 6월, 운 좋게 아름다운 아파트를 얻었다. 거실과 침실, 조그만 방으로 구성된 단출한 아파트로 시드니 항구 인근이었다. 거실 창문에는 항구 뷰가 펼쳐졌다. 밤에는 바닷새의 지저귐과 잔잔한 파도 소리가 들렸다. 입주민 전용 수영장도 있었는데, 더운 날이면 아주 인기가 있었다.

내 작은 아파트는 피난처였다. 얼마 동안 나는 축복받은 것처럼 행복했다. 행복이 바스러진 건 이웃들과 안면을 트면서부터다. 어느 날 이웃 폴이 자기 집으로 나를 초대했다. 건물 정면을 바라보는 폴의 집 전망은 내 집 전망보다 훨씬 좋았다. 내 집에서는 항구의 한쪽만 보였는데 폴의 집에서는 전체가 보였다. 내 집은 뒤쪽에 있었기에 항구에서 더 멀었다. 항구가 조금이나마 보이긴 했지만, 갈색 벽돌이 풍경 대부분을 차지했다. 폴의 집에서 도망치듯 집에 돌아왔을 때, 이제는 이전만큼의 기쁨을 느낄 수 없었다.

얼마 후 또 다른 이웃 리사가 나를 자기 집으로 초대했다. 리사의 집은 폴의 집보다 훨씬 더 으리으리했다. 시드니 항구가 바로 보이는 전망을 자랑했고 크기는 내 집의 두 배였다. 리사의 아파트와 비교했을 때 내 아파트는 주방에 딸린 창고처럼 보였다. 다시 한번 집에 대한 애정이 식었다.

이 행동을 멈춰야 했다. 한때 나를 기쁨으로 채워줬던 대상에 갑자기 불만을 품게 된 건, 그 대상이 변하고 있다는 징조가 아니라 내가 변하고 있다는 징조였다. 심리학 용어로 '쾌락 적응hedonic adaptation'이라는 사이클에 접어든 것이다. 쾌락 적응은 아무리 행복하거나 불행한 일이라도 적응하여 일상이 된다는 걸 뜻한다. 지금 내가 사는 작은 아파트에 대한 행복감이 사라지고 더 큰 아파트만을 원하게 된 것이다. 그리고 그걸 얻을 때까지 만족하지 않을 터였다.

내가 가진 것에 만족하는 법은 스토아 철학이 남긴 가장 크고도 의미 있는 가르침이다. 에픽테토스는 "부자는 많은 걸 가진 사람이 아니라 욕심이 적은 사람"이라는 유명한 말을 남겼다. 또 "행복의 본질은 외적 요인에 가능한 한 적게 좌우되며 살아가는 것"이라고도 했다. 아주 반자본주의적인 발상이다.

평온은 행복이 내 통제 범위 안에 있을 때 찾아온다. 다르게 표현해보자면, 내 통제 범위 밖에 있는 일을 선택하지 않을 때 마음이 평온하다. 전망이 더 좋은 항구 쪽 아파트를 원하고 손에 넣는 것은 부분적으로 내가 통제할 수 있는 범위 안에 있다. 하지만 내가 원하는 걸 얻으려면 어떻게 해야 할까? 일단, 한 사람이 아파트를 비워주어야 한다. 그런데 아파트 주민 수는 몇 되지 않고, 자기 아파트를 포기하고 싶어 하는 사람은 한 명도 없어 보였다. 그리고 월세를 낼 금전적 여유가 있어야 한다. 인터넷에서 확인한 결과, 더 좋은 아파트에 사는 이웃은 나보다 훨씬 더 높은 월세를 내고 있었다. 집이 비더라도 내 월급으로는 감당할 수 없었다. 그렇다면 내가 정말로 좋아하는 직업을 그만두고 더 많은 급여를 주는 직장을 찾아 나서야 할 것이다. 아주 불가능한 건 아니겠지만, 이 단계는 정말로 내 통제 영역 밖에 있다. 그런 직장에서 구인 공고가 나야 하고, 면접관들이 나에게 일을 주기로 마음먹어야 한다. 여기엔 리스크도 있다. 행복이 아니라 돈을 보고 일자리를 잡으면, 동료들과 끈끈한 관계를 유지하는 회사에서 일하며 누리는 현재의 평온함이 사라질 수도 있다.

바다 풍경을 60센티미터 더 얻기 위해 감수해야 하는 리스크와 노력은 엄청났다. 지금 사는 집의 월세는 내가 감당할 수 있다. 금전적 스트레스를 받지 않고 느긋하게 살 수 있는데, 그냥 내가 사는 집에 만족할 수는 없는 것일까? 더 큰 집을 원하면 나의 평온함이 방해받을 수도 있다.

스토아 철학자들은 쾌락 적응이 평온함을 해칠 수 있음을 인식했다. 사람들은 더 많은 것을 가지고자 하는 끝없는 욕구 때문에 꼭 그렇게 살지 않아도 되는 방식으로 살면서 스트레스를 더한다. 그래서 끝없는 욕구를 품지 못하게 하는 기법을 개발했다. 그들은 우리가 원하는 것이 뜻밖의 방식으로 인생을 망칠 수 있다는 것을 알고 있었다. 예컨대 더 많은 것을 얻으려면 더 열심히 노력해야 한다. 평생 일만 하고 싶은가? 또 탐욕을 부리면 범죄나 부패의 유혹을 받기 쉽다. 화이트칼라 금융 범죄는 모두 휴가를 더 좋은 곳에서 보내고 싶거나, 더 비싼 시계 또는 값비싼 차를 타고 싶었기 때문에 일어났다. 시드니에서 화이트칼라 범죄를 저지른 멜리사 캐딕Melissa Caddick(투자자들을 속여 수천만 달러를 편취한 후 종적을 감춘 금융 사기범-옮긴이)은 연로하신 부모님의 집을 담보로 잡고 투자하게 해달라고 부모님을 설득했다. 하지만 투자를 하지 않고 다이아몬드를 샀다. 물건에 대한 욕망은 그녀의 가족, 함께 투자한 친구, 그리고 궁극적으로 자기 자신을 파멸로 몰아넣었다. 그녀는 현재 실종 상태이며, 사망했을 것으로 추정된다. 에픽테토스의 등잔을 훔쳐 간 도둑처럼 더 많은 것, 더 좋은 것을 소유하고자 하는 욕망은 성품을 망칠 수 있다.

먼저 쾌락 적응부터 살펴보자

쾌락 적응은 '쾌락의 쳇바퀴hedonic treadmill'라고도 불린다. 이런 현상은 새로운 것을 손에 넣었을 때 느끼는 기쁨이 희미해지고, 같은 수준의 행복감에 다다르기 위해서 더 많은 것, 더 좋은 것을 원할 때 일어난다. 이런 적응 과정은 정상적이고 흔하다. 한때 원했던 대상에 적응하면 새로움이 사라지고 그 대상을 평범한 삶의 풍경에 통합한다. 새로운 것을 갈망하는 인간의 마음은 결함이 아니다. 건전하고 진화론적인 이유에서 그렇게 설계됐다. 시간이 흐름에 따라 감정적인 반응이 감소하지 않으면, 더 유의미한 자극(새롭고 중요한 사건)과 덜 유의미한 자극(배경에 묻혀야 하는 오래된 사건)을 구분할 수 없을 것이다. 새로운 자극에 익숙해지지 못한다면 감정에 압도되어 오래 살지 못할 것이다.

하지만 우리의 쾌락 역치가 높은 건 확실하다. 한두 번 입고 버린

패스트 패션 옷은 쓰레기 매립지로 간다. 이케아나 대형 마트에서 파는 저렴한 가구와 가정용품은 오래 쓰지 않고 해마다 바꾸도록 설계됐다. 기존의 기술은 빠르게 최신 기술로 대체돼 사람들이 제품을 계속 바꾸도록 부추긴다. 풍요롭지만, 모든 것이 엉터리고 질이 나쁘다.

폴 서로Paul Theroux가 1980년대에 쓴 소설《모스키토 코스트The Mosquito Coast》에서 등장인물이 경멸하는 소비주의는 이후 아주 빠른 속도로 계속해서 업그레이드됐다.

"우리는 배가 고프지 않을 때 먹고, 목마르지 않을 때 마시고, 필요하지 않은 것을 산 후 유용한 것 모두를 버린다. 어떤 사람이 당신에게서 무언가를 사겠다고 하면, 그가 사고 싶어 하는 걸 팔지 말고 원하지 않는 것을 팔아라. 발이 여덟 개이고 위가 두 개이며, 불태워도 되는 돈이 있는 듯 팔아버려라. 이건 사리에 맞는 게 아니라 악 자체다."

또한 매우 슬픈 일이기도 하다. 지구의 아름답고 예민한 표면과 웅장하고도 복합적인 시스템인 바다는 우리가 한 번 쓰고 버리는 값싼 플라스틱 쓰레기가 영원히 머무는 곳이 되어버렸다.

하나밖에 없는 지구가 파괴된 이유는 부분적으로는 쾌락 적응 때문이다. 쾌락 적응은 지구를 파괴할 수 있을 정도로 막강한 힘을 가지고 있다. 게다가 새로 나온 물건을 더 많이 가질 수 있도록 인생의 소중한 순간들을 일하는 데 쓰게 함으로써 인간의 내면을 크게 동요시킨다. 사람들은 물건을 쌓아두며 낭비하는 우리 인생이 환경 오염을 악화시키고, 다음 세대에게 쓰레기를 남겨준다는 사실을 깨닫지 못하는 듯하다. 더 우울한 건, 그런 사실을 아는 사람들도 멈추지 못한다는 것이다.

더 많은 걸 원할 때

철학자들은 쾌락의 쳇바퀴 때문에 시간이 지나면서 물건과 사람, 경험에 대한 새로움이 희미해질 때 사람들이 불만족스러워하는 현상을 이해했다. 스토아 철학과 비슷한 시기에 고대 그리스에서 에피쿠로스 철학 학원을 설립한 에피쿠로스는 이 현상을 깊이 성찰했다.

에피쿠로스는 의식주에 대한 욕구처럼 인간에게는 몇 가지 핵심 욕구가 있다고 믿었다. 하지만 사람들은 명성이나 성공과 같은 공허한 욕구에 사로잡힐 수도 있다. 성취해야 할 일이 더 많다고 생각되거나 다른 사람이 나보다 더 성공했다고 생각하기 때문에 늘 자신은 아무것도 이루지 못한 것처럼 보인다. 이런 욕구가 공허하다는 사실을 인정하고 그 욕구를 좇는 걸 멈춤으로써 쾌락의 쳇바퀴가 돌아가는 속도를 늦출 수 있다.

지금과 비교할 때 고대에는 쾌락의 쳇바퀴에 빠지기가 더 어려웠을 것으로 보인다. 오늘날처럼 광고와 미디어의 세례를 받지 않았을 테니 말이다. 게다가 오늘날에는 광고판이나 신문, TV에 국한되지 않고 스크린이 있는 모든 곳, 즉 주머니 속 스마트폰에서도 광고가 계속되며 근무 중에도 끊임없이 광고를 접하지 않는가. 과거에는 광고하지 않았던 영역에서도 타깃 광고를 한다. 광고에 저항하기는 커녕 그것이 광고라는 사실조차 알아채지 못할 정도다. 하지만 스토아 철학의 핵심적인 관점을 취해보자. 바로 의식하는 것이다. 쾌락의 반응을 의식하면 어떤 욕구가 드는지 확인할 수 있다. 어느 정도 힘을 되찾는 수준까지 나아간 것이다.

고대인들은 광고와 소비자 제품의 맹공격을 마주하지는 않았지만, 그 시대에도 명품과 아이템들은 존재했으며 그 가치를 높게 샀다. 사람들은 장식된 항아리나 와인 또는 대리석 탁자를 터무니없는 가격으로 구매했고, 친구들에게 자랑하고 싶어 했다. 알랭 드 보통은 《철학의 위안》에서 세네카가 삼나무 식탁을 유난히 좋아했고, 연회를 위해 500개의 식탁을 주문했다고 언급하기도 했다.

하지만 로마인들 역시 한때 간절히 원했던 물건을 손에 넣자마자 싫증을 내고 더 많은 것을 원하게 됐다. 《루킬리우스에게 보내는 편지》에서 세네카는 경고했다. "마침내 이 위험한 물건들 모두 버려지는구나! 이 물건은 실제로 손에 넣은 자보다 갖고 싶어 하는 자에게 더 좋게 보인다."

실제 그 물건을 소유하는 것보다 그 물건을 소유하리라고 기대하면서 느끼는 기쁨이 더 크다는 의미다. 다가오는 휴가를 기다릴 때 또는 택배가 도착하기를 기다릴 때의 기쁨을 모두 경험해봤을 것이다. 실제 휴가를 즐길 때나 택배 상자를 열 때보다 기다릴 때 더 두근거리지 않던가.

로마 시대에 부유한 엘리트들이 우리 세대보다 한발 앞서간 부분도 있었다. 바로 연회다. 로마에서는 누가 더 호화로운 연회를 치르는지 치열하게 경쟁했다. 로마 제국 전역에서 나는 고기, 해산물, 향신료는 물론 겨울잠쥐의 속을 채운 요리나 앵무새 혀 스튜 등 이국적인 요리를 경쟁적으로 내놓았다. 요리 목적으로 많은 수의 앵무새를 키우고 도살했다. 연회는 몇 시간 동안 진행됐고, 코스 요리에 와인까지 곁들였다. 사람들은 음식을 더 잘 소화해보겠다고 누워서 밥을 먹었고, 맛있는 요리를 진탕 먹고 즐기는 연회를 열고자 빚을 내기도 했다. 에피쿠로스 철학자 아피시우스Apicius는 호화로운 연회를 너무 많이 연 탓에 파산하여 스스로 목숨을 끊었다고도 한다.

아우렐리우스는 돈에 관심을 두지 않았다. 물질의 본질을 상기함으로써 사치스러운 연회를 비롯한 물질적인 욕망을 절제하고자 했다. 앞서 언급했듯이 그는 자기 앞에 놓인 음식과 술을 동물의 사체와 곰팡이 핀 포도 주스로 재해석했다.

나도 아우렐리우스를 따라 연습해보며 자신에게 상기시켰다. 바다가 내려다보이는 풍경을 60센티미터 더 얻고 더 큰 샤워실이 달린 집에서 살기 위해서는 삶을 180도 바꾸어야 하며 밤낮으로 일해야 한다고, 집 밖으로 나가면 무한정으로 펼쳐진 바다를 공짜로 볼 수 있다고 말이다.

고대에도 요즘과 다를 바 없는 부와 퇴폐, 쾌락주의가 만연했고 스토아 철학자들은 쾌락의 쳇바퀴를 잘 이해하고 있었다. 쾌락이라는 힘으로부터 자신을 보호해야 한다는 걸, 그러려면 그 힘을 의식하고 있어야 한다는 걸 알고 있었다.

그들은 쾌락 적응에 도움이 될 만한 몇 가지 전략을 고안했다.

선호하는 무심

우리는 언제 상황이 변할지, 무엇을 잃을지 결코 알지 못한다. 그래서 스토아 철학자들은 선호하는 무심이라는 원칙을 적용하여 예상치 못한 손실을 대비하려고 했다.

새로운 물건과 상품, 사람, 경험의 유혹에 저항해야 하는 이유는 이것들이 우리 통제 범위 밖에 있기 때문이다. 재산 같은 유형의 자산과 칭찬, 원만한 관계, 명성 및 좋은 평판 같은 무형의 자산은 우리가 통제할 수 없다. 그러므로 선호하는 무심의 관점에서 바라봐야 한다. 더 가치가 높은 자산을 손에 넣고 전망이 좋은 집에서 살기 위해, 더 고급스러운 차를 사기 위해 어떻게 하면 돈을 더 많이 벌 수 있을지 궁리하기보다는 평온함을 유지하는 게 더 중요하다.

미래에 사지도 않을 물건에 꽂히면 현재를 망칠 수도 있다. 스토아 철학자들은 롤스로이스를 사기 위해 밤낮을 가리지 않고 일했지만 자동차 전시장에 가는 길에 죽을 수도 있다고 말할 것이다. 지금 가진 것에 감사하는 대신 미래에 집중하느라 인생과 자유를 낭비했다는 얘기다. 시간은 정말 소중하고 대체할 수 없는 유일한 돈이다. 세네카는 이렇게 말했다.

> 미루는 건 인생을 가장 크게 낭비하는 방법이다. 미루는 습관은 매일 주어진 시간을 앗아가고 미래의 약속에 기대게 함으로써 현재

를 받아들이지 못하게 한다. 인생에서 가장 큰 걸림돌은 기대하는 것이다. 내일에 매달리면 오늘을 잃어버리게 된다. 운명의 신 포르투나가 통제하는 것들을 통제하려고 하면서 내 통제 범위 안에 있는 것을 포기해버리는 셈이다. 지금 초점을 맞추고 있는 것은 무엇인가? 어떤 목표를 이루기 위해 안간힘을 쓰고 있는가? 미래는 불확실하므로, 현재를 살아가야 한다.

부정적 시각화

쾌락 적응의 사이클을 깨기 위해 스토아 철학자들은 부정적 시각화를 했다. 부정적 시각화의 목표는 한때 너무나 욕망했던 것들을 나중에 잃을 수도 있다고 생각하면서 두려워하는 것이 아니다. 부정적 시각화의 진정한 목표는 우리가 가진 모든 것이 '빌린 것'이며 언제든지 잃어버릴 수 있다는 사실을 머릿속에 주입하는 것이다. 좋은 아파트, 외모가 출중한 연인이나 배우자, 명예가 보장된 흥미로운 직업, 진귀한 보석 등은 영원히 우리의 것이 아니다. 연인 관계에서 쾌락 적응은 상대방이 나보다 더 나은 사람을 만난 후 나를 찰지도 모른다는 취약성 때문에 다른 사람으로 갈아타는 현상으로 나타난다. 자신의 쾌락 쳇바퀴에 빠지는 것이다.

무언가 또는 누군가를 잃는다고 상상하는 건, 우리가 현재 가진 것에 감사하고 음미하는 방법이다. 결국 빌린 것에 불과하기에 영원히 가질 수 없다는 걸 인정하고 가까이 있을 때 감사해야 한다.

세네카는 이런 말을 남겼다. "우리가 가진 것은 포르투나에게 '빌린 것'일 뿐이다. 포르투나는 우리가 어떤 사정에 처했는지는 고려하지 않고 자기가 준 것을 다시 돌려달라고 할 수 있다. 심지어 강제로 빼앗아 갈 수도 있다."

부정적 시각화를 통해 상황이 더 나쁠 수 있음을 인지하라

이웃집에 가본 후 내 집에 대한 애정이 식은 난제를 마주하며 나는 다음과 같은 부정적 시각화를 해봤다. 폴 아파트의 전망을 탐내는 대신, 반지하 집에 산다고 상상해봤다. 창문에는 창살이 달려 있고, 쓰레기통이 놓여 있는 어둡고 냄새나는 좁은 길이 창문 너머로 보이는 모습을 그려봤다.

실제로 그런 집에서 산 적이 있기에 상상하기가 어렵지는 않다. 뉴사우스웨일스주에서 살았을 때가 그렇다. 물론 그곳에서 행복한 한 해를 보냈지만, 창문에 창살이 달려 있는 반지하 집이었다. 일어나면 집이 어두컴컴했고, 창문에서 아주 약간의 빛만 새어 들어왔다. 날씨가 더운 날에는 쓰레기통에서 나는 악취 때문에 창문을 열 수가 없었다.

나는 자리에 앉아 이 모든 일을 기억해낸 후, 주변을 바라봤다. 나는 어디에 있는가? 내가 지금 사는 아파트의 아름다운 창문 너머로는 아주 넓고 푸른 바다가 펼쳐지고, 빛도 넘칠 정도로 들어온다. 창문을 열면 항구의 바다 냄새가 코를 스치며, 물에 떠 있는 배의 찰랑거리는 소리를 들을 수 있다. 예전에는 어두컴컴하고 쓰레기 냄새가 들어오는 집에서 살았는데 이제는 이런 풍요를 누리고 있다는 점에 감사했다.

조용히 눈을 감고, 심상을 떠올릴 수 있는 곳이라면 어디에서나 이 연습을 할 수 있다. 나는 진가를 알아보지 못한 우리 집에 앉아서 부정적 시각화를 해봤다. 열악한 집에서 살던 시점으로부터 약 10년이 지난 지금, 나는 세상에서 아주 멋진 장소로 꼽히는 시드니 항구에 있는 150만 달러짜리 아파트에서 살고 있다. 그런데도 나는 반지하 집에서 살던 때를 떠올리며 부정적 시각화를 해야 했다. 쾌락 적응은 눈에 보이지 않게 진행되며, 따라서 쾌락 적응으로부터 자신을 보호하기 위해 노력해야 한다는 점을 다시 한번 실감했다.

> **감사가 흘러나오게 하라**
>
> ———
>
> 이 연습의 근본을 이루는 건 감사함이다. 가진 것에 관한 떨림이 사라지고 새로운 것을 갈망할 때, 부정적 시각화가 상황의 진실을 드러낼 것이다. 우리가 가진 것은 한때 간절히 원하던 것이었기에 이에 감사해야 한다. 세네카는 "가난한 사람은 너무 적은 것을 가진 사람이 아니라 더 많이 갈망하는 사람이다"라고 말했다.

유명해지고 싶다는 욕구를 다스려라

———

나는 유명해지고 싶었나? 아니다. 하지만 이름이 알려졌으면 했다.

작품으로 명성을 떨치고 싶었고, 그런 명성이 나를 직접적으로 아는 사람들을 넘어, 더 멀리 뻗어나갔으면 했다. 자존심 때문에 **내가 아는 사람** 말고도 다른 사람들이 나를 알아줬으면 하는 마음이 든 걸까? 다른 사람의 이목을 끌지 않으면서도 내가 사는 곳에서 유명해지고 싶었던 걸까? 만약 유명해지고 싶었다면, 왜 그랬던 걸까? 유명해져서 안 좋은 점은 뭐가 있으려나? 통제 범위에 있는 것들만을 원해야 한다는 스토아 철학자들의 가르침을 따른다면 명성이란 빨리 포기해야 하는 충동일까?

스토아 철학에 관심을 두기도 전, 앤드루와 내가 수년간 이야기를 나눈 주제가 있다. 바로 인정받고 싶어 하는 마음이다. 남들에게 인정받으면 어떻게 행복해지고 기본적인 만족감을 느끼게 되는 건지 궁금했다.

고대나 지금이나 다른 사람에게 인정받으려는 갈증은 별반 다르지 않다. 시대를 초월한 욕구다. 인정은 '내가 여기 있다'라는 말을 세상에 각인시키는 방법이다. 다른 사람이 나를 알아줘야 한다는 욕구, 오늘날의 말투로 하면 '나를 **봐줘야 한다**는 욕구'는 주변 사람들과의 관계에서 드러난다. 연인이나 배우자, 가족, 친구들 사이에서 또 직장에서 이름이 알려지고 인정받았으면 한다.

인정받고 싶다는 욕구는 지인들이 자기를 긍정적으로 생각해줬으면 하는 마음에서 출발해 공적인 영역으로까지 범위를 넓혀간다. 그리고 맨 끝에는 '명성'이 있다. 유명해지고자 하는 욕구는 유명인들이 그리스 신처럼 숭배되는 오늘날뿐만 아니라 스토아 철학자들이 살았던 시대에도 문제였다.

인정은 자존감이라는 건물을 쌓아 올릴 때 훌륭한 벽돌이 되어줄 수 있다. 인정을 받으면 내가 중요한 사람이라고 느끼게 된다. 하지만 스토아 철학자들은 기본적인 인정의 욕구를 명성으로까지 확장하려는 사람에게 일침을 가했다. 예컨대 에픽테토스는 "현자는 멸시당하지 않을 정도로만 명성을 쌓고자 한다"라고 말했다. 기준점이 의외로 낮지 않은가? 에픽테토스가 말하고자 한 바는 멸시받지 않을 정도로만 유명해져도 충분하므로 그 정도의 명성만 좇으라는 것이었다. 알랭 드 보통의 관점에 따르면, 에피쿠로스학파는 유명세를 그다지 중요하지 않게 생각했기에 유명해지고자 하는 욕구는 부자연스럽다고 봤다. 그들은 또한 불필요하고 부자연스러운 욕구로 명성과 권력을 한데 묶었다. 꼭 필요하고 자연스러운 욕구 중 친구, 자유, 사상, 의식주에 대한 욕구를 가장 높이 샀다.

유명해지는 건 내 통제 범위 밖에 있는 것이기에 스토아 철학자들은 유명해지고자 하는 마음에 의심의 눈길을 보냈다. 유명해지는 건 내 재능에 다른 사람들이 어떻게 반응하느냐에 달렸는데, 이런 반응을 통제하기는 어렵다. 아우렐리우스는 이렇게 썼다.

"당신이 아는 사람들이 당신을 존경해주기를 바라야 한다. 한 번도 만나본 적이 없고, 앞으로 만날 일도 없는 사람들이 존경해주기를 바라는가? 이런 사람들은 자기 할아버지의 할아버지가 영웅이 아니라고 속상해하는 이들이다."

명성은 본질적으로 불안정하다. 얻을 수도 있고, 잃을 수도 있다.

그러므로 명성을 추구하면 나의 평온이 방해받을 뿐이다.

명성을 추구하면 집착하게 되고 불안해진다

세상에서 변하지 않는 단 한 가지는 변화한다는 속성이다. 잠깐 유명해질 수는 있겠지만, 언제 나의 이름이 묻힐지 모른다는 불안감에 명성을 즐기는 건 불가능하다. 하룻밤 사이에 다 잃어도 괜찮은 게 아니라면, 완전히 긴장을 풀지는 못할 것이다. 명성을 유지하기 위해 집착하고 불안해질 것을 각오해야 한다.

예를 들어 올해 가장 인기가 많은 소설을 쓰면 유명해질 수 있다. 하지만 다른 작가가 혜성처럼 떠오른다면 내 이름은 금세 잊힐 것이다. 리얼리티 TV 쇼 출연진으로 발탁되면 그 시즌 동안은 인정받을 수 있겠지만, 다음 해가 되고 출연진이 바뀌면 대중은 나를 잊어버린다. 대기업의 CEO면 잘사는 동네 사람들에게 환심을 살 수도 있겠지만, 은퇴하고 이전의 지위를 유지하지 못하면 불러주는 사람이 없어진다.

행복과 안녕이 명성에 좌우된다는 건, 파도치는 바다에서 스탠드 업 패들보드를 타는 것과 같다. 바다의 상태는 항상 변하고, 나는 언제든지 넘어질 수 있다. 파도가 치는 바다를 저주해봤자 소용없다. 그런데도 우리는 불안정하고 역동적인 것에 매달려도 괜찮다고 생각한다. 대중의 의견이라는 파도를 통제할 수 있다고 생각하기 때문이다.

스토아 철학자들은 명성에 매달리고 싶다면, 내가 가진 힘을 포기하고 남들을 만족시키는 사람이 되어야 한다고 했다. 또 성품을 타협해야 한다고도 말했다. 액션 영화의 속편에 계속해서 등장하지만 연기 실력이 좀처럼 늘지 않는 배우를 생각해보라. 연기 실력이 늘지 않는 이유는 가장 인기가 많았던 젊은 시절의 명성에 매달리기 때문이다. 윌리엄 어빈은 이렇게 말했다. "사회적 지위를 추구하는 건 나를 좌우할 힘을 다른 사람에게 실어주는 꼴이다. 남들이 나를 계속해서 존경하게 하려면 사람들이 좋아하지 않을 만한 일은 자제하는 등 계산된 행동을 해야 한다." 발전하지 못한 채 내면의 자아를 높이려고 하는 행위는 성품을 처참히 망가뜨릴 수 있다.

에픽테토스는 명성을 추구하는 것은 자신을 노예로 만들 뿐이라고 했다. 대중의 의견과 커리어의 성공에 인질로 잡혀 있기 때문이다. 그는 "명성은 미친 자가 외치는 공허한 소리에 불과하다"라는 말을 남겼다.

당신도 일이나 커리어에서 운이 따르지 않았거나 잘못된 선택을 한 사람들을 본 적이 있을 것이다. 평판을 잃거나 번아웃을 겪거나 유행에 뒤처졌다는 이유로 유명했던 사람이 고통받는 모습도 본 적이 있을 것이다. 연예인이나 정치인들 중에 이런 예가 많다. 대중의 시선을 꾸준히 사로잡으려면, 계속해서 전략을 짜고 노력해야 한다. 대중의 분위기가 어떻게 흘러갈지 판단하고, 자신이 도달한 위치를 유지하기 위해 시대정신을 포착해야 한다. 몇몇 연예인은 계속해서 연예계에 남아 명성을 유지하기 위해 기괴하고 관심을 끄는 행동을 하기도 한다. 또는 마약에 손을 대거나 그 밖의 물질에 중독되어 대중의 무관심이라는 고통에 무덤덤해지려고 노력하는 연예인도 있다.

유명한 상태를 벗어나려는 사람들도 있다. 그들은 한때 강렬히 원했던 것에 발이 묶였다고 느낀다. 사라지고만 싶고 명성이 짐으로 느껴진다. 사생활의 영역이 줄어들었다고 분노한다. 인스타그램이나 트위터에 올린 글로 왜 이렇게 오해를 받을 수 있느냐며 불평하고, 사적인 관계에 신뢰가 충분치 않다고 불안해한다.

스토아 철학자들은 SNS와 전 세계적으로 유명한 연예인이 존재하기 이전의 시대를 살았다. 기껏해야 저녁 식사나 연회, 강연장에서 말이 퍼져나가는 시대였다. 그런데 당시에도 그들은 명성을 추구할 때 문제가 생기는 걸 목격했다. 그들은 돈을 향한 욕망보다 명성을 향한 욕망이 더 바람직하지 않다고 생각했다. 돈은 선호하는 무심으로 분류됐다. 삶에서 돈의 존재는, 지나치게 매달리지 않는 한 용인될 수 있다고 봤다. 하지만 명성은 마음을 서서히 쬔다고 생각했다. 돈은 다른 사람을 돕는 데 쓰일 수 있지만, 명성에는 남들을 도울 만한 성질이 없다.

명성의 근본적인 요소는 분리다. 재능을 가졌거나 말도 안 되는 행운을 낚아챘기에, 초인적인 동기가 있고 외모가 멋지기에, 끝내주는 초콜릿 복근을 가졌기에 무리에서 두각을 나타내게 된다. 하지만 이렇게 무리로부터 완전히 분리됐을 때 박수갈채만 받는 게 아니다. 사람들의 질투를 사게 되므로 외로워지기 쉽다.

내 이름이 후대에 남기를 바라지 마라

유명해져서 이생에 혜택을 누리고 싶어 하는 사람이 있는 한편, 이름을 후대에 남기기 위해 유명해지고 싶어 하는 사람도 있다. 스토아 철학자들은 죽어서도 명성을 떨치려고 하거나 후대에 이름을 남기려고 하는 행위는 어리석다고 봤다. 내가 죽고 사라졌는데 내 명예를 기리기 위해 동상을 세우는 것이 무슨 의미가 있으랴. 중요한 건 내가 살아 있을 때 내가 한 일과 나의 성품, 그리고 내가 가진 시간을 최대한으로 활용했느냐다.

아우렐리우스는 실용적이면서도 정곡을 찌르는 논리로, 사후의 명성이라는 개념을 산산이 조각냈다. "사후에도 유명하리라고 기뻐하는 사람들은 자신도 곧 죽으리라는 사실을 잊어버린 이들이다. 그들의 뒤를 잇는 세대도 차례로 세상을 떠날 것이다. 그러면 그들의 기억도 촛불이 꺼지듯 사라지고 만다."

아우렐리우스는 사후의 명성을 좇는 대신 다음의 조언을 따르라고 했다. "자신에게 지금 이 순간이라는 선물을 주라. 사후의 명성을 좇는 사람은 다음 대를 이을 사람들 역시 지금 자신이 알고 있는 사람들과 똑같이 짜증스럽고 언젠가는 죽는다는 사실을 까먹는다. 다른 사람들이 나에 대해 이러쿵저러쿵 말하고, 이렇다 저렇다 생각하는 게 왜 중요한가? 당신이 살아 있을 때 싫어했던 짜증스러운 사람들은 그다음 세대를 사는, 더 짜증 나는 사람들로 대체될 뿐이다. 그런데 왜 이름도 얼굴도 모르면서 나를 짜증 나게 하는 사람들에게 좋은 인상을 남기려고 애를 쓰는가?"

아우렐리우스는 우리가 죽으면 무슨 일이 일어나든 상관없다고 말했다. "알렉산더 대왕과 그의 노새몰이꾼 모두 죽었다. 죽음은 두 사람에게 똑같이 찾아왔다." 결국 우리는 모두 땅속 벌레의 먹이가 된다. 자연으로 돌아가는 것이다.

"자신이 원하는 것 모두를 가질 수 있는 사람은 없다.
하지만 내가 가지지 못한 것을 갈망하지 않고,
가진 것을 기쁜 마음으로 유용하게 쓰는 태도는 내 능력에 달렸다."
- 세네카

"대다수의 편에 서는 게 아니라, 광기 어린 사람들에게서 벗어나는 걸
인생의 목표로 삼아야 한다."
- 마르쿠스 아우렐리우스

포모 증후군과 비교하는 마음 이기는 법

나보다 어린 친구들과 만나서 근황을 얘기할 때마다 경험하는 일이다. 그들은 최근에 무슨 일이 있었는지, 어떤 일을 놓쳤는지 얘기해준다. 포모 증후군, 그러니까 남들이 하는 걸 자기만 놓칠까 봐 걱정하고 두려워하는 건 밀레니얼 세대에게서 두드러지지만, 사실 모든 사람이 포모 증후군 때문에 가끔은 고통스러워한다. 내가 어디에 있든, 내가 없는 곳이 더 재미있어 보인다.

SNS는 내가 초대받지 못한 행사에서 친구들이 즐겁게 노는 사진을 보여준다. 이를 보면 고통을 느끼게 된다. 수감자들이 아니라 '고통'을 본다는 점에서 차이가 있긴 하지만, 한곳에서 모두를 볼 수 있는 일종의 파놉티콘이라고 할 만하다. 정말 잔인한 발명품이지만, 모두 어느 정도 중독돼 있으며 외면하기는 상당히 어렵다. 1985년 이후에 태어났다면 항상 이런 식이었을 것이다. 하지만 1990년대에 청소년기를 보낸 사람들은 적어도 파티에 가서 스마트폰을 들여다보지 않았고, 다른 사람들이 자신이 초대받지 않은 더 나은 파티에 가는 걸 볼 수 없었다. 예전에는 스마트폰과 SNS가 없었기 때문에 내가 있는 곳에서 더 많은 즐거움을 누릴 수 있었다.

포모 증후군은 살아가면서 계속 느낄 수 있다. 포모 증후군 때문에 사람들은 원하지 않는 행사에 참석한다. 다른 곳의 사진이나 다른 곳에서 열리는 파티의 사진을 보면서 부러움에 휩싸이기도 한다. 포모 증후군은 현재를 즐기는 사람들에게 해야 했던 일이나 할 수 있었던 일을 상기시킴으로써 마음을 어지럽힌다. 사회적 소외라는 문제도 있다. 인간은 무리를 짓는 동물이다. 공동체를 형성할 때 번성하며, 소속감은 인간의 안녕과 밀접한 관련이 있다. SNS와 SNS가 유발하는 포모 증후군은 그룹에서 소외됐다는 느낌, 그들과 나는 어울리지 않는다는 반응을 불러일으킨다. 부족 중 홀로 남겨지거나 의식에서 소외된다는 두려움은 아주 오래전 조상 때부터 지속되어왔다. 하지만 우리는 인스타그램 때문에 '거울의 방'에서 살게 됐다. 거울의 방은 끊임없이 움직이며, 그 안에서는 공포가 나를 쫓아다니고 모든 사물을 왜곡한다.

나는 포모 증후군이 현대 사회의 문제라고 생각했다. 하지만 스토아 철학자들의 글을 읽으면서 그 시대에도 존재했음을 알게 됐다. 스토아 철학자들은 포모 증후군에 대처하는 방법을 알고 있었다. 불가사의하게도, 그들은 자기 자신이 왜소해 보이고 혼자 남겨졌다는 느낌이 정기적으로 드는 시대가 오리라고 예상했고 그런 시대를 대비했다. 포모 증후군에 대한 스토아학파의 핵심 가르침 몇 가지는 조금 인위적으로 느껴질 수도 있지만, 어떤 상황에서도 동요하지 않고 평온을 유지하도록 설계됐다.

초대받지 못했을 때

첫 번째 가르침은 풀기가 조금 어려운 주제다. 나의 그릇을 넓히고 다른 사람에게 관대해지는 방안이 해결책에 포함돼 있기 때문이다.

에픽테토스는 포모 증후군의 핵심을 요약하면서 다음과 같은 질문을 던졌다. "즐거운 행사, 칭찬을 표하는 자리, 회담에 나보다 더 많이 초대받는 사람이 있는가?" 이 문장을 오늘날의 상황에 비추어 재구성해보자면 이렇다. "내가 가지 않은 파티에 참석했거나, 나보다 더 많이 칭찬받았거나, 나보다 더 자주 VIP와 어울리는 사람이 있는가?"

에픽테토스는 다음과 같이 조언했다. "만약 누군가가 좋은 일에 초대받았다면, 그가 그런 기회를 지녔음에 기뻐해야 한다. 만약 그가 좋지 않은 일에 초대받았다면, 내가 초대받지 않았음을 다행으로 여겨야 한다."

본질적으로 누군가가 파티에 초대받았는데 내가 초대받지 못했다면 그들을 위해 기뻐해야 한다. 내가 그 행사에 가지 못했더라도 다른 사람을 위해 기뻐할 수 있다는 건 좋은 성품을 지녔다는 증거다. 두 번째 요점은 이거다. 내가 원하는 일이었지만, 나에게 좋지 않은 영향을 끼치는 일(와인 한 병을 더 마신다든지, 코카인 한 줄을 흡입하기 위해 화장실에 들어간다든지)에서 소외됐다면, 그런 기회를 놓쳤다는 점에 기뻐해야 한다. 그 일들이 내 성품에 큰 해를 끼칠 수 있기 때문이다. 스토아 철학자들은 성품을 해치는 일은 반드시 피해야 한다고 강조했다.

무엇과 맞바꾸었는지 보라

___

스토아 철학자들은 소외되어 불안하다면 그 행사와 무엇을 맞바꿨는지 살펴보라고 조언했다. 친구 한 명이 음악 페스티벌에 갔다고 하자. 나는 SNS에서 친구 사진을 보면서 포모 증후군을 겪을 수도 있다. 하지만 내가 무엇을 가졌는지 봐야 한다. 입장권을 사지 않았으니 200달러가 굳었고, 밤늦도록 흥청망청하지 않고 푹 자서 다음 날 아침 숙취 없이 일어날 수 있다.

에픽테토스는 상추를 예로 들며, 지금 놓친 기회를 무엇과 맞바꿨는지 생각해보라고 했다. 파티나 휴가, 페스티벌, 콘서트 등 더 재미있는 일을 '상추'에 대입해보라는 것이다. "50센트어치의 상추가 있다고 해보자. 만약 다른 사람이 50센트를 내고 상추를 가져갔고 나는 그 돈을 내지 않아서 상추를 못 샀다면, 그가 나보다 더 많은 이익을 봤다고 할 수 있을까? 생각해보라. 그는 상추를 가져갔지만, 나에게는 50센트가 남아 있다."

행사를 놓치면 행사 주최자의 비위를 맞추거나 아첨을 하면서 나의 진실성과 타협할 필요가 없다. 성품이 안 좋아지거나 사회적인 의무가 생겨나지 않는 것이다. 에픽테토스는 이런 말을 남겼다.

만찬에 참석하려면 그에 합당한 값을 치러야 한다. 만약 당신에게 도움이 되는 일이라면, 그 값을 치러라. 도움이 되든 안 되든 참석하고 싶다고? 별로 도움이 안 되는 자리라면 참석하지 않는 게 훨씬 이득이다. 만약 참석한다면 마음에 없더라도 초대해줬다는 이유로 칭찬해주어야 하고 그가 하는 행동을 참아줘야 할 텐데, 그러지 않아도 되기 때문이다.

영국의 심리치료사이자 수필가 애덤 필립스^{Adam Phillips}는 정신 분석 분야에서 최고의 사상가로 꼽힌다. 그가 서평 전문 잡지 〈런던 리뷰 오브 북스〉에 기고한 포모 증후군에 대한 글에는 스토아 철학적 사고방식이 담겨 있다.

어떤 일에서 소외되면 다른 기회에 눈을 뜨게 된다. 그 일에 참여했다면 생각해보지도 못했을 기회다. 파티에 초대받지 못했다면 내가 원하는 게 무엇인지 다시 한번 생각해보라. 파티에 초대받으면 내가 뭘 원하는지 모르게 되는 위험을 안게 되고, 다른 사람의 초대를 우선순위에 두어 나의 욕구를 차순위로 밀어버릴지도 모른다. 우리가 원하는 건 자유가 주어졌을 때의 두려움을 관리하는 방법이다. 소외되고 싶지 않다는 욕구는 우리가 뭘 원하는지를 알려주기보다 우리가 원하는 걸 똑바로 바라보지 못한다는 걸 보여준다.

포모 증후군 탓에 마음이 괴롭다면, 고대인들의 충고를 마음속에 새겨라. 첫째, 그 행사에 가지 못했기에 나의 성품과 타협해야 하는 일들이 생기지 않는다. 파티에서 술에 너무 취하거나 남들에게 웃음거리가 되는 일을 피할 수 있다. 둘째, 한 가지를 놓치면 다른 것을 할 수 있는 시간과 여유를 얻는다. 적어도 돈을 절약할 수 있다. 셋째, 그 행사에 참석하지 않음으로써 내가 별로 좋아하지 않는 사람의 비위를 맞춰주거나 그들과 어울리지 않아도 된다.

비교를 피하라

포모 증후군과 밀접한 관련이 있는 건 비교에 대한 공포다. 나와 타인을 비교하는 건 불행으로 향하는 지름길이다.

중고등학교 시절과 대학교 시절을 생각해보라. 중고등학교에 다닐 때는 모두가 같은 배를 타고 있었다. 같은 교복을 입고 같은 수업을 들었으며 거의 비슷한 삶을 살았다. 다른 대학교에 진학하는 바람에 고등학교 때 친구와 갈라질 수도 있지만, 대학교에서도 동기들과는 비슷한 경험을 한다. 문제는 졸업할 때부터 시작된다. 몇몇은 여행을 다니거나 바에서 몇 년간 일하기도 한다. 높은 임금을 받는 기업에 취직하는 친구들도 있고, 일찍 결혼해서 가정을 꾸리는 친구들도 있다. 갑자기 나와 친구들의 길이 달라진다. 어쩌면 인생의 방향을 잘못 잡은 것 같다고 생각될 수도 있고, 바보 같은 선택을 했다는 기분이 들 수도 있다. 바로, 포모 증후군이 발동하는 것이다.

다른 사람과 비교하는 것은 건전하지 않다. 친구 관계에 해로울뿐

더러 인생에서 즐거웠던 경험이 다르게 보인다. 자신과 남을 비교하지 않기로 마음먹으면, 인생에서 큰 고통을 덜 수 있다. 비교를 멈추면 내 삶이 더 괜찮게 느껴질 뿐만 아니라, 주변 사람들도 나와 관계를 맺으면서 편하다고 느끼게 된다.

비교는 잘난 사람뿐만 아니라 못난 사람과도 할 수 있다

나보다 잘난 사람뿐만 아니라 나보다 처지가 열악한 사람과 비교할 수도 있다. 예를 들어 직업을 비교한다고 해보자. 나보다 더 높은 급여를 받는 친구와 나를 비교하면 나 자신과 내 직업이 형편없다고 느껴진다. 하지만 나보다 더 안 좋은 처지에 있는 사람과 비교해보면, 예를 들어 최근에 일자리를 얻은 친구와 비교하면 내 사정이 더 나은 것으로 생각된다. 비교는 분리와 분열을 만들어낸다. 친구보다 내가 더 우월하거나 못하다는 느낌이 들게 하고, 자기보다 더 잘났다고 느껴지는 친구와는 거리를 두게 한다.

친구의 일이 잘못됐을 때 짜릿하게 밀려오는 만족감을 아마 당신도 느껴봤을 것이다. 미국의 소설가이자 정치인인 고어 비달^{Gore Vidal}은 "친구가 성공할 때마다 나는 조금씩 죽어간다"라는 명언을 남겼다. 무의식적으로 친구와 경쟁하고, 인생이 제로섬 게임이라고 믿기에 그럴 수 있다. 친구가 상실의 아픔을 겪을 때, 나는 잃은 게 없다거나 친구만큼 운이 안 좋은 건 아니라고 무의식적으로 느낄 수도 있다. 비합리적인 사고지만 모두가 그렇게 생각한다.

분리의 반대말은 연결이다. 진정한 친구라면 친구가 상실의 아픔을 겪고 있을 때 절대 흡족해하지 않을 것이다. 친구의 성공에 기뻐하고 상실에 슬퍼할 것이다.

남의 불행을 고소하게 여기는 감정이 꼭 우리 잘못만은 아니다. 서로 경쟁할 수 있도록 인간이 애초에 그렇게 프로그램됐을 뿐이다. 우리는 신자유주의의 시대에 살고 있는데, 아무쪼록 이 시대가 빨리 저물기를 바란다. 신자유주의는 서로 비교함으로써 사람들이 분리되는 현상을 장려하고 자연스럽다고 여기기 때문이다. 우리는 자원은 한정돼 있고, 우월한 사람이 쟁취하기 마련이라는 마음가짐을 흡수했다. 외모, 운동, 재능, 지위, 돈 등 모든 것이 유한하다는 무의식적인 관점을 취하기에 생명과 자원은 제로섬 게임이 된다. 좋은 것은 나눠 가질 수 없으며, 누군가가 이기면 다른 누군가는 지게 돼 있다는 논리다.

하지만 이는 사실이 아니다. 모두 이길 수 있다! 특히 스토아 철학자들처럼, '승리'의 범위를 내가 온전히 통제할 수 있는 것, 즉 나의 성품, 다른 사람을 대하는 방법, 내가 사물에 반응하는 방식에 한정한다면 모두가 승리할 수 있다.

통제 테스트로 돌아가 보자

비교를 멈추기 위해 의식적인 노력을 기울여야 하는 이유는 그 밖에도 많다. 스토아 철학자들은 다른 사람이 무언가를 소유했든 아니든 내가 통제할 수 있는 범위에서 벗어나 있다는 이유로 비교를 시도조차 하지 않았다. 오로지 나의 성품, 나의 반응, 다른 사람을 대하는 방식만 통제할 수 있음을 기억하자.

비교의 일정 부분은 욕망과 연관돼 있고, 그래서 불행해진다. 내가 욕망하는 대상이 내 통제 범위 밖에 있기 때문이다. 짝사랑했던 때를 떠올려보자. 그의 사랑을 받고 싶다는 강력하고 압도적인 욕구 탓에 고통받는다. 하지만 내가 어떤 사람을 사랑한다고 해서 상대 역시 나를 사랑해줄지 어떨지는 내가 어떻게 해볼 수 있는 문제가 아니다. 성품을 갈고닦거나 반응이나 행동 또는 다른 사람을 대하는 법에 좀 더 주의를 기울인다면 그 사람의 마음을 얻을 수도 있을 것이다. 하지만 그 외 요소는 내가 통제할 수 없다. 내가 통제할 수 없는 부분을 통제하려 든다면 실망할 위험이 있다.

예를 들어 동료만큼 돈을 많이 벌고 싶다고 해보자. 승진을 노리거나 이직을 하는 등의 노력을 할 수 있지만, 이는 전적으로 나에게 달리지 않은 일이다. 내 능력 밖의 일들을 이루려고 노력하는 바람에 평온이 깨진다면 이에 대한 책임은 나에게 있다. 다른 사람이 어떤 일을 얼마나 잘하는지는 내가 통제할 수 없다. 어떤 분야에서나 나보다 뛰어난 사람이 있을 것이고, 나보다 실력이 부족한 사람도 있을 것이다. 남과 비교하는 걸 멈추고 나만의 경기에 집중하는 게 좋다.

비교하는 대신 다른 사람을 축하해줄 수 있다. 자존심이 방해할지도 모르지만, 나는 자존심을 길들이고 통제할 수 있다. 다른 사람의 성공에서 기쁨을 찾을 수 있어야 한다. 비교를 그만둔다면, 나를 옭아매던 부정적인 기운이 사라져 원하는 삶을 살 수 있을 것이다.

삶이 버거울 때

———

'비교하지 않는다'라는 규칙은 일상에만 유용한 게 아니다. 나보다 더 좋은 차를 몰거나, 잘나가는 회사에 다니거나, 말을 더 잘 듣는 자식을 둔 사람과 비교할 때만 유용한 게 아니라 삶이 갑자기 절망의 나락으로 떨어질 때도 쓸모가 있다.

상황이 좋을 때 남과 끊임없이 비교한다면 상황이 좋지 않을 때는 정말로 고군분투하게 될 것이다. 암에 걸렸거나 몸이 축나는 치료를 장기간 받고 있거나 가까스로 병에서 회복되는 중이라면, 건강한 사람과 나를 비교하는 건 고문이다. 두 번 고통받기에 정말로 비참해진다. 실제 병으로 고통받는 동시에, 다른 사람과 비교할 때 내가 못났다고 느껴지기에 더 고통스럽다. 나는 질병 자체를 통제할 수 없다. 신체는 부분적으로만 통제할 수 있기 때문이다. 하지만 계속해서 다른 사람과 비교함으로써 자신을 비참하게 하는 것은 내가 통제할 수 있는 영역 내의 일이다.

롤모델

———

'비교하지 말라'라는 말은 지금까지의 습관을 거스르라는 조언이다. 모든 사람은 별생각 없이 자신과 남을 비교한다. 비교는 질투, 시기, 우월감 또는 열등감으로 이어져 심리적인 고통을 초래할 수 있다. 스토아 철학에는 비교에 관한 해결책이 있다. 비교의 유해한 측면은 제쳐놓고 '나와 비슷한 위치에 있는 사람에 비추어 내 모습을 바로잡는 것', 한마디로 롤모델을 두는 것이다.

롤모델을 가지면 내가 되고 싶은 모습과 내가 이룰 수 있는 것의 기준선이 마련되므로 발전을 추구할 수 있다. 롤모델이 꼭 스토아 철학자다운 면모를 갖춘 사람일 필요는 없다. 내가 아는 사람일 수도 있고, 생면부지의 사람일 수도 있다. 그들의 일이나 철학, 인생을 내가 우러러볼 수 있는 인물이면 된다. 살아 있을 필요도 없다. 아우렐리우스는 오래전 세상을 떠났지만, 빌 클린턴이나 제이디 스미스 Zadie Smith 등 많은 이들이 그를 롤모델로 꼽았다.

내가 롤모델로 삼은 인물들은 내 분야에서 많은 업적을 이룬 사람들과 친절하고 관대하며 진정성 있는 삶을 사는 사람들이 섞여 있다. 나는 자신과 그들을 비교하지만, 긍정적으로 비교하기 위해서 노력한다. 그들만큼 성취하지 못했다고 나를 깎아내리는 것이 아니라 그들의 성공에서 영감을 삼아 더 나은 사람이 되려고 노력한다.

지금 내가 몸담은 신문과 방송 업계에서 나는 경쟁자들이 이곳에 발을 들이거나 떠나는 모습을 지켜봤다. 나 역시 이 업계에서 오랫동안 커리어를 쌓아왔지만 부침이 있었다. 나와 비슷한 위치에 있던 사람이 나보다 더 승승장구하고, 훨씬 더 많은 돈을 벌며, 더 높은 위치를 누리던 때가 수없이 많았다. 부러움에 잠식되기보다 타인의 성공을 응원해주는 게 낫다는 걸 깨달았다. 주변의 모든 사람을 위협적으로 바라보기보다 서로 응원해주면, 훨씬 더 오랫동안 살아남을 수 있을 것이다. 앞서도 말했듯이, 자원이 희소하다는 사고방식은 옳지 않으며 나를 제한할 뿐이다.

세네카는 스토아 철학에 비추어 다음과 같이 롤모델을 선택하라고 조언했다.

> 말과 행동이 일치하는 사람을 골라라. 자기에게 숨겨진 면을 똑바로 바라볼 수 있는 사람이라면 선택받을 자격이 있다. 그 사람을 보호자나 표본으로 삼고 나의 행동을 비춰보라. 나는 자신의 성품을 측정할 수 있는 시금석이 필요하다고 생각한다. 자를 사용하지 않고 곧은 선을 그리는 건 불가능하다.

비교를 어떻게 활용할까

가장 좋은 비교는 자기 자신과 하는 것이다. 1년 전보다 지금 나는 더 나은 사람이 됐는가? 더 잘 대처하는가? 더 나은 내가 되거나, 내가 할 수 있는 범위 내에서 최선을 다하기만 하면 된다.

스토아 철학자들은 내가 얼마나 발전했는지 측정하기 위해 일기를 썼다. 일기를 쓰면 과거를 돌아보고 1년 전, 2년 전 또는 10년 전과 비교해서 변화나 진전이 있었는지 평가할 수 있다. 일기에는 당시 겪었던 일이 아주 명확하게 담겨 있을 것이다. 이것이 우리가 해야 할 단 한 가지 비교다.

남들에게 말하기에는 너무 투박하고 추한 감정들을 일기에 쏟아 낼 수 있기에, 일기는 카타르시스를 느낄 수 있는 훌륭한 공간이 되어준다. 당장은 믿기 어렵겠지만 감정은 시간이 지나면 희미해진다. 과거의 글을 읽으며 큰 고통에 시달리던 당시 모습을 다시 마주하면 불쾌한 감정이 솟을 수도 있다. 하지만 사람은 정서적·육체적 고통의 깊은 감촉과 세세한 일들을 잊기 마련이다. 절망적인 기억을 영원히 가지고 간다면 다시 사랑에 빠지거나 다른 사람을 신뢰하기 어려울 것이다. 그래서 자연은 인간을 망각의 동물로 만들었다. 과거의 고통을 약간 맛보게 하면서도 당시 어려움을 겪던 때의 느낌을 다시 촉발하지 않는 게 이상적인 일기다.

과거의 아픔도 큰 맥락에서 살펴볼 수 있다. 돌이켜보면, 내가 지금 누리는 성공은 모두 과거의 실패가 낳은 결실이다. 출판되지 못한 소설이나 만들어지지 못한 뉴스 시리즈 16부작, 쓰긴 했지만 한 번도 무대에 오르지 못한 연극 등이 그 예다. 괜찮다. 내 작품들이 출간되지 못하거나 실사화되지 못해도 괜찮다. 과거를 돌아보면서 나는 그 많은 실패가 인생의 수습 과정이었음을 비로소 깨닫게 됐다.

"사람은 진짜 문제로 걱정하는 게 아니라,
그 문제를 상상하고 불안해하면서 걱정을 시작한다."
- 에픽테토스

"야생동물은 실제 눈에 보이는 위험에서 도망치고,
그 상황을 벗어나면 더는 걱정하지 않는다.
하지만 인간은 과거와 미래의 일들을 걱정하면서 괴로워한다.
기억은 공포의 고통을 다시 불러일으키고,
미래를 예견하는 능력은 일이 일어나기도 전에 공포를 느끼게 한다.
인간이 받은 축복이 인간에게 오히려 해를 끼치는 것이다."
- 세네카

VI

불안을 이기는 법

2022년이 시작됐을 때의 이야기다. 밤에 이를 가는 습관 때문에 치아 표면이 계속해서 마모됐다. 이를 갈기 시작한 건 한참 됐다! 그래서 잘 때 끼고 자는 스프린트를 맞추려고 치과에 갔다. 내심 부끄러웠다. 내가 느긋하고 여유로우며 아타락시아를 실천하고 있는 줄 알았기 때문이다. 어쩌면 불안했을지도 모른다.

치과 의사는 나만 그런 게 아니라고 말해줬다. 불안해하는 사람들의 몸은 잘 때 이를 갈아서 불안감을 방출하려고 한다는 것이다. 그는 그런 사람들에게 스프린트를 맞춰주느라고 눈코 뜰 새 없이 바쁘다고 덧붙였다.

호주치과협회 빅토리아 지부 회장 제러미 스턴슨Jeremy Sternson은 ABC 방송에 출연해, 2021년은 치아에 금이 간 사람이 가장 많았던 해라고 언급했다.

"보통은 치아에 금이 간 환자가 1년에 몇 명 안 되는데요. 2021년에는 하루에만 서너 명 정도가 병원을 찾았습니다."

그 밖에 목이나 턱, 안면 통증을 호소하는 환자도 많다고 하며, 치과 의사들은 스트레스를 원인으로 지적했다.

아마도 지금은 모든 사람이 불안을 느낀다고 볼 수 있을 것이다. 지난 몇 년 동안 불안의 강도는 거의 누그러지지 않았다. 배가 꼬이는 것 같고 심장 박동이 빨라지는 등 감정이 요동치는 바람에 새벽 4시에 잠에서 깬 적이 없는 사람이 몇이나 될까? 슈퍼마켓 화장지 코너가 텅텅 빈 것을 보며 밤 10시에 공황 발작의 전조를 느껴보지 않은 사람은? 또 비탄과 두려움에 잠겨 뉴스 채널을 돌리지 않은 사람은?

어떤 일이 벌어질지 모르기에 뉴스를 계속 시청하기가 어렵다. 그 다음에는 심리전을 펼치거나 아무렇지 않은 척한다. 하루를 새롭게 시작하면서, 뉴스를 보지 않으면 지금 일어나는 일들이 **진짜로 일어나는 일**이 아니라고 자신에게 최면을 건다. 내가 있는 곳이 꽃밭이 아니기에 머릿속에서 꽃밭을 그린다. 바깥세상의 영향을 받지 않으면 바깥에서 일어나는 일은 내 가족이나 나와는 **아무런 관련이 없다**고 생각한다. 나는 중요한 인물이 아니니까 집 대출금을 갚고, 아이들을 키우기만 하면 되는 것이다. 나머지는 머릿속에서 지워버린다. 모든 노력을 기울여 집 밖에서 아무런 일도 일어나지 않은 척한다.

그렇게 불안이 시작되고 점점 쌓여간다. 뼈에 불안이 축적되고, 심장 주변의 근육을 긴장시킨다. 코르티솔이 폭발하여 온몸에 피가 빠르게 돌며, 몸이 가라앉는 듯한 느낌을 자주 받는다. 이런 느낌이 절대 사라지지 않을 것처럼 생각되기도 한다. 이렇게 피곤한 적이 또 있었던가?

그런 다음에는 눈앞에 어둠이 보인다. 무너질 것 같은 암울한 순간들이 펼쳐진다. 세상이 끝나는 날 열린 파티에 달아놓은 꼬마전

구처럼 다 같이 위태롭게 매달려 있다. 난생처음으로 세상의 마지막 날 같다는 느낌을 받는다. 자녀가 없는 사람들은 일종의 슬픈 안도 감을 느끼고, 자녀를 둔 사람들은 복잡한 죄책감을 느낄 것이다.

적어도 내 경우에 팬데믹이 유발한 불안은 지구에 대한 확실한 형태가 없는 불안감과 합쳐졌다. 2022년 여름, 우리는 '이전의 일상 으로 돌아가려고' 했지만 무질서의 징후가 곳곳에서 보였다. 비가 멈추지 않을 것처럼 보였다. 뉴사우스웨일스주 북부의 해변에는 폭 우로 젖소들이 떠내려왔다. 디스토피아적이 아니라면, 그리고 젖소 가 이상한 걸음걸이로 혼란스러워하며 모래사장을 걷지 않았더라면 웃겼을 광경이다. 홍수를 당한 리즈모어 지역 사람들은 집 안에 차 오르는 물에 익사하지 않으려고 지붕에 구멍을 뚫었다. 침수되는 도 중 불길에 휩싸인 집도 있었다. 시드니에서는 폭우가 몇 달 동안이 나 계속된 반면, 퍼스는 전례 없이 더운 날씨가 이어졌다. 이상한 계 절을 겪으면서 이런 말이 계속해서 들려왔다. "언제 다시 일상적인 여름을 보낼 수 있을까?"

무질서한 여름에 관해 생각하고 또 직접 경험하면서 무서운 종말 론적 생각이 머릿속에 스며들었다. 인간이 지구 자체뿐만 아니라 심 리적으로 만족감을 줬던 계절의 흐름과 동떨어졌다고 느껴졌다.

하지만 이런 불안은 지금 이 시대에만 국한되지 않는다. 고대 스 토아 철학자들은 주기적으로 대규모 화재가 일어나 지구의 질서를 파괴한다고 믿었다. 지구가 재탄생하기 전에 치러야 하는 정화 의식으로, 이를 '에크피로시스^{Ekpyrosis}'라고 불렀다. 스토아 철학자들은 문명이 가장 정교하고 복잡할 때, 즉 지금과 같은 시기에 이런 일들이 일어난다고 봤다. 현대 환경 운동이 주장하는 바와 같이, 스토아 철학자들은 '가이아^{Gaia}'라는 자연의 온전하고 완벽한 균형이 깨지면 붕괴는 피할 수 없다고 생각했다.

세네카는 에크피로시스가 홍수의 형태를 띨 것으로 봤다. 세네카가 쓴 훌륭한 비극 작품 《티에스테스^{Thyestes}》(티에스테스의 쌍둥이 형 아트레우스가 티에스테스의 아들들을 죽여 머리와 사지를 뺀 뒤 요리로 만들어 연회에서 그에게 대접한 후, 그가 고기를 먹자 아들들의 머리와 사지를 보여줌으로써 복수한다는 내용-옮긴이)에서는 다음과 같이 합창한다.

"자연은 이보다 더 큰 공포를 견딜 수 있을 것인가?"

전달자는 이렇게 답한다.

"이보다 더 나쁜 일은 일어날 수 없다고 생각하는가? 이는 서곡일 뿐이다."

티에스테스의 유령은 이렇게 말한다.

"자연의 질서가 전복됐다. 나는 아버지가 할아버지가 되고, 손자가 아들이 되며, 낮이 밤으로 변하는 지독한 혼돈을 겪어야 했다(복수와 복수로 점철된 티에스테스 신화의 이야기-옮긴이)."

이보다 더 나쁜 일은 일어날 수 없다고 생각하는가? 이는 서곡일 뿐이다. 2,000년 가까이 지났지만, 세네카의 불안은 우리의 불안과 궤를 같이한다.

제임스 롬^{James Romm}은 《매일 죽어가다^{Dying Every Day}》라는 제목의

세네카 전기를 집필했다. 그에 따르면, 세네카는 로마가 영토를 넓히며 확장해나감에 따라 불안해했다고 한다. 이는 오늘날 우리가 긴밀하게 연결된 지구촌을 보며 느끼는 두려움과 비슷하다.

> 성경에 등장하는 바벨탑 이야기처럼, 문명의 복잡성은 그 자체로 파괴의 씨앗을 품고 있는 것처럼 보인다. (…) 한때 로마에서는 한 척의 배가 자연의 질서를 방해했지만, 이제 로마의 바다는 선박으로 가득 차 있다. 이 배들은 국가 간의 경계를 허물면서 재빨리 움직인다. 세네카는 (…) 멈추지 않는 로마 제국의 발전으로 우주 자체가 적으로 변하리라고 믿었다. 모든 사람이 어디든 갈 수 있을 때, 경계가 온전히 유지되지 않을 때, 전체 시스템은 머잖아 붕괴할 수도 있다.

현대인의 고통은 스마트폰과 함께 시작되고 전염병과 기후 붕괴로 더 깊어졌을 뿐이라고 생각하려는 유혹이 들지만, 스토아 철학자들의 글에서는 오늘날과 같은 불안이 자주 언급된다. 그들도 기후에 대해 급격한 불안을 느끼고 있었다. 다만, 오늘날의 기후 불안과 달리 과학이나 데이터로 뒷받침되지는 않았다.

매일 불안을 느끼기도 했다. 그래서 스토아 철학자는 일상적인 불안도 다뤘다. 돈이 부족해질지도 모른다는 두려움 또는 사랑하는 사람이나 관계, 직위를 잃을지 모른다는 두려움 아니면 아프거나 죽을지도 모른다는 두려움 때문에 생긴 불안일 수도 있다. 취업 면접을 앞뒀거나 누군가를 좋아하기 시작해서, 또는 많은 사람 앞에서 이야기할 때 느끼는 불안일 수도 있다. 아니면 좀 더 일반적이고 걷잡을 수 없는 불안일 수도 있다. 두려움 자체뿐만 아니라 몸에서 전해지는 느낌, 공황 발작이 닥칠 듯한 느낌과 공포는 평온을 망치는 강력한 힘을 지니고 있다.

절대로 두려워하지 말라! 스토아 철학의 가르침 중 많은 부분은 이런 불안을 염두에 두고 고안됐다. 스토아 철학자들은 불안을 자신의 덕목을 시험하는 방법 중 하나로, 긍정적으로 이용했다.

회복탄력성을 개발하라

스토아 철학자들은 고난을 환영했다. 마치 시험을 잘 준비한 학생이 시험 보는 날을 고대하는 것처럼 말이다. 스토아 철학자들은 덕목을 키워나가는 과정을 어려운 상황을 헤쳐나가기 위한 훈련이라고 봤다. 힘든 상황에서는 성품과 회복탄력성, 지혜, 용기가 시험받는다. 에픽테토스는 "어려움이 클수록 극복했을 때 얻는 영광도 크다. 노련한 조종사는 거센 폭풍이 칠 때 명성을 얻는 법이다"라고 말했다.

에픽테토스는 위기가 나의 진짜 정체를 드러낸다고 봤다. "상황이 사람의 품성을 빚는 건 아니다. 상황은 그가 어떤 사람인지를 드러낼 뿐이다."

회복탄력성은 물려받는 근육이 아니라 내가 키울 수 있는 근육이다. 나의 성품은 내 통제 범위 내에 있으며, 회복탄력성을 키우는 건 성품을 발달시키는 데 매우 중요하다.

윌리엄 어빈은 실패를 스토아 철학을 시험하는 기회처럼 대하라고 조언했다. 문제를 극복하고 회복탄력성을 키우며 부정적인 감정을 제한해보는 기회 말이다. 어빈은 사람들은 어려운 일이 생겼을 때 무의식적으로 탓할 사람을 찾고 판단을 내리려고 한다면서 그런 태도를 극복해야 한다고 했다. 스토아 철학과 상반되는 태도이기 때문이다.

"실패를 스토아 철학을 시험하는 기회로 삼으면, 힘든 일이 일어났을 때 드는 무의식적인 반응의 고리를 끊을 수 있다. 더 정확히 말하자면, 사람들은 힘든 일이 생기면 누군가가 나를 이용하거나 착취해서 이런 일을 겪는다고 비난하려고 든다. 하지만 스토아 철학의 관점을 취하면 그런 비난을 할 여지가 없다."

무의식적인 반응의 고리를 끊으면, 이런 일이 일어나지 않았다면 어땠을까 생각하며 부정적인 감정을 키우지 않게 된다. 이성적인 사고를 할 수 있는 여유가 생기고, 실패했을 때 치러야 하는 감정적인 대가가 줄어든다. 어빈은 "실패했을 때 치러야 할 가장 큰 대가는 실패가 촉발한 정신적 고통이다"라고 말했다.

어빈은 실패를 잘 다스리면 부정적인 감정을 피할 수 있을 뿐만 아니라 시련에 대처한 후 자신감, 만족, 기쁨 등 긍정적인 감정을 경험할 수 있다고 강조했다. 이성적이고 명확하게 실패에 대처해나갈 때, 다른 사람을 비난하지 않고 실패를 받아들일 때, 시련에 잘 대처할 때 네 가지 덕목 중 하나인 용기를 발휘하게 된다. 용기는 회복력을 키우는 데 필수적이다. 힘든 상황을 헤쳐나갈 수 있게 힘을 주고, 잘 해낼 수 있다는 믿음을 갖게 하기 때문이다. 실패하지 않는다면 우리가 용감한 사람인지 아닌지 알 기회가 없다.

어빈은 존이라는 가상의 청년을 예로 들었다. 부모님은 아들을 애지중지하며 키웠고 세상의 어려움으로부터 아들을 보호했다. 성인이 됐을 때, 존은 실패에 대처할 수 있는 회복탄력성이 부족했다. "존은 적대감과 절망이 합쳐진 강력한 감정을 경험했다. 이때 그는 자신이 한 경험을 성공으로 도약하게 하는 디딤돌로 삼는 대신 트라우마를 남긴 사건으로 간주할 수 있다. 다른 사람의 말과 행동에 쉽게 기분이 상할 수도 있다. 비록 그들이 최대한 존의 감정을 상하게 하지 않으려고 비상한 노력을 기울였음에도 말이다."

존은 감정적으로 유약하며, 어려운 시기가 닥쳤을 때 자신을 안정시킬 만한 기반이 부족하다. 어빈은 존을 제2차 세계대전에서 살아남았고 이후로도 수많은 실패와 무력 충돌을 겪었지만, "더 강인해지고 예전의 삶보다 현재의 삶을 더 감사히 생각하는" 가상의 증조부모와 대조시킨다. 어빈은 "평화와 번영을 누리며 사는 세대가 어려운 시기를 살아온 세대보다 정서적으로 더 유약하고 불행할 수도 있지 않을까?"라는 흥미로운 질문을 던진다. 그러고는 "어려운 일을 겪지 않고 회복탄력성을 기르지 못해서 그렇다"라고 자답한다.

하지만 나는 코로나19 탓에 2년간의 교육 공백기가 생기고, 극단적인 기후 위기를 마주한 이 젊은 세대가 부모 세대보다 더 큰 회복탄력성을 지니리라고 생각한다. 이 젊은이들은 지난 2년 동안 특히 회복탄력성과 유연성을 길러야 했고, 연로한 사람들이 코로나19에서 안전할 수 있도록 큰 희생을 했다. 아이들의 희생에 대해 이 시대의 지도자들이 표한 감사는 충분하지 않다. 나는 그렇게 어린 나이에 스토아 철학적인 도전을 숱하게 마주한 용기 있는 젊은이들이 사회로 진출하는 모습을 고대한다.

오늘날 우리는 심리 상담을 받고 근본 원인을 없앰으로써 불안을 해결하려고 한다. 뇌의 화학 작용을 변화시키는 약을 먹거나 마약이나 술로 무뎌지려고 하는 이들도 있다. 자신을 불안에 빠뜨리는 대상에 최대한 노출되지 않음으로써 불안을 피할 수도 있다. 사람들은 불안을 줄이기 위해 각기 다른 도구를 사용하지만, 자신이 가진 도구 모음에 또 다른 도구도 추가할 수 있을 것이다. 바로 스토아 철학을 다양한 방법으로 연습하고 원칙을 따르는 것이다. 스토아 철학은 불안을 줄이고 완화하는 데 도움이 된다.

내가 받아들이는 정보를 주의하라

뉴스 웹사이트와 SNS를 하루에도 몇 시간씩 보면서 강박적으로 부정적인 소식을 확인하려 한다면 마음이 차분해지기는 어렵다. 가짜 뉴스가 퍼지고 있는 상황에서 뉴스를 강박적으로 확인하면 걱정만 커질 뿐이다. 내가 읽는 내용이 사실인가? 어떤 정보를 신뢰할 수 있는가? 어떤 정보를 보고 행동해야 할까? 혼란스럽고 불안한 것은 당연하다.

스토아 철학자는 팬데믹이나 전쟁과 같은 불안한 시기에 미디어의 소비와 타인의 의견을 조심하라고 권고할 것이다. 에픽테토스는 다음과 같이 조언했다. "다른 사람의 견해와 문제는 전염성이 강하다. 다른 사람들과 관계를 맺으며 나도 모르게 부정적이고 비생산적인 태도를 받아들임으로써 나의 발전을 방해하는 일이 없게 하라."

스토아 철학자들은 이성적인 사고를 중시했고, 확실한 정보를 따랐으며, 공포나 불안감에 반응해 행동하기보다는 상황 전체를 숙고했다. 아우렐리우스는 부정적인 생각이 퍼지지 않도록 함으로써 불안에 대처했다. 그는 "우주는 변화한다. 우리의 생각이 인생을 빚어나간다"라고 일기장에 썼다.

신뢰할 수 있는 뉴스 출처 한두 개만 보거나 뉴스와 SNS를 확인하는 시간을 제한하는 것도 한 방법이다. 정보를 얻는 행위와 정보에 압도당하고 정보의 늪에 빠지는 행위는 종이 한 장 차이다. 아침이나 오후 또는 저녁 식사를 하기 전 등 시간을 정해두고 신뢰할 수 있는 출처에서 그날의 뉴스를 잠깐 확인하는 게 좋다. 나머지 시간은 멀리 떨어진 곳의 사람들에게 일어난 최악의 일들을 걱정하고 불안해하면서 넋을 놓기보다 나의 삶과 주변 사람에게 관심을 기울이자.

통제 테스트를 통해 불안을 누그러뜨려라

에픽테토스는 이런 말을 남겼다. "행복에 이르는 유일한 방법은 나의 의지로 할 수 없는 일에 대한 걱정을 멈추는 것뿐이다." 다시 말하지만, 모든 일은 에픽테토스의 통제 테스트를 거쳐야 한다. 통제 범위 내에 있는 것은 나의 성품, 행동과 반응, 타인을 대하는 방식뿐이다. 그 외 모든 것은 통제할 수 없다.

예를 들어 상사한테서 월요일에 이야기 좀 하자는 아리송한 메시지를 받았다고 하자. 이런 메시지를 받으면 불안이 솟구친다. 가장 먼저, 내가 실수를 저질렀고 질책을 받으리라는 생각이 들 것이다. 하지만 스토아 철학자처럼 접근해보자. 만약 직장에서 아무런 잘못도 하지 않았다면, 좋은 성품을 지녔다면, 할 일을 다 했다면 걱정할 것이 없다. 회사에 문제가 생겼거나 정리해고를 하는 게 아닐지 또 다른 불안감이 몰려올 수도 있다. 이런 이유로 불안해진다면 잘 살펴보자. 통제 테스트를 사용하면 이런 불안감이 진짜인지 아닌지 깨달을 수 있을 것이다. 또 실직은 나의 통제 밖에 있음을 알게 될 것이다. 그러므로 내가 통제할 수 없는 일에 대해서는 불안감을 떨치고 그냥 그 상황이 흘러가게 놔두어야 한다.

이성을 활용하여 두려움과 불안감을 직면하는 건 두려움에서 벗어나고 스토아 철학의 훌륭한 덕목인 용기를 발휘하는 첫걸음이다. 용기는 힘을 주어 안 좋은 소식을 견딜 수 있게 하고, 고통을 최소한으로 받으면서 해야 할 일을 계속할 수 있게 한다.

사람이나 물건, 부 등 무언가를 잃을까 봐 불안하다면 이런 것들을 소유하는 건 통제 범위 밖의 문제임을 기억하라. 이 중 몇 가지는 **선호될지라도**, 소유 여부에는 **무심해져야** 한다.

앞서 잠깐 언급했듯이, 에픽테토스는 아름다운 등잔을 훔쳐 간 도둑을 예로 들었다.

"사당 옆에 철제 등잔이 놓여 있었다. 나는 창문 밖에서 나는 소리를 듣고 아래층으로 뛰어 내려갔고, 등잔을 도둑맞은 걸 알게 됐다. 곰곰이 생각해보니, 비합리적인 이유로 이 등잔을 훔친 건 아닐 것 같았다. 내일 그 자리에는 값싼 도기 등잔이 놓일 것이다. 사실, 사람은 가진 것만 잃을 수 있는 법이다."

무언가를 잃는 데 불안해해서는 안 된다는 사실을 상기시키고자 이 구절을 인용했다. 등잔, 직업, 돈, 심지어 우정마저 얻을 때도 있고 잃을 때도 있다. 우리가 걱정하고 집중해야 하는 건 성품이다. 그리고 성품을 함양하는 건 전적으로 우리가 통제할 수 있는 범위 내에 있기에 불안할 필요가 없다.

한 번에 한 걸음씩

불안감에 휩싸일 때면 아우렐리우스의 가르침을 떠올리자. "상상에 압도당하지 말고, 내가 할 수 있고 해야 하는 일을 하라."

스토아 철학자들은 한 번에 한 걸음씩 나아가고, 현재에 집중하라고 말했다. 이는 과거의 몽상에 잠기거나 미래의 환상을 품거나 두려워하면서 혼란스러워하지 말고, 지금 내 앞에 있는 일만 다뤄야 함을 의미한다.

"지금 이 순간을 소중히 여기라. 이 순간의 특별함에 몰입해보라. 이 사람 저 사람의 말에 답하고 도전해보며 행동해보라. 더는 회피해서는 안 된다. 쓸데없는 고민을 하지 말라. 지금 내 위치에서 온전히 살아가려면 진정한 의미에서 인생을 살아야 한다. 팔짱 긴 채 구경하지만 말고, 참여하라. 노력하라." 에픽테토스의 말이다.

불편함에 적응하는 훈련

스토아 철학자들은 고대뿐만 아니라 지금도 일부러 불편한 상황에 자신을 놓아보는 여러 가지 연습을 했다. 앞서 본 것처럼 얼음물로 목욕하기, 맨발로 울퉁불퉁한 길 걷기, 단식하기, 공공장소에서 우스꽝스러운 옷을 입어 조롱받기 등의 방법이 있었다. 이런 연습을 고안한 이유는 고난이나 불편함, 박탈감을 견뎌내면 미래에 닥칠 고난에 면역을 키울 수 있기 때문이다. 언제 음식을 먹지 못하게 되고, 추위에 떨게 되고, 허름한 옷밖에 남아 있지 않은 처지에 놓일지 누구도 모르는 일이다.

무소니우스 루푸스는 불편한 상황에 자신을 놓아 단련함으로써 용기 내는 법을 훈련한다고 했다. 세네카는 《루킬리우스에게 보내는 편지》에서 다음과 같이 조언했다. "악의악식으로 며칠을 지낸 후 자신에게 이렇게 말해보게. '이게 내가 두려워하던 환경인가?'"

단식에 성공했거나 더 적은 수단만 가지고도 성공적으로 살아간다면, 운명이 나를 기습할 기회를 빼앗은 셈이다. 이미 자신을 단련하고 있고, 위기를 견딜 수 있단 걸 알고 있으니 말이다. 세네카는 이렇게 말했다.

"위기가 닥칠 때 움찔하지 않으려면, 위기가 닥치기 전에 자신을 단련하라."

제임스 스톡데일의 특별한 이야기

이 책을 포함해 스토아 철학의 실천법을 알려주는 어떤 안내서보다 더 위대한 이야기를 담은 얇은 책이 있다. 1993년 제임스 스톡데일James Stockdale 해군 준장이 한 연설을 묶어서 펴낸《불길 속에서의 용기Courage Under Fire》다.

우선 스톡데일의 삶을 살펴보자. 스톡데일은 서른여덟 살의 해군 조종사로, 스탠퍼드대학교 대학원 재학 당시 철학적 삶에 발을 들였다. 1962년, 그는 미국 국방성 전략 기획관이 되고자 대학원에서 국제 관계학을 공부하고 있었다. 당시 대학원 2학년에 재학 중이었다. 스토아 철학에는 우연한 사건이 빠질 수 없다. 정규 커리큘럼 중 잠시 숨을 돌리던 스톡데일은 어느 겨울날 아침, 스탠퍼드대학교의 철학과 건물 코너에 다다르게 됐다. 희끗희끗한 머리 때문에 처음에 그는 교수로 종종 오해받았다. 사람들은 그를 철학을 가르치던 인문과학대 학장 필립 라인랜더Philip Rhinelander라고 생각했다. 때마침 라인랜더가 그곳을 지나갔고, 두 사람은 대화를 나눴는데 죽이 잘 맞았다. 라인랜더는 철학 배경지식이 부족한 스톡데일을 위해 철학 개인 교습을 해주겠다며 일주일에 한 시간씩 만나자고 제안했다. 마지막 개인 교습 시간에 라인랜더는 스톡데일에게 에픽테토스의《엥케이리디온》한 부를 줬다.

스톡데일에 따르면, 라인랜더는 과거에 노예 생활을 했던 에픽테토스에 대해 이렇게 설명해줬다고 한다. "고대 로마를 살아간 에픽테토스는 어린 시절 극단적인 잔인함에 노출됐고 권력 남용, 방탕한 생활을 두 눈으로 봤지만 이런 사건들에 씁쓸해하기보다는 오히려 여기서 지혜를 얻었다." 스톡데일은《엥케이리디온》을 읽기 시작했다. 글은 쉬운 언어로 쓰여 있었고 호소력이 짙었다.

1965년, 다시 해군에 복귀한 스톡데일은 비행기 조종석에 앉아 베트남 상공을 날고 있었다. 그러던 중 폭격을 당했는데, 그는 비행기에서 탈출하여 땅으로 떨어지면서 이렇게 말했다. "자, 앞으로 약 30초 동안 자유에 대한 말을 남길 수 있다. (…) 그러니까 에픽테토스, 저 좀 도와주세요." 그러고는 자기 자신에게 이렇게 읊조렸다. "적어도 5년은 포로수용소 생활을 해야 할 거다. 나는 지금 과학기술 문명의 세계를 떠나 에픽테토스의 세계로 들어간다."

스톡데일이 땅에 떨어지자마자 베트콩의 무차별 구타가 시작됐다. 그리고 경찰 헬멧을 쓴 남자가 그의 다리를 잔인하게 부러뜨렸다. 이때 스톡데일은 에픽테토스의 선호하는 무심을 상기했다. "다리를 자유롭게 사용하지 못하는 건 다리의 장애물이지 의지의 장애물이 되지는 못한다."

스톡데일은 인근 포로수용소로 끌려가 끔찍하고 고통스러운 환경에서 7년 반 동안 약 50명의 포로 그룹을 이끌었다.

제2차 세계대전 이후 프로토콜에 따르면, 미군 포로들은 명령 체제를 반드시 따라야 했다. 또한 동지들에게 해를 끼칠 수 있는 어떤 정보도 제공해선 안 됐다. 똘똘 뭉쳐야 했다. 포로로 억류된 사람 중 계급이 가장 높았던 마흔한 살의 스톡데일이 부하들을 지휘했다. 그는 이곳에서 스토아 철학을 시험해보기로 했다.

포로들은 한 사람도 빠짐없이 '매일 끝나지 않는' 고문을 당했다. 아주 오랫동안 고립되면서 정신이 무너지고 있었다. 스톡데일 역시 매일 심문을 받았다. 그가 가장 먼저 한 일은 통제 테스트를 적용하는 것이었다. 자신이 포로로 잡힌 상황에서 할 수 있는 것과 할 수 없는 것을 알아내기 위해서였다. 그가 통제할 수 있는 범위 안에 있는 건 '나의 의견, 목표, 슬픔, 기쁨, 판단, 지금 일어나는 일에 대한 태도, 선함과 악함'이었다.

그 후 그는 스토아 철학자들의 선호하는 무심을 활용했다. 상공에서 지상으로 떨어지는 그 30초 동안 스톡데일의 신분은 고공낙하했다. 선망받는 대상에서 '경멸받는 대상'이 된 것이다. 스톡데일은 자신에게 이렇게 말했다. "그러므로 내 마음 가장 깊은 곳에 있는 마음, 그러니까 내면의 자아는 나의 신분을 반드시 무심하게 대해야 한다. 무시가 아니라, 무심으로 대하라."

스토아 철학을 시험하기 위해 스톡데일 앞에 놓인 도전 과제는 감정이었다. 자신의 시련과 고문은 영원히 끝나지 않을지도 모르지만, 그런 일이 일어나고 있음을 받아들일 필요가 있었다. 수용소에서 가장 크게 망가진 이들은 구출되리라고 생각한 사람들이었다. 유대계 이탈리아인 화학자 프리모 레비^{Primo Levi}에 따르면, 강제수용소도 마찬가지였다고 한다. 스톡데일은 부정적 시각화를 사용하여 구출되는 일은 없으리라고 상상해야 했다. 희망에 너무 기대지 않고 자신이 처한 현실을 직시해야 했다. 이런 태도는 자신이 통제할 수 있는 범위 안에 있었다. 그는 이후 짐 콜린스^{Jim Collins} 작가와의 인터뷰에서 다음과 같이 증언했다.

"낙관주의자들은 '크리스마스 전에는 이곳에서 나갈 수 있을 거야'라고 말했습니다. 크리스마스가 다가왔고, 석방되지 못한 채 그날이 지나갔죠. 그다음에는 '부활절 전에는 여기서 나갈 거야'라고 했습니다. 부활절이 다가왔고, 역시 마찬가지였습니다. 추수감사절에도 희망을 품었죠. 그렇게 다시 크리스마스가 돌아왔습니다. 그들은 상심하면서 세상을 떠났습니다. (…) 매우 중요한 교훈을 남기는 이야기입니다. 결국에는 승리할 것이라는 믿음과 지금 내가 처한 가장 잔인한 현실을 직면하는 훈련을 혼동해서는 안 된다는 거죠."

너무 먼 미래를 내다보지 않았기 때문에 스톡데일은 감옥의 혹독한 조건을 버틸 수 있었다. 그는 《불길 속에서의 용기》에서 이렇게 말했다. "나는 그날그날의 일상을 꾸려나갔다." 에픽테토스의 가르침이 메아리친다. "지금 이 순간을 소중히 여기라. 이 순간의 특별함에 몰입해보라. 이 사람 저 사람의 말에 답하고 도전해보며 행동해보라.”

스톡데일이 가장 중요하게 생각한 목표는 최악의 시나리오가 펼쳐졌을 때도 자신에 대한 존중을 잃지 않는 것이었다. 자신을 존중하는 건 스톡데일이 통제할 수 있는 범위 내에 있었다. 포로수용소에서 자신에 대한 존중을 유지하려면, 조국이나 전우를 배신해서는 안 됐다. 좋은 성품을 지녀야 했다.

수년 동안 고문을 당하고 독방에 감금당했지만, 앞으로도 고문은 예정돼 있었다. 도를 넘는 고문 때문에 부하 몇 명이 죽어 나가기도 했다. 그는 고문의 고통이 너무 커서 베트콩에게 말하면 안 되는 정보를 어쩔 수 없이 뱉을지도 모른다고 생각했다. 고문을 당하는 동안 조국과 전우를 배신하는 건 성품에 해를 끼칠 터였다. 그래서 그는 자신의 성품을 배신하기보다는 죽는 게 낫다며 유리를 깨서 손목을 그었다. 베트콩들은 자살을 시도한 스톡데일을 발견해 상처를 붕대로 감아줬다.

스톡데일은 이후 구출돼 탄탄한 경력을 쌓았으며, 2005년 여든한 살의 나이로 세상을 떴다. 그는 포로수용소에서 에픽테토스 덕에 살아남았다고 말했다. 목숨을 보전했을 뿐만 아니라 자기 자신을 존중하는 마음과 존엄성, 기백까지도 보존한 것이다.

희망을 접으면 더는 두렵지 않다

불안의 이면은 희망이다. 미래에 대해 어두운 비전이 아닌, 희망찬 비전을 투영하는 것이다. 스톡데일은 자유의 몸이 되기를 바라면서 포로로 있었던 게 아니다. 그는 존엄성을 유지하며 살려고 했고, 자신이 통제할 수 있는 사소한 부분에서 자신에 대한 존중을 지키려고 했다. 프리모 레비가 아우슈비츠에서 하루하루 살아남는 데 집중한 것처럼, 스톡데일도 목숨을 부지하기 위해 노력했다. "포로수용소에 갇혀서 욕구를 품는 건 정신에 사망 선고를 내리는 것과 같다. 어떤 욕구도 현실적으로 충족되지 않기 때문이다. 배고파하며 음식에 희망을 거는 건, 충분한 음식을 제공해주지 않을 것이기 때문에 자신에게 가하는 정신적 고문과 다름없다."

스토아 철학자들은 희망을 좋아하지 않았다. 현실을 부정하고 명확하게 바라보지 않는 행위라고 생각했다.

세네카의 《루킬리우스에게 보내는 편지》에서도 이런 점이 분명히 드러난다. 루킬리우스는 시칠리아에서 일하는 공무원이었다. 어느 날, 루킬리우스는 심각한 소송에 휘말렸다는 걸 알게 됐다. 상대방은 경력을 끝장내고 명성을 더럽히겠다고 협박했다. 그는 고통스러워하면서 세네카에게 편지를 보냈고, 세네카는 다음과 같이 답했다. "행복한 결과를 상상하고 희망의 유혹에 안주하라는 조언을 해주리라고 생각했을지도 모르네. 하지만 마음에 평화를 주는 다른 길을 안내하겠네." 그는 다음의 조언으로 마무리했다. "모든 걱정을 떨쳐버리고 싶다면, 내가 두려워하는 일이 반드시 일어나리라고 가정해보게나. (…) 희망을 접으면 더는 두렵지 않을 것이네."

희망과 두려움은 동전의 양면과 같다. 희망을 품으면 희망하던 바가 현실로 이뤄지지 않으리라는 두려움도 따르기 때문이다. 마음의 평화를 위해서라면 희망의 포기라는 대가를 치러야 한다. 평온한 마음이 중요하다고 믿었던 스토아 철학자들은 마음의 평화를 위해 그보다 더 큰 대가도 치를 용의가 있었다.

담배에 중독됐는데도 폐암에 걸리지 않기를 희망한다고 해보자. 담배를 피울 때마다 당신은 운이 좋아 폐암에 걸리지 않은 사람 중 한 명이 되길 바란다. 하지만 이런 희망을 품으면 두려움이 따라온다. 어떤 일이 일어나지 않기를 바란다면, 당연히 그 일이 일어나는 게 두려워진다. 두려움 속에 살고 싶은 사람이 있을까? 현실을 살아가는 게 낫다.

스토아 철학자는 암과 하루에 담배 두 갑을 피우는 것 사이에 강력한 연관성이 있다면, 언젠간 암에 걸리리라고 예측했을 것이다. 이성적으로 생각해보면 그렇게 담배를 피우다가는 폐암에 걸릴 수 있다. 그러니 통계상의 확률을 피하길 바라지 말고 현실을 직시하면서 담배에 불을 붙여야 한다. '나는 장기적으로 건강한 상태보다 담배를 더 좋아한다'라는 현실에 기반해 결정을 내려야 한다. 스토아 철학자라면 그런 다음 "아주 안 좋은 결정을 내린 것일 수도 있지만, 적어도 심각한 병을 피해 가리라고 나 자신을 속이지는 않았다"라고 말할 것이다.

최근 수년간 복잡한 상업 소송에 시달리던 친구에게 나도 비슷한 조언을 해줬다. 만약 그가 소송에서 진다면 수백만 달러를 빚질 것이고, 사업을 접어야 하고, 감옥에 가야 할 수도 있다. 나는 루킬리우스에게 건넨 세네카의 충고를 떠올리며 이렇게 말했다.

"최악의 상황을 대비해."

"그러면서 최선의 상황이 펼쳐지길 기대하라는 거지?" 그가 물었다.

"아니, 그냥 네가 질 거라고 가정해."

소송에서 질 거라고 가정하면 최악의 상황에 대비할 수 있다. 그러면 소송에서 질지도 모른다는 두려움에 떨지 않을 것이다. 아니면 전보다 덜 두려워하게 될 것이다. 희망에서 멀어지는 쪽으로 현실을 조정했기 때문이다. 만약 그가 내 조언을 따른다면 교도소에서 복역한 후 명성이 더럽혀진 상태에서 밑바닥부터 시작할 마음의 준비를 할 수 있을 것이다. 이 모든 것은 바람직하지 않은 시나리오다. 하지만 준비가 돼 있지 않으면 상황은 더욱 나빠진다.

희망을 포기하는 행위에는 미래에 일어날 수 있는 일을 끊임없이 생각하고 두려워하고 환상을 가지기보다는 현재에 충실하며 살아가는 기쁨이 서려 있다. 희망을 품으면 절대로 편안함을 느낄 수가 없다. 행복을 내가 통제할 수 없는 무언가에 기대는 격이다. 그 결과, 정말 끔찍할 정도로 실망할 수 있다.

희망을 버려야 하는 또 다른 좋은 이유가 있다. 인생에서 희망을 지울 때, 희망의 반대말인 절망도 지우게 된다. 절망은 인간이 느낄 수 있는 최악의 감정이다. 어떤 것도 절망만큼 극도로 비참하지 않다. 절망은 체념의 형제자매 격으로, 어두운 환상을 창조한다. 일이 수월하게 흘러가지 않을 것이고, 결코 성공할 수 없으며 상황이 변할 일은 없고, 나는 망했다는 환상 말이다.

"더는 미루지 말고 삶을 시작하라. 하루하루를 별개의 삶으로 여겨라."
- 세네카

"제국들의 흥망성쇠를 돌아보면 미래도 예견할 수 있다."
- 마르쿠스 아우렐리우스

3부 — 어떻게 죽을 것인가

중년은 경고 없이 다가온다. 나는 40대다. 어떻게 이런 일이 일어난단 말인가? 갑자기 40대가 돼버린 것 같다. 시간이 흐르면서 하루를 어떻게 보내느냐에 대한 문제가 점점 더 중요해졌다. 시간이 유한하게 느껴졌고 시간 낭비라는 질문이 나를 괴롭히기 시작했다.

늦은 밤과 이른 아침, 이루지 못한 꿈과 가지 않은 길, 다시는 오지 않을 기회, 살지 못한 삶에 대한 고통이 찾아왔다. 지금 이 순간, 내 삶은 형태를 갖추고 있다. 좋든 싫든, 몇몇은 변하지 않을 것처럼 보인다.

그런 다음, 더 영구적인 상실의 그림자가 짙게 드리워졌다. 지인, 멘토, 부모님, 친구들 등 주변 사람들이 차례차례 세상을 떠나는 모습이 떠올랐고…, 궁극적으로는 내 차례였다. 이 사회는 청춘을 숭배할 뿐 죽음을 어떻게 다뤄야 할지는 생각하지 않는다.

개인적인 상실이 일어나는 한편, 생태계와 사회 시스템상으로도 많은 것을 잃고 있다. 도시의 깨끗한 공기, 푸른 바다, 시원하게 흐르는 강, 나비가 내뿜는 광채, 고운 모래가 펼쳐진 해변…. 최근 몇 년 동안 나는 세계 이곳저곳을 다니면서 시스템이 무너지는 모습을 두 눈으로 직접 목격했다. 스노클링 중에는 하얀 묘비 모양을 하고 죽어가는 산호초를 봤고, 인도 델리에서는 대기질이 너무 나빠 숨을 쉬기가 힘들었다. 바다에서 수영을 해보려고도 했지만, 할 수 없었다. 오염되고 쓰레기로 가득 찼기 때문이다.

생기 넘치게 살아 있다는 건 슬픔에 잠길 일도 겪으리라는 것을 뜻한다. 지금부터는 슬픔을 살펴볼 것이다.

"삶의 일부분 때문에 눈물을 흘릴 필요가 있을까?
삶 전체가 눈물 흘릴 일투성이인데 말이다."
- 세네카

"겸손하게 받고, 주저하지 말고 주라."
- 마르쿠스 아우렐리우스

애도하는 법

고대의 지혜를 탐구해나가는 이 여정에서, 나는 슬플 때 또는 사랑하는 사람을 잃었을 때 가장 스토아 철학자다운 반응이 무엇이냐는 질문을 많이 받았다. 슬픔에 빠진 사람들은 지도조차 없이 혼자 남겨져 길을 걷는 것처럼 느낀다. 나는 고대 스토아 철학자들의 작품이 이런 이들을 위로해줄 수 있을지 궁금해졌다.

음, 스토아 철학자들이 위로를 해줄까? 그렇기도 하고 아니기도 하다. 그들은 슬픔에 관해 많이 생각하고 많은 글을 남겼다. 하지만 지인들에게 그런 질문을 받았을 때 나는 상실감을 느끼는 사람 또는 고통과 혼란 한가운데에 있는 사람에게 스토아 철학적 조언을 건네야 할지 말아야 할지 주저했다. 스토아 철학자처럼 슬퍼하는 데는 평생에 걸친 연습이 필요할뿐더러 스토아 철학에 대해 가장 많이 오해하는 부분이기도 하기 때문이다. 스토아 철학의 여정을 시작하지 않은 사람들에게 슬픔에 대한 스토아 철학적 접근법은 너무 가혹하고 심지어 잔인하다고도 비칠 수 있다. 하지만 스토아 철학을 연구하고 실천해온 사람에게는 힘이 되고 지혜가 된다.

나는 슬플 때 스토아 철학적으로 접근해보기를 권한다. 가장 이상적인 건, 당신이 사랑하는 사람들이 죽기 전에 스토아 철학자들처럼 슬퍼하는 법을 배우는 것이다.

사랑하는 사람이 살아 있는 동안 슬퍼하라

사랑하는 사람들이 죽기 전에 슬퍼하려면, 그들이 세상을 떠나기 전에 죽음을 시각화해봐야 한다. 장례식을 상상하고, 머릿속으로 추도사를 건네는 연습을 해보라. 추도사를 건네는 걸 머릿속으로 상상함으로써 또는 일기장에 메모함으로써 내가 애도하는 사람의 위대하고 긍정적인 특성을 기억하게 될 것이다. 그 사람을 살아 있을 때 만날 수 있다는 게 얼마나 설레고 멋진 일인가. 그 사람의 독특함과 그와의 관계에 다시금 감사함을 느끼게 될 것이다.

앞서 부정적 시각화를 살펴봤다. 부정적 시각화를 잠깐만 사용해보면 내가 사랑하는 사람들이 내 곁에 영원히 있지 않으리라는 생각에 적응이 되고, 장례식이 열린다는 소식을 들으면 어떻지 머릿속으로 리허설을 할 수 있다. 이런 생각은 대부분 사람에게 불쾌감을 주지만, 실제로 미래에 일어날 일이기에 이런 감정 백신을 맞는 게 좋다.

감사하라

사랑하는 사람들이 살아 있는 동안 그들의 죽음을 애도하면, 내가 감사할 수 있을 때 그들의 존재에 감사를 표할 수 있다. 하고 싶은 말이 있다면 마음속에 묵혀두지 말고 전해야 한다. 친구나 가족 관계에 소홀하지 말고, 그

들과의 시간을 적절하게 즐겨라. 친구나 자녀와 시간을 보내면서 스마트폰에 정신이 팔려 있으면 안 된다.

에픽테토스는 친구들이 세상을 떠나서뿐만이 아니라 친구들과 다퉈서 또는 상황이 변해서 우정을 잃을 수도 있다고 말했다. 그러므로 지금 주변에 있는 사람들과의 시간을 최대한 활용해야 한다.

또 우리에게 주어진 삶에 감사해야 한다. 친구들이 갑자기 죽거나 나이가 들기도 전에 세상을 떠날 수 있는 것처럼, 나도 언제든 죽을 수 있다. 우리가 즐기는 모든 것에는 끝이 있음을 예상해야 한다. 아주 먼 훗날까지 기다렸다가 세상과 세상에 있는 모든 것을 즐기고 싶진 않을 것이다.

영화 〈돈 룩 업〉의 마지막 장면을 혹시 기억하는가? 랜들 민디 박사가 가족과 친구들에게 이렇게 말한다. "우리는 정말 모든 걸 가졌었지. 그렇지 않았어?" 그의 말처럼, 혜성이 지구와 충돌하면 이 땅에 있는 모든 것이 사라지게 된다. '정말 난 모든 걸 가지고 있었음'을 깨닫기 위해 지구가 멸망하기 바로 직전까지 기다릴 필요가 없다. 시간이 유한한 자원이라는 걸 깨달으면 시간을 낭비할 가능성이 줄어든다.

스토아 철학자처럼 슬퍼하는 방법

코르시카섬으로 추방된 후, 세네카는 3년 넘게 어린 아들의 죽음을 슬퍼하고 있는 친구 마르키아에게 애도의 편지를 썼다. 현재는 《마르키아에게 보낸 편지Letter to Marcia》로 출간돼 있다. 이 편지에서 세네카는 심리치료사처럼 또는 법정에 선 변호사처럼, 왜 그가 애도를 멈춰야 하는지 여러 주장을 했다. 이 주목할 만한 작품은 오늘날 슬픔에 직면한 모든 이들에게 유용할 뿐 아니라 이 시대에도 적용할 수 있는 조언을 담고 있다.

첫 번째 단락에서는 마르키아의 문제를 언급하며, 왜 슬픔이 만성적인 감정으로 굳어지면 안 되는지에 대해 논증한다.

이제 3년이 지났는데도 격렬한 슬픔이 전혀 수그러들지 않은 것 같네. 자네가 느끼는 슬픔은 날마다 새로워지고 더 깊어지고 있네. 그리고 슬픔에 머무름으로써 슬픔이 이 순간에 머무를 권리를 주고, 애도를 끝내면 부끄러워지는 상황에 다다랐네. 악이 수면 위로 떠오를 때 짓밟지 않으면 깊게 뿌리를 내리는 것처럼, 슬픔과 비참함도 마찬가지로 씁쓸함을 먹고 자란다네. 불행을 슬퍼하는 행위가 병적인 쾌락으로 변해버리는 거지. 그래서 슬픔의 첫 단계에서 치료법을 건네주어야 한다고 생각했네. 악함이 싹틀 때 폭력성을 시험해보기 위해서는 부드러운 방법을 사용할 수 있겠지만, 뿌리 깊은 악함과 맞설 때는 격렬하게 싸워야 하는 법이네.

상처의 본질도 마찬가지라네. 생긴 지 얼마 되지 않고 피가 맺혔을 때의 상처는 더 빨리 낫네. 하지만 골치 아프게 상처가 따끔거리면, 상처를 열어 손가락으로 헤집으며 괜찮은지 보게 되지. 그런 이유로 나는 그렇게 굳어진 슬픔을 사려 깊고 온화한 태도로 대할 수 없다네. 슬픔을 부숴버려야 해.

세네카는 마르키아가 슬픔에 선을 그어야 했다고 생각했다. 계속해서 슬퍼한다면 "산 사람의 숫자"에서 하나를 빼야 할 것이기 때문이다. 세네카는 마르키아에게 단호한 어조로 다음과 같이 경고했다. "다른 사람들이야 미미한 조치를 취하든 애정을 표하든 내버려 두겠네. 나는 자네의 슬픔과 맞서 싸울 마음을 먹었기 때문이야. 울어서 지치고 피곤한 눈을 마르게 해주겠네. 사실을 말해주자면, 자네가 지금 우는 건 진짜 슬퍼서가 아니라 우는 게 습관이 되어버려서 그렇다네."

그는 마르키아에게 두 번이나 고통받지 않도록 슬픔 속에서도 자제하는 법을 연습하라고 조언했다. 첫 번째 고통은 아들이 죽어서 느끼는 실제적인 고통이고, 두 번째 고통은 슬픔이 길어져서 느끼는 고통이다.

세네카는 이렇게 썼다. "이게 얼마나 미친 짓인지 아는가? 불행이 닥쳤다고 자기 자신에게 벌을 주다니. 안 그래도 아픈데 또 다른 병을 더하는 꼴이네. 얼마나 말도 안 되는 얘기인가!"

당신도 지금쯤은 고통을 바라보는 스토아 철학자의 사고방식에 익숙해졌을 것이다. 스토아 철학자들은 기쁨에 반대한 게 아니라, 불필요한 고통에 반대한 사람들이다. 그들은 고통을 피할 수 있다면 최대한 피하려고 노력했다.

다른 사람의 아들도 죽었으니, 당신의 아들도 죽을 수 있다

세네카는 편지로 마르키아의 아들이 죽은 건 비극이지만, 놀랄 만한 일은 아니라고 설득하려고 했다. 어쨌든 마르키아도 젊어서 세상을 떠난 청년들을 알고 있을 텐데, 자기 아들이라고 왜 죽지 못하겠는가. 이는 에픽테토스의 격언과 궤를 같이한다. "누군가의 아내나 자녀가 세상을 떠나면 '죽음은 인생의 일부라네'라고 말하면서, 가족 중 한 명이 세상을 떠나면 바로 '아이고, 이를 어쩌나!'라며 통곡한다. 비슷한 상실에 대입하여 다른 사람이 고통받았을 때 우리가 어떻게 반응했는지를 기억해봐야 한다."

에픽테토스의 격언은 오늘날에도 유효하다. 우리는 주변에서 일어난 안 좋은 일들을 본다. 사람들은 항상 병에 걸리고 세상을 떠나지만, 나에게 또는 가까운 사람들에게 그런 일이 생기면 충격을 받는다. 마치 죽음에 면역력이 있다고 믿는 듯하다. 우리는 기후 위기에 대해서도 비슷한 단절감을 느낀다. 이론상으로는 부정적인 방향으로 흘러간다는 걸 알지만, 멸종 위기나 기후변화를 거의 현실적으로 보지 않는다.

하지만 이 세상에서 일어나는 일에 참여하고 나와 다른 사람의 고통을 더는 건 현실을 살아가는 과정의 한 부분이다. 세네카는 그런 깨달음으로 우리를 인도하고자 했다. 그는 에픽테토스의 격언과 결이 같은 얘기를 했다.

우리는 수많은 장례식에 다녀오고서도 실제로는 죽음을 생각하지 않는다. 얼마나 많은 사람이 제명을 다하지 못하고 죽었는가? 우리는 아들이 성년이 되고, 군에 입대하고, 아버지의 재산을 물려받는 일만을 생각한다. 얼마나 많은 부자가 바로 우리 눈앞에서 빈곤으로 추락했는지 생각해보라. 우리의 재물도 그들과 같은 위험에 노출됐다고 생각해본 적이 있는가? 그런 생각을 해본 적이 없기에 불행이 닥치면 충격을 받고 무너지는 것이다.

통제 테스트와 슬픔

세네카는 마르키아에게 "통제할 수 없는 일 때문에 기분이 나빠져서는 안 되네"라고 말했다. 통제 테스트로 돌아가 다시 한번 생각해보면, 나는 나를 포함하여 누군가가 죽는 것을 통제할 수 없다. 내가 내 손으로 죽음에 이르지 않는 한 말이다. 내가 통제할 수 없어 바로잡을 수 없는 일을 슬퍼하면서 두 번 상처받고 싶어 할 사람은 없을 것이다. 그러니 지나치게 슬퍼해서는 안 된다.

슬퍼할 때 이성을 동원해라

스토아 철학자는 슬퍼하는 걸 반대하지 않았다. 지나치게 슬퍼하는 상황을 피하려 했을 뿐이다. 자연스러운 애도 기간이 끝나면 판단력과 이성을 통해서 슬픔을 극복하고, 다음 장으로 넘어가야 할 적절한 시간인지 생각해본 후, 그 결론에 따라 행동해야 한다. 안녕과 정신건강을 위해서다. 세네카는 마르키아가 슬픈 상태가 너무 오래 지속되도록 내버려 두었다고 생각했다. 슬퍼해도 타당한 시간보다 훨씬 더 오래 슬퍼했다. 그는 마르키아에게 친구들도 곤혹스러워한다고 전했다. 오랫동안 지속되는 슬픔을 어떻게 달래주어야 할지,

어떤 말을 건네야 할지 알 수가 없기 때문이다.

"고집을 세우면서 친구들이 감당하기 어려울 정도로 슬퍼하지 않길 기도하고 또 부탁하겠네. 그들 중 누구도 어떻게 행동해야 할지 모른다는 걸 자네는 좀 알아야 해."

그는 슬퍼하는 다른 두 어머니를 예로 들었다. 옥타비아는 계속해서 슬픔에 잠겨 있었다. 남은 가족에게 신경을 쓰지 않았고 자신이 해야 할 임무에 소홀했다. 하지만 또 다른 어머니 리비아는 "아들을 무덤에 눕히면서 슬픔도 함께 묻었다. 그리고 아들이 살아 있다면 황제가 됐으리라고 생각하거나 아들을 떠올리며 슬퍼하지 않았다."

세네카는 마르키아에게 두 가지 대안이 있다고 했다.

그러므로 두 어머니 중에 더 칭찬받을 만한 사람을 골라보게나. 전자를 따르고 싶다면, 산 사람 수에서 한 명을 빼야 할 거네. (…) 반면 정신이 좀 더 온화하고 자신을 잘 통제하는 사람이라면 사람들이 칭송하는 후자의 본보기를 따르려고 노력할 거야. 그렇게 살면 불행하지 않을 것이고, 고통으로 삶이 닳는 일은 없을 거네.

덕목을 사용하여 혼란을 헤쳐나가라

당신처럼 이 책을 여기까지 꼼꼼히 읽어온 사람이라면, 스토아 철학의 네 가지 덕목이 무엇인지 알고 있을 것이다. 또 시간을 내서 덕목을 연마하기도 했을 것이다. 이런 덕목은 초능력과도 같아서 인생에서 여러 도전을 만났을 때 도움이 된다. 슬픔이 닥쳤을 때도 마찬가지다. 네 가지 덕목 중 지혜와 용기는 상실을 극복하는 힘이 되어준다. 모든 사람은 언젠가 죽고 탄생과 죽음이라는 순환에 묶여 있다는 맥락에서 상실을 살펴볼 수도 있을 것이다. 그리고 절제 또는 중용의 덕목을 발휘하면 너무 슬프거나 아니면 정반대로 슬픔에 무감각해지는 상황을 의식하면서 행동할 수 있다. 중용은 감정과 인생에서 일어나는 여러 일과 마찬가지로 슬픔에도 적용된다. "심지어 슬플 때도 중용이란 게 있다"라고 세네카는 말했다.

슬플 때는 판단력을 사용하라

앞서 열정에 스토아 철학자처럼 대응하는 법을 이야기했다. 스토아 철학자들은 놀랄 때 펄쩍 뛰거나 창피하면 얼굴이 붉어지는 등 가장 먼저 받는 인상을 제외하고는 감정을 근본적으로 통제할 수 있다고 믿었다. 죽음이라는 충격을 처음 받은 후에는 슬픔을 관리하는 것도 우리가 통제할 수 있는 범위 내에 있다는 뜻이다.

세네카는 슬픔을 조절하는 법에 관해 이야기하면서 모든 감정을 억누르고 울지 말라는 말은 하지 않았다. 스토아 철학자들은 누군가가 죽었을 때 충격을 받고 슬퍼하며, 상실감을 느끼고, 행복했던 기억이 떠올라 눈물이 나는 건 당연하다고 생각했다. 다만, 쇼를 하듯 슬퍼하는 행동이나 지나치게 오랫동안 슬퍼하는 일 그리고 죽음을 믿지 않는 일을 주의하라고 했다.

《마르키아에게 보낸 편지》에서 세네카는 슬퍼하는 게 당연하고, 누군가가 세상을 떠났을 때 충격을 받는 것도 당연하다고 말했다.

그도 젊은 친구인 안나이우스 세레누스Annaeus Serenus가 죽었을 때 충격을 받았다. 세네카는 이렇게 썼다. "내가 아끼는 안나이우스 세레누스가 세상을 떠난 후, 지금까지 목 놓아 슬퍼한 이유는 그가 나보다 먼저 죽으리라고 생각해본 적이 없기 때문이네. 나는 그가 나보다 젊다는, 아니 훨씬 젊다는 사실만 염두에 뒀네. 마치 생년월일이 운명을 결정하는 것처럼 말이야!" 하지만 그는 "언제든 일어날 수 있는 일이라면, 그날이 오늘일 수도 있네"라고 결론지었다. 죽음은 누구에게나 일어날 수 있는 일이다. 나이는 상관이 없다. 나보다 젊은 사람도 죽을 수 있다. "마치 생년월일이 운명을 결정하는 것처럼 말이야!"라는 세네카의 말이 울려 퍼진다.

스토아 철학자들은 자신이 사랑하는 이들이 세상을 떠나는 만일의 사태에 대비해 평생 연습했다. 친구나 가족의 죽음에 충격을 받지 않고, 너무 긴 시간을 애도하며 두 번 고통받지 않기 위해서다.

모든 것은 빌린 것이다

세네카는 마르키아에게 우리가 가진 모든 것은 포르투나 여신에게서 '빌린 것'이라고 했다. 포르투나 여신은 사전에 아무런 언질도 없이 다시 돌려달라고 말할 수 있다. "아끼는 사람들을 모두 사랑해야 하지만, 그들이 영원히 우리 곁에 있으리라는 보장이 없다는 걸 염두에 둬야 하네. 아니, 그렇게 오랫동안 우리 곁에 있으리라고 애초에 약속하지도 않았지."

또 세네카는 마르키아에게 이 땅에서 살아가는 데 무언의 약속이나 대가가 있음을 상기시켜줬다. "(포르투나 여신은) 기한 없이 우리에게 많은 걸 빌려줬네. 그러니 빌려준 것에 축복을 내려야 하는 게 맞지. 다시 돌려달라고 했을 때, 별말 없이 돌려주는 게 우리가 져야 할 의무네. 세상에서 가장 가증스러운 사람은 빌려준 이를 탓하는 빚쟁이야."

잃는 것보다 사랑했던 게 낫다

세네카가 마르키아에게 보낸 핵심 메시지 중 하나는 아들을 잃은 현실을 원망하기보다는 자신이 가진 것에 감사하라는 것이었다.

"그런데요." 당신은 이렇게 말할지도 모른다. "더 오래 부모님 곁을 지켰을 수도 있잖아요."

맞는 말이다. 만약 선택권이 있다면, 짧은 시간이나마 행복한 것과 불행한 것 중에 무엇을 선택하겠는가? "사랑하는 사람을 잃은 것이 한 번도 사랑해보지 못한 것보다는 낫다"의 다른 버전이다.

세네카 자신도 태어난 지 얼마 되지 않아 떠나보내야 했던 아들이 있었다. 세네카가 코르시카로 추방되기 20일 전에 일어난 일이다. 아이는 할머니 품에서 '온몸에 입맞춤을 받으며' 세상을 떠났다. 아우렐리우스는 적어도 열네 명의 자녀를 두었지만, 딸 넷과 아들 하나만이 아버지보다 더 오래 살았다. 이는 즉, 아홉 명의 자녀를 먼저 떠나보내야 했음을 의미한다. 고대의 유아 사망률은 충격적으로 높았다. 그래서 자녀의 죽음에 대처하기 위해 마음을 단련할 필요성이 있었다고 설명하는 이들도 있다. 어쨌든 스토아 철학자들의 상실에 대한 여러 가르침은 오늘날에도 적용해볼 수 있다.

'너무 일찍 세상을 떠났다' 같은 말은 없다

누가 요절하면 "너무 일찍 세상을 떠났다"라고 흔히 말한다. 하지만 스토아 철학자는 요절이라는 개념에 이의를 제기했다. 그들은 '너무 일찍'이라는 건 없다고 생각했다. 부분적으로는 운명을 믿었기 때문이다.

세네카와 아우렐리우스는 살아 있되 제대로 된 의미에서는 살아 있지 않은 사람들이 삶을 얼마나 낭비하는지 이야기했다. 그들은 너무 많이 일했고, 돈이나 명성을 좇았고, 인생을 여러 번 살 수 있는 것처럼 행동했다. 지금 주어진 인생을 잘 살아보려고 하지 않았다. 그들이 아흔 살까지 살았을지도 모르지만, 스토아 철학자들은 장수하기보다는 스물다섯 살까지 덕목을 실천하며 의미 있게 살아가는 게 낫다고 믿었다. 세네카는 말했다. "생명을 소중하게 여기는 이유는 언젠가는 죽기 때문이다. 내가 가야 할 때 간다는 게 얼마나 큰 축복인가. 제명보다 오래 살기 위해 얼마나 많은 이들이 얼마나 큰 아픔을 겪어야 했는가."

세네카는 인생의 최고조에 다다른 후에도 물러나지 않다가 불명예와 배신으로 삶을 마감해야 했던 정치인 그나이우스 폼페이우스 Gnaeus Pompeius를 예로 들었다. 우리는 이 세상에 머무는 시간이 짧아진 걸 언제나 비극으로 보고 좋은 것을 많이 빼앗겼다고 생각하지만, 삶은 절대 보장돼 있지 않다. 죽음이 사실상 축복일 때도 있다.

세네카는 이렇게 말했다. "사람마다 살라고 주어진 시간이 다르다. 누구도 그보다 더 오래 살 운명은 아니며, 주어진 시간이 지나기 전에 죽는 사람도 없다. (…) 사람들은 이미 삶의 쇠퇴기에 접어든 노인만이 죽음과 가까워진다고 가정하는 실수를 저지른다. 하지만 유아기와 청년기를 비롯해 삶의 순간순간은 죽음을 향해 간다."

죽음은 태어나기 전의 상태와 다를 바 없다

스토아 철학자는 지옥을 믿지 않았기 때문에 죽음을 부정적으로 바라보지 않았다. 그들에게 죽음은 가치중립적인 일이었다. 스토아 철학자들은 죽음을 태어나지 않은 상태와 비교했다. 이 세상에 도착하기 전 삶이 어땠는지 기억할 수 없듯이 죽은 후에도 마찬가지다. 지상에 없다는 것에 대해 어떤 감정도 들지 않는다. 세네카는 이렇게 말했다.

"죽음은 좋지도, 나쁘지도 않다. 죽음 자체로는 좋은 일도, 나쁜 일도 될 수 없다. 죽음은 가치중립적이고, 결국 좋은 것도 나쁜 것도 아니기에 행운도 불운도 가져다주지 않는다. 좋은 일이든 나쁜 일이든, 각자의 의미로 공을 들여야 하기 때문이다."

에피쿠로스의 가르침이 메아리치는 듯하다. "죽음은 걱정거리가 되지 않는다. 내가 존재하는 한, 죽음은 존재하지 않기 때문이다. 그리고 죽음이 닥치면, 나는 더는 존재하지 않는다."

인생에 보장된 것은 없다

가게에서 파는 대부분 상품은 불량이면 반품하거나 교환할 수 있지만, 삶은 그럴 수 없다. 스토아 철학자들은 이 점을 알아야 한다고 생각했다. 특히 자녀를 두었다면 언제든 자녀를 돌려주겠다는 계약을 자연과 맺은 셈이라고 했다. 언제 돌려줄지는 우리가 아니라 자연이 선택한다. 그리고 자녀가 어떤 사람이 되리라고 보장된 바도 없다. 세네카는 이렇게 말했다.

> 자연은 모두에게 이런 메시지를 던진다. '나는 누구도 속이지 않는다. 자녀를 두기로 선택했다면. (…) 그중 한 명은 조국을 구원할지도 모르지만, 조국을 배신할지도 모르는 일이다. (…) 이런 조건을 설명했는데도 자녀를 키우기로 했다면, 신들을 원망해서는 안 된다. 신들이 당신에게 보장한 건 아무것도 없기 때문이다.'

세네카는 단 한 가지만 보장됐다고 했다. 바로 '이 땅 위에 숨 쉬는 모든 건 언젠가 세상을 떠날 운명을 타고났고, 우리는 그런 세계에 태어났다'라는 점이다. 세네카는 이렇게 말했다. "우리는 포르투나의 왕국에 들어섰다. 이 왕국의 규칙은 가혹하고 철옹성 같으며, 포르투나가 변덕을 부리면 마땅히 겪어야 할 고통뿐만 아니라 이유 없는 고통도 겪어야 한다."

죽음이란 인생의 마지막 위대한 수수께끼를 푸는 행위

우리가 죽으면 어떤 일이 일어나는지 누구도 모른다. 이미 죽은 사람만 알 뿐이다. 세네카는 마르키아에게 그만 슬퍼하라고 설득하기 위해 다음 글을 썼다.

> 사람이 사는 세상에서는 (…) 걷잡을 수 없는 불이 나서 천지가 불에 타고 그을릴 것이네. 불이 모든 필멸의 것을 태우는 거지. (…) 별은 다른 별과 충돌하고, 이 세상의 불붙는 물질 전부는 (…) 큰불에 타들어 갈 것이네. 하지만 불멸하기로 한, 축복받은 영혼들은 이런 불을 신이 우주를 재창조하기 위해 행한 최선의 일로 볼 거야. (…) 그렇게 우리는 이전의 원소들로 돌아가는 셈이지. 마르키아, 자네의 아들은 이런 신비를 알고 있다네. 얼마나 행복해야 할 일인가!

아우렐리우스와 세네카는 사람이 죽으면 원소로 돌아간다고 믿었다. 그리고 이게 바로 삶과 죽음의 순환적 성질이라고 생각했다.

마르키아가 실제로 세네카의 편지에 위안을 받았는지, 그리고 세네카가 실제로 자신의 주장을 실천했는지는 기록으로 남아 있지 않다. 하지만 그가 쓴 훌륭한 편지는 지금까지 전해져 내려온다. 누구든 슬픔에 휩싸일 때 그의 책을 위안을 주는 안내서로 삼을 수 있을 것이다.

이성과 부정적 시각화를 통해 슬픈 분위기를 먼저 느껴보라

6개월 전 어머니를 잃은 친구와 만났을 때의 일이다. 나는 친구와 모래 언덕을 걸으면서 스토아 철학자들이 죽음에 어떻게 접근했는지 알려줬다. 1년 전에도 어머니를 떠나보낸 친구와 술을 마시면서 설명해준 적이 있다. 두 번 다 친구들은 당황스러워했다. 그들이 겪은 슬픔에 적용해보기에는 너무 동떨어진 접근법이었기 때문이다.

두 친구 모두 슬픔으로 판단력이 흐려졌고, 시간이 흘러도 슬픔이 사라지지는 않을 거라고 말했다. 슬플 때는 감정의 파도가 몰아쳤고, 파도와 비슷하게 감정도 자기만의 속도로 휘몰아치다가 잠잠해졌다. 이상한 꿈을 꾸기도 했고, 사랑하는 사람이 이 세상에 없다는 걸 깨달았을 때는 괴로웠다고 했다. 모든 게 괜찮다가도 어머니가 돌아가셨다는 걸 떠올리면 마음이 무너져 내렸다고 말했다. 스토아 철학자들이 이성이라는 개념을 슬픔을 달래는 데 사용했다는 사실에 둘 다 의아해했다.

미국의 시인 에드나 세인트 빈센트 밀레이Edna St. Vincent Millay는 장기간 지속되는 슬픔에 대한 시를 썼다.

시간이 지난다고 해도 슬픔이 잦아드는 건 아니다.
시간이 고통을 덜어준다는 말은 거짓말이다!
하늘이 비라는 눈물을 흘릴 때 나는 그 사람을 그리워한다.
물살이 움츠러들 때는 그 사람을 원한다.

사랑하는 사람이 살아 있을 때 슬퍼하는 스토아 철학적인 기법이 나의 고통을 덜어줄까? 세네카의 조언은 상처받은 여린 마음을 농락하는 심리적 속임수처럼 보이기도 한다.

세네카의 슬픔에 대한 접근법은 로마 시절에도 호응받지 못했다. 매우 무감각해 보이고, 슬픔에 빠진 사람들에게 거기서 빠져나오라고 재촉하는 건 매우 옳지 않은 일로 여겨졌기 때문이다. 나 역시 사랑하는 사람을 떠나보낸 친구들과 스토아 철학에 관해 이야기할 때, 슬픔에 대한 스토아 철학적 접근법을 설명하면서 묘하게 어색했고 민망하기까지 했다.

이 책을 쓰는 동안, 운 좋게도 애도할 일이 없었다. 그래서 스토아 철학의 이 중요한 측면을 내 삶에 적용하는 건 불가능했다. 그래도 나는 자주 부정적 시각화를 했고, 때가 닥치면 나도 스토아 철학자처럼 슬퍼할 수 있기를 희망한다. 내가 죽을 때까지 슬퍼할 일은 계속해서 닥칠 것이기 때문이다.

회복탄력성과 슬픔

윌리엄 어빈은 1969년경 엘리자베스 퀴블러 로스^{Elisabeth Kübler-}의 《죽음과 죽어감》이 출판되면서 애도 관행에 변화가 생겼다고 언급했다. 이 책은 슬픔의 5단계를 담고 있다. 이 영향력 있는 연구에 따르면 우리는 사랑하는 사람을 잃었을 때 부인, 분노, 협상, 우울, 그리고 마지막으로 수용이라는 다섯 단계를 거친다고 한다.

어빈을 포함해 스토아 철학자들은 초기의 단계를 건너뛰고 바로 수용 단계로 가라고 조언할 것이다. 누군가가 죽으면 내가 할 수 있는 일이 없기에 나의 평온을 해치지 않도록 사실을 받아들이는 게 좋다는 의미에서다.

어빈은 어떻게 하면 나에게 불의가 닥쳤을 때 피해의식에서 벗어날 수 있을지 이야기해준다. 슬픔을 비롯해 상황에 대한 반응은 내가 통제할 수 있는 영역 내에 있다. "결국 내가 피해자라고 생각하면 인생에서 잘 안 풀린 많은 일에 대한 책임감을 떨칠 수 있다. 또 특별한 대우를 받을 자격이 생긴다. 피해자에게는 상처를 회복할 시간과 공간이 필요하기 때문이다. (…) 하지만 동시에 피해자 역할을 맡으면 나에게 일어난 일의 결과들을 더 고통스럽게 느낄 가능성이 있다."

회복탄력성과 용기라는 스토아 철학의 덕목은 사랑하는 사람의 죽음 같은 좌절을 극복하고 인생의 좋은 일들을 최대한 활용하게 해준다.

스토아 철학자들은 사랑하는 사람이 세상을 떠났을 때 슬퍼하면 안 된다고 말하지 않았다. 결국 슬픔은 자연스럽게 드는 느낌이다. 세네카는 "자연은 우리가 약간은 슬퍼하도록 만들어놓았다"라고 했다. 하지만 자연스럽게 슬픔을 느끼는 기간보다 더 오래 슬퍼해서는 안 된다. 스토아 철학자들은 슬픔 이면에 숨겨진 동기가 있다고 꼬집었다. 예를 들면, 그 사람이 죽어서 슬퍼하는 게 아니라 그가 살아 있을 때 더 많은 시간을 함께 보내지 못했다는 죄책감 때문에 슬퍼한다는 것이다. 지나치게 슬퍼하는 건 도덕성을 과시하거나 자신이 얼마나 예민한 사람인지를 보여주는 연극성 행위이기도 하다. 또 타인의 관심과 보살핌을 받는 방법일 수도 있다. 다소 냉소적이지만, 어느 정도는 맞는 말이다. 내가 슬퍼할 때 사람들은 더 친절하게 대하고 더 많이 챙겨주며 애정을 보여준다. 이런 식으로 사랑받고 보살핌을 받으면 기분이 좋다. 하지만 이는 우리가 서로를 언제나 사랑으로 대해야 한다는 신호일지도 모른다.

"죽기 전 이 세상에 존재하기를 멈춘다고 해서 죽는 건 아니다.
그 마지막 순간은 죽음의 과정을 스스로 완성할 뿐이다.
그 순간에 우리는 죽음에 이르지만,
지금까지 죽음을 향한 길을 오랫동안 걸어왔다."
- 세네카

"죽음이란 무엇인가? 죽음은 무서운 가면을 쓰고 있다.
가면을 벗기고 참모습을 바라보라. 죽음은 나를 해치지 않는다.
태어나기 전 몸과 영혼이 따로 존재했던 것처럼, 몸과 영혼은 분리되어야
한다. 그런데 지금 이런 일이 일어난다고 왜 속상해하는가?
지금이 아니라면 나중에라도 반드시 일어날 일이다."
- 에픽테토스

"이제 우리가 하는 일은 영원으로 메아리친다."
- 마르쿠스 아우렐리우스

II

잘 죽는 법

단지 철학에 불과함을 알고 있었다. 스토아 철학은 이 세상에 존재하는 많은 철학 중 하나다. 믿음이 아닌 이성에 근거하고, 신이나 성인도 존재하지 않는다. 의식도, 성사도 없다. 교회나 절, 성스러운 장소, 모스크, 성단, 제단, 성채, 교회도 존재하지 않는다. 사람들에게 복음을 전파하는 사람이나 사제, 추기경, 주교, 이맘, 랍비, 수녀, 목사, 성직자도 없다. 그뿐인가. 성서도 없다. 한 사람이 수 세기 전에 쓴 일기와 고대 그리스어로 쓰인 글 모음, 연설과 희극 작품, 강의를 필기한 자료만이 2,000년이라는 세월에 걸쳐 전해 내려오고 있다.

2018년, 스토아 철학을 공부하기 시작한 이유는 순수하게 지적 여정을 위해서였다. 하지만 나중에는 이 여정이 영적으로 느껴졌다. 불확실성과 고통 속에서 살아온 지난 4년간 스토아 철학은 때로는 위로를 건네는 동반자였고, 때로는 냉정하고 거의 가혹하기까지 한 선생님이었다. 하지만 나는 스토아 철학에 담긴 진실을 단 한 번도 의심해본 적이 없다. 고대 스토아 철학의 구절들은 나의 마음을 위로해 편안하게 해줬고, 그 안에는 굽히지 않는 지혜가 담겨 있었다. 시처럼 읽혔고, 강력했으며, 마음이 저릴 정도로 진실을 들려줬다.

전통적인 관점을 고수하는 사람들은 이 말에 움찔할지도 모른다.

하지만 시간이 흐르면서 스토아 철학은 자연과 인간과 우주를 보는 관점을, 현실에 대한 이해를, 이 세상에서 나의 위치를, 인간관계와 타인에 대한 의무를, 죽음과 삶의 유한함에 관한 생각을 통째로 바꿔놓았다.

스토아 철학은 나의 지성과 감정 그리고 영혼의 영역을 연결하고 통합해줬다. 또 어떻게 살아야 하는지를 알려줬다. 스토아 철학자들의 가르침에는 죽는 방법도 포함돼 있다. 에픽테토스는 이렇게 말했다. "당신은 시체를 지고 다니는 작은 영혼이다."

앞에서 삶의 유한성과 죽음에 관한 스토아 철학자들의 여러 가르침을 살펴봤다. 하지만 핵심 메시지를 다시 짚을 필요가 있다.

모든 것, 그러니까 우리의 삶까지도 누군가에게 빌린 것이며 언젠가는 돌려줘야 한다

——

2019년 9월, 몽골 서부를 여행 중이었다. 우리 그룹은 2주 동안 여행하면서 다양한 유목민 부족을 만났다. 어느 날 오후, 나이가 지긋한 유목민 한 사람을 만났다. 그의 이름은 티오^{Tio}였고, 우리를 근처 동굴로 안내해 암각화를 보여줬다. 암각화에는 고산지대에 사는 뿔이 긴 염소 형상이 그려져 있었다. 이어 티오는 자신의 인생 이야기를 들려줬다. 그가 계절 따라 동물을 좇는 유목민들의 삶에 대해 이야기하는 동안, 나는 몇 가지 궁금증이 생겼다. 시체를 매장할까? 정처 없이 계속해서 이동한다면, 묘지는 어디일까?

티오는 가슴에 손을 얹고 가볍게 두드리면서 답했다. "여기에 묻는답니다."

누군가의 기억 속에 살아 있다면, 실제로는 죽은 게 아니다. 지역 사회, 친구, 가족이 살아서 당신을 추도하기 때문이다. 다른 사람의 마음속에서 나의 영혼이 살아간다면, 그게 바로 이 세상에 남긴 유산이자 생명력 아니겠는가. 세상을 떠나면 몸은 해야 할 역할이 더는 없다. 그래서 유목민들은 다른 곳으로 떠날 때 친척들의 시체를 그 자리에 남겨두었다. 추울 때는 산 아래에, 눈이 녹았을 때는 산 위에 남겨졌다. 남겨진 시체는 동물들과 새들의 먹이가 됐다. 티오는 이 상황에 만족하는 것 같았다. 유목민들은 평생 동물을 사냥해왔기에, 동물의 먹이를 보충해주는 시스템을 갖추는 게 적합해 보였다.

이런 삶의 방식은 고대 스토아 철학자들을 떠올리게 했다. 몽골 유목민들은 죽음이 당연하다고 믿었고, 죽으면 자연으로 돌아간다고 생각했다. 일부 스토아 철학자는 '죽음'이라는 단어 대신 '귀환'이라는 표현을 썼다.

죽음을 받아들이는 것, 그러니까 나와 주변 사람이 언젠가는 죽는다는 사실을 마주하는 건 지상에서 주어진 시간이 짧다는 걸 받아들이는 것이다. 스토아 철학에는 우리가 사물이나 사람을 소유하지 않는다는 관념이 내재해 있다. 우주가 빌려준 것이다.

아우렐리우스는 일기에 이렇게 썼다. "자연과 우주와 조화를 이루는 것은 모두 나와도 조화를 이룬다. 적당한 시기에 닥치지 않는 일은 없다. 너무 빨리 일어나거나 너무 늦게 일어나는 일은 없는 것이다. 자연이 가져다주는 모든 것은 그 계절이 낳는 열매다. 모든 것은 자연에서 나오고, 자연 안에 있으며, 자연으로 돌아간다."

죽음에 호들갑을 떨어서는 안 된다

세네카는 《루킬리우스에게 보내는 편지》에서 죽음에 대한 두려움을 극복하는 방법을 알려줬다. 바로, 누군가가 죽는 장면을 리허설하는 것이다. 그는 이렇게 말했다.

> 만족스럽게 삶을 마무리하는 모습을 상상하며 죽는 예행연습을 해보게. 많은 이는 삶을 놓아주려고 하지 않고 삶에 집착하네. 급류에 휩쓸려 내려가는 순간에도 가시덤불이나 뾰족한 바위를 붙잡고 매달리는 거지. 대부분 사람은 죽음에 대한 두려움과 삶의 고단함 사이를 왔다 갔다 하면서 살아간다네. 그들은 살고 싶어 하는 마음이 없지만 어떻게 죽어야 할지도 모르네. 그러니 죽음에 대한 모든 걱정을 떨쳐버리면 삶이 즐거워질 수 있다네.

세네카의 말에는 우리는 어차피 언젠가 세상을 떠날 테지만, 만족스럽게 떠날지 아닐지는 내가 선택할 수 있다는 본질이 담겨 있다. 휴가를 보낸 후 호텔에서 체크아웃하는 것처럼 말이다. 죽음이 다가오는 시기와 방법은 우리가 통제할 수 없다. 하지만 죽음에 대한 두려움과 이에 대한 반응은 우리가 충분히 통제할 수 있다.

언젠가는 죽으리라는 걸 깨닫고 죽음에 대한 걱정을 내려놓는다면, 더 여유로운 삶을 살 수 있을 뿐 아니라 더 편안하게 죽음을 맞이할 수 있을 것이다. 여기서 흥미로운 점은 세네카가 세상을 떠난 방식은 느긋함과는 아주 거리가 멀었다는 것이다. 하지만 죽으려고 시도할 때 그는 거의 여유를 즐기는 것처럼 보였다.

네로의 심복이 자살하라는 명을 전하려고 찾아왔을 때, 세네카는 자신의 운명을 받아들였다. 소크라테스의 마지막 순간과 비슷하게, 세네카는 먼저 독배를 들었다. 그래도 숨이 끊어지지 않자 칼로 손목의 동맥을 그었다. 하지만 목숨이 끊어지지 않았다. 그다음에는 무릎과 다리를 그었다. 이번에도 목숨을 끊지는 못했다. 아마 나이와 소박한 식습관 때문이었을 것이다. 그는 하인에게 자신을 욕탕으로 데려다 달라고 했고, 결국 호흡곤란으로 사망했다. 그 광경을 지켜보는 아내와 친구들에게 세네카는 위로를 건넸다. 자신이 죽음을 받아들였으니 당신들도 자기의 죽음을 받아들여 달라고 말했다. 또 아내에게 자살하지 말라고 설득했다. 세네카는 평생 죽음을 준비해 왔다. 그런 훈련 덕분에 죽음을 앞뒀을 때 차분했고 두려워하지 않을 수 있었다.

우리가 죽으면 어떻게 될까?

인생에서 한 바퀴를 돌면 제자리로 돌아온다. 인생이 무에서 시작됐듯이 우리는 죽으면 자연으로 돌아가고 우리의 몸은 질료 또는 물질이 되어 흙에 다시 흡수된다. 흙에서 나왔으니 흙으로 돌아가는 게 순리다.

에픽테토스는 죽음에 대해 다음과 같이 말했다 "나를 구성하는 부분은 변화하여 우주 일부로 줄어들고, 다시 우주의 또 다른 일부로 변화할 것이다. 이 과정은 계속된다."

죽음에 대해 여러 글을 남긴 아우렐리우스는 "명랑하게 죽음을 받아들여라. 죽음은 한 생물을 구성하는 요소가 해체되는 것, 그 이상도 이하도 아니다. 개별적인 요소들이 계속해서 다른 요소로 변화한다는 사실에 가슴 아프지 않다면, 왜 변화와 분리를 두려워하는 가? 이는 자연스러운 것이며 자연은 악하지 않다."

죽음은 스토아 철학을 구성하는 중심 원리다. 스토아 철학자들은 언제나 죽음을 염두에 뒀다. 인생을 두 번 살 수 없다는 걸 알면 지금의 인생을 온전하게 살아갈 수 있기 때문이다. 결국 우리는 매일 죽어간다. 그리고 지금까지 살아온 모든 날은 이미 "죽음의 손아귀 안에 있다."

죽음이라는 과정은 평생 걸리지만, 결국 목적지에 도달한다는 점에는 의심의 여지가 없다. 이 책을 아우렐리우스의 글로 마무리하고자 한다.

옳은 일을 하라. 나머지는 중요하지 않다. 춥든 따듯하든, 피곤하든 푹 쉬고 있든, 멸시받든 존경받든 상관없다. 죽어가든 (…) 아니면 다른 과제를 처리하느라 바쁘든, 옳은 일을 해야 한다. 죽는 것도 인생의 과제 중 하나이기 때문이다. 그리고 할 일을 하라. 내면을 들여다보라. 어떤 일이든 본질을 놓쳐서는 안 된다. 모든 것이 언젠가는 하나가 된다고 가정하면, 오래지 않아 현존하는 모든 것이 변화하고 연기처럼 솟아오르거나 파편이 되어 흩어지리라는 걸 알 수 있다. (…) 이는 신을 생각하며, 하나의 이타적인 행위에서 또 다른 이타적인 행위로 옮겨가기 위해서다. 그곳에는 오직 즐거움과 고요함만이 있을 뿐이다. (…) 처한 상황 때문에 부득이하게 흔들릴 때는 즉시 내면으로 돌아가 리듬을 잃지 않도록 주의하라. 계속해서 내면으로 돌아가면 조화를 더 잘 이해할 수 있을 것이다.

행복은 생각의 질에 달려 있다

좋은 소식이 들려왔다! 2022년 4월, 친구 조가 항암 치료를 끝내고 완치 판정을 받았다. 나는 조에게 짧은 스토아 수업을 통해 깨달은 게 있는지 물었다. 깨달은 바가 있다고 했다!

"무엇보다, 병원에 고립된 상태에서 네가 보내준 음성 메시지를 듣는 게 큰 낙이었어. 끔찍한 외로움에서 벗어날 수 있었지." 조가 말했다. "그리고 스토아 철학은 잔잔한 울림을 줬어. 암에 걸렸을 때 누군가가 건네는 조언이나 위로는, 의도는 선할지라도, 지나치게 긍정적인 면만을 부각하는 바람에 결국 도움이 되지 않았어. '넌 이겨낼 수 있을 거야', '암을 발로 뻥 차버려', '긍정적인 태도를 잃지 마' 등은 정말 쓸모없는 조언이었어. 그리고 그런 문자를 받으면 기분이 나빴는데, 기분이 나쁘다는 사실에 죄책감을 느꼈지. 통제할 수 없는 상황인데 일정 수준의 통제를 하라는 거잖아. 메시지는 긍정적이었지만 그 메시지를 받고 고통과 두려움을 직면하고 상실감이 임박

했을 때 느끼는 절망감을 맛봤어. 나는 스토아 철학이 마음에 들었어. 고통이 삶의 일부임을 인정하되, 견딜 수 있다는 가르침을 줬으니까."

나는 여전히 스토아 철학을 매일 실천하고 있다.

첫째, 하루를 헤쳐나가기 위해 나를 우울하게 하거나 압도하는 부정적인 감정과 상황에 대처하기 위해 스토아 철학을 활용한다.

둘째, 스토아 철학을 사용하여 타인을 향한 나의 행동을 조절한다. 덜 반응하고, 화를 덜 내고, 덜 판단하고, 덜 씁쓸해하고, 덜 억울해하는 것이 그 예다. 그러면 마음이 차분해진다. 2019년에 스토아 철학에 푹 빠지면서 스토아 철학이 없었더라면 열받거나 마음을 흔들리게 했을 많은 일을 놓아줬다. 이는 현재진행형이다.

셋째, 스토아 철학은 내 감정적인 목표를 개선하는 데 도움이 됐다. 행복해지기 위해 노력하는 대신, 평온해지기로 했다. 좀 더 미묘하면서도 달성하기 쉬운 목표를 세운 것이다. 행복은 적어도 나에겐 순식간에 몰아쳤다가 사라지는 충동적인 감정이었다. 따뜻한 햇볕이 내리쬐는 수영장에서 한 시간만 더 놀자고 엄마를 쫓아다니며 조르는 아이처럼, 나는 행복을 쫓아다녔다. 하지만 평온은 대조적이다. 비록 마음이 덜 들뜨긴 하지만, 온종일 더 일정하게 안정감과 만족감을 선사해주는, 바람을 타고 은은하게 느껴지는 풀 내음과 같다. 마음이 평온하면 고통과 걱정에서도 벗어나게 된다. 이게 모두가 원하는 것 아닌가?

넷째, 스토아 철학을 사용하여 내가 걱정해야 할 일과 나와 관련된 일, 그리고 그냥 내버려 두어야 할 일 사이의 경계선을 긋는다. 이렇게 구분한 후에는 내가 통제할 수 없는 것을 곱씹지 않으려고 노력한다. 이런 경계선은 정말로 나의 삶을 구해줬으며, 스토아 철학이 우리를 근본적으로 도와줄 수 있다는 사실을 실감했다.

다섯째, 스토아 철학을 선한 사람이 되고 좋은 인생을 사는 데 지침으로 사용한다. 가끔 이상을 좇을 때도 있지만, 어떤 사람이 괜찮은 사람인지, 좋은 삶을 구성하는 요소가 무엇인지 명확하게 인지하고 있다.

여섯째, 시간과 죽음의 관계를 계속해서 재평가한다. 그러는 과정에서 그 둘이 긴밀히 연결돼 있음을 깨달았다. 언젠가 죽는다는 사실을 마주하지 않으면서 스토아 철학을 열심히 연습하는 건 불가능하다. 내가 죽는다는 사실뿐만이 아니라, 사랑하는 사람 모두가 세상을 떠나리라는 무시무시하고 심오하며 피할 수 없는 진실을 마주해야 한다. 그러면 시간을 달리 바라보게 된다. 무엇이 귀하고 유한한 자원인지가 갑자기 분명하게 보인다. 이걸 깨달으면 당신도 더는 시간을 낭비하고 싶지 않을 것이다.

일곱째, 스토아 철학을 활용하여 돈, 건강한 신체, 명성, 내가 소유한 것 등 외부적인 요소들과의 관계를 재평가하고 재조정하고 있다. '선호하는 무심'이라는 개념을 사용하여 이런 요소들을 초연히 바라볼 수 있도록 철학적 프레임을 씌운다.

마지막으로, 스토아 철학의 자연과 우주에 대한 가르침을 활용하여 신이 모든 걸 창조했다는 유신론자의 입장에 기대지 않고 자연의 경이로움을 새로운 관점에서 바라본다.

지난 몇 년 동안 스토아 철학을 실천하면서 이런 깨달음을 얻었다. 그리고 나니 진짜 어려운 부분이 시작됐다. 스토아 철학은 매일 연습하는 철학이다. 종교에 헌신하듯 몸과 마음을 다해 실천해야 한다. 마음의 근육을 튼튼하게 유지하기 위해서다. 몇 달이 지나도록 스토아 철학에 관한 글을 읽지 않았거나 앤드루와 함께 스토아 산책 일정을 잡지 못했다면, 스토아 철학은 내 손에서 미끄러져 나가고 나는 과거의 습관과 패턴으로 돌아갔을 것이다. 나는 내가 통제할 수 없는 일들에 조마조마하면서 평온함을 잃고 과거의 저점으로 되돌아간다는 사실을 무시한 채 높은 곳만 향해 달려갔을 것이다. 내가 소유한 것이나 명성, 평판, 외모 등 외부적인 요소에 마음이 팔렸을 것이다. 다시 불안해하면서 시간을 낭비하게 됐을 것이다. 그리고 결국엔 스토아 철학을 통해 배운 모든 것을 잊어버렸을 것이다. 그렇게 절망에 빠져 있다가 필요한 도구가 내 안에 다 있다는 사실을 떠올렸을 것이다.

회개한 사람이 교회 뒷문으로 슬그머니 들어오거나 운동에 소홀했다고 혼난 후 말랑거리는 근육을 가지고 헬스장으로 돌아오는 사람처럼, 스토아 철학이란 몇 번이고 다시 실천하겠다고 결심해야 하는 철학임을 알게 됐다. 사실 그건 선택이 아닌 필수였다.

지난 몇 년간 힘든 일이 생길 때마다 나는 계속 스토아 철학으로 되돌아갔다. 아우렐리우스는 "비록 속상한 일이 일어날지라도 인생은 예전과 다름없이 계속된다"라고 말했다. 그의 친근한 목소리가 가까이서 들리는 듯하다.

그러니 인생을 이어가 보자. 계속 살아보는 것이다.

Reasons
not to
worry

옮긴이 **조율리**

한국외국어대학교에서 국제통상학·스페인어를 전공하고 동 대학 통번역대학원을 거쳐 독일 하이델베르크대학교 석사과정을 졸업했으며 캐나다 킹스턴대학교에서 영어 연수를 마친 뒤 주한멕시코 대사관에서 통번역사로 근무했다. 이후 독일에 거주하면서 심리학 학사를 취득하고 스페인 AULASIC 의학번역 석사과정을 졸업했으며 코칭과 심리 관련 과정을 다수 수료했다.

현재 출판번역에이전시 글로하나에서 영어, 스페인어, 독일어 번역가로 활발하게 활동하면서 언어 전문 기업 플루마PLUMA를 이끌고 있다.

역서로 《스토아 수업》, 《솔드 아웃》, 《조셉 머피 잠재의식의 힘》, 《조셉 머피 부의 초월자》, 《조셉 머피 끌어당김의 기적》, 《조셉 머피 영적 성장의 비밀》, 《조셉 머피 성공의 연금술》, 《브레이브》, 《돈의 감정》 등이 있다.

불안을 이기는 철학

초판 1쇄 발행 · 2023년 6월 21일
초판 3쇄 발행 · 2024년 5월 27일

지은이 · 브리지드 딜레이니
옮긴이 · 조율리
발행인 · 이종원
발행처 · (주)도서출판 길벗
브랜드 · 더퀘스트
주소 · 서울시 마포구 월드컵로 10길 56(서교동)
대표전화 · 02)332-0931 | **팩스** · 02)322-0586
출판사 등록일 · 1990년 12월 24일
홈페이지 · www.gilbut.co.kr | **이메일** · gilbut@gilbut.co.kr

기획 및 책임편집 · 송은경(eun3850@gilbut.co.kr), 유예진, 오수영
마케팅 · 정경원, 김진영, 김선영, 최명주, 이지현, 류효정
제작 · 이준호, 손일순, 이진혁 | **영업관리** · 김명자, 심선숙 | **독자지원** · 윤정아, 이윤신

교정교열 · 공순례 | **표지디자인** · co*kkiri | **본문디자인** · aleph
CTP 출력 및 인쇄 · 정민 | **제본** · 정민

ISBN 979-11-407-0462-0 03190
(길벗 도서번호 090236)

정가 18,800원

독자의 1초를 아껴주는 길벗출판사

(주)도서출판 길벗 | IT교육서, IT단행본, 경제경영서, 어학&실용서, 인문교양서, 자녀교육서 www.gilbut.co.kr
길벗스쿨 | 국어학습, 수학학습, 어린이교양, 주니어 어학학습, 학습단행본 www.gilbutschool.co.kr

---